해커스
允(윤) 원가관리회계
1차 기출문제집

H 해커스 경영아카데미

ㅣ이 책의 저자

엄윤

학력
홍익대학교 경영대학원 세무학 석사
서울벤처대학원대학교 경영학 박사수료

경력
현 ㅣ 해커스 경영아카데미 교수

전 ㅣ 나무회계사무소 대표
세무회계사무소 윤 대표
안세회계법인
하나금융경영연구소
웅지세무대학 조교수
한국사이버대학 겸임교수
목원대학교 겸임교수
아이파경영아카데미 회계학 교수
한성학원 회계학 교수
삼일인포마인 칼럼니스트
조세일보 칼럼니스트

자격증
한국공인회계사, 세무사

저서
해커스 允원가관리회계
해커스 객관식 允원가관리회계
해커스 允원가관리회계 1차 기출문제집
해커스 세무사 允원가관리회계 2차 핵심문제집
해커스 세무사 允원가관리회계연습
해커스 회계사 允원가관리회계연습
중소기업회계기준

머리말

기본서를 통하여 원가·관리회계의 전체 흐름을 이해하였다면 공인회계사·세무사 1차 시험에 대비하여 한정된 시간 안에 객관식 원가·관리회계 문제를 풀이하기 위한 실전능력을 배양할 필요가 있다. 본서의 기본적인 목적은 원가·관리회계의 기초 지식을 갖춘 수험생들이 비교적 짧은 시간에 핵심이론을 정리함과 동시에 효율적으로 시험을 대비할 수 있도록 실전문제 풀이능력을 향상시키는 데에 있다.

본서의 특징은 다음과 같다.

1. **문제 독해능력 향상과 자료정리방법을 제시하였다.**

   원가·관리회계 문제풀이에 있어 수험생들이 어려움을 겪는 것 중 하나는 문제에 대한 이해와 풀이를 위한 자료정리이다. 본서는 각 문제별로 문제해결을 위한 자료정리방법을 제시하여 자연스럽게 문제 독해능력과 자료정리방법을 습득할 수 있도록 구성하였다.

2. **전체 흐름을 이해할 수 있도록 자세한 해설을 제시하였다.**

   원가·관리회계의 전반적인 흐름을 묻는 문제 비중이 늘어남에 따라 전체 흐름을 제대로 이해하는 것이 중요해지고 있다. 본서는 각 문제별 핵심사항과 해설을 최대한 자세하게 제시하여 스스로 전체 흐름을 파악하며 문제에 대한 해석과 풀이능력을 높일 수 있도록 하였다.

3. **2023년부터 2012년까지의 최신 기출문제를 모두 수록하였다.**

   2023년부터 2012년까지의 공인회계사·세무사 1차 기출문제를 전부 수록하여 최신 기출문제를 풀어보며 출제경향을 파악할 수 있도록 하였다.

4. **2011년 이전 주요 기출문제를 추가로 수록하였다.**

   2011년 이전 기출문제 중 이론적으로 중요하거나 독특한 유형의 문제를 선별하여 부록으로 구성하였다. 다양한 형태의 문제를 풀어보며 효율적으로 1차 시험에 대비할 수 있도록 하였다.

5. **전체 흐름 파악을 위하여 풀이방법을 일관성 있게 작성하였다.**

   원가·관리회계는 전체 내용이 하나의 그물처럼 서로 연결되어 있어, 연결고리를 이해하면 원가·관리회계 전 과정을 하나의 논리로 해결할 수 있다. 전체 흐름을 효율적으로 이해할 수 있도록 모든 문제에 대하여 일관된 풀이방법을 제시함으로써 문제해결능력을 높일 수 있도록 하였다.

출간하기까지 여러 가지 어려운 여건에서도 원고의 교정과 책의 완성을 위해 노력해주신 해커스 경영아카데미 임직원 여러분들의 노고에 고마운 마음을 전한다. 그리고 필자에게 한결같은 믿음과 아낌없는 성원을 보내주는 가족과 지인들에게도 감사의 뜻을 전하고 싶다.

엄윤

목차

공인회계사·세무사 1차 회계학 시험 원가관리회계 파트의 최신 12개년(2023년~2012년) 출제경향을 분석하여 출제 포인트별로 출제된 문제 수를 정리하였습니다. 출제경향을 통해 빈출 포인트를 파악하여 전략적으로 학습할 수 있습니다.

1 공인회계사 1차 시험 출제경향

구분	23	22	21	20	19	18	17	16	15	14	13	12	합계
제조원가의 흐름		1	1						1				3
개별원가계산	1			1							1	1	4
활동기준원가계산		1		1				1	1		1		5
종합원가계산	1	2	1	2		1	1	1		2	1		12
결합원가계산		1		1	1		1	1	1	1		1	8
정상 및 표준원가계산	2	1	2	1	3	3	2		2	1	1	1	19
변동 및 초변동원가계산	1	1	1	1	1	1		1			2		9
원가함수추정				2		1	1					1	5
손익분기점 분석	1	1	1			1	1				1	1	8
관련원가분석	1	1	1		2	1	1	1	1	2	2	1	14
대체가격결정						1					1	1	3
자본예산													0
종합예산			1					1	1	1			4
책임회계제도	1	1				1	2	2	2	1		2	12
불확실성하의 의사결정	1				1								4
전략적 원가관리	1		1	1	1			1	1	1	2		9
합계	10	10	10	10	10	10	10	10	10	10	10	9	119

2 세무사 1차 시험 출제경향

구분	23	22	21	20	19	18	17	16	15	14	13	12	합계
제조원가의 흐름	1	1			2	1	1	2		1	1	1	11
개별원가계산	1	1		2		1	1	1		1	1		9
활동기준원가계산	1	1		1	1		1		1	1		1	8
종합원가계산	1	1	1	2	1	2	1	1	2	1	2	1	16
결합원가계산	1	1	1	1	1	1	1	1	1	1	1	1	12
정상 및 표준원가계산	2	3	3	2	2	2	2	1	2	2	2	2	25
변동 및 초변동원가계산	1		2	1	1	2	1		1	1	1	2	13
원가함수추정		1	1				1	1	1	1		1	7
손익분기점 분석	3	2	1	1	2	3	2	4	2	1	2	1	24
관련원가분석	1	2	1	3	1	3	3	2	1	1	2	2	22
대체가격결정	1	1			1			1		1			5
자본예산			1						1				2
종합예산		1	1	1			1	1	1	1	1	1	9
책임회계제도		1	1	1					1	1	1	1	7
불확실성하의 의사결정	1		1		2								4
전략적 원가관리	2		2		1				1	1	1	1	9
합계	16	16	16	15	15	15	15	15	15	15	15	15	183

2023년

원가관리회계
기출문제 & 해답

제58회 공인회계사 1차 회계학

제60회 세무사 1차 회계학개론

정답 및 해설

01 (주)대한은 두 개의 보조부문 A와 B, 그리고 두 개의 생산부문 C와 D를 이용하여 제품을 생산하고 있다. 20×3년 2월의 각 부문에 대한 자료는 다음과 같다.

제공부문	보조부문		생산부문		합계
	A	B	C	D	
A	200시간	800시간	800시간	400시간	2,200시간
B	4,000kW	1,000kW	2,000kW	2,000kW	9,000kW

- 제조간접원가는 A부문에서 시간당 ₩100, B부문에서 kW당 ₩20의 변동원가가 발생하며, C부문과 D부문에서 각각 ₩161,250과 ₩40,000이 발생하였다.
- 보조부문의 원가는 상호배분법을 사용하여 생산부문에 배분한다.
- C부문에서 생산하는 갑제품에 대한 단위당 기초원가(prime costs)는 ₩10,000이며, 생산단위는 50단위이다.
- 갑제품에 대한 월초 및 월말재공품은 없다.

갑제품의 단위당 원가는 얼마인가?

① ₩4,775   ② ₩14,775   ③ ₩18,000
④ ₩22,775   ⑤ ₩24,000

📋 **Key Point**

1. 보조부문 용역량에 단위당 변동원가를 곱하여 보조부문별 배분 전 원가를 계산한다.
2. 보조부문원가를 배분한 후 C부문 총원가를 50단위로 나누어 단위당 제조간접원가를 계산한다.

02 (주)대한은 20×3년 초에 설립되었으며, 정상원가계산제도를 채택하고 있다. (주)대한은 제조간접원가를 예정배부하며, 예정배부율은 직접노무원가의 80%이다. 제조간접원가 배부차이는 전액 매출원가에서 조정한다. 당기에 실제로 발생한 직접재료원가는 ₩50,000, 직접노무원가와 제조간접원가는 각각 ₩50,000과 ₩30,000이다. 기말재공품에는 직접재료원가 ₩10,000과 제조간접원가 배부액 ₩8,000이 포함되어 있다. 제조간접원가 배부차이를 조정한 후 매출원가가 ₩100,000이라면, 20×3년 기말제품원가는 얼마인가?

① ₩0 ② ₩2,000 ③ ₩8,000
④ ₩10,000 ⑤ ₩12,000

> **📋 Key Point**
> 배부차이 조정 후 매출원가와 배부차이를 이용하여 배부차이 조정 전 매출원가를 계산할 수 있다. 예정 배부금액으로 계산된 당기제품제조원가에서 매출원가를 차감하여 기말제품원가를 계산한다.

03 (주)대한은 반도체를 생산하고 있으며, 선입선출법에 의한 종합원가계산을 적용하여 반도체 원가를 계산하고 있다. 직접재료는 생산공정의 초기에 전량 투입되며, 전환원가(conversion costs)는 공정 전반에 걸쳐 균등하게 발생한다. 2월의 생산자료를 보면, 기초재공품 15,000개(전환원가 완성도 40%, 원가 ₩10,000), 당월 생산착수수량 70,000개, 당월 생산착수완성품 55,000개, 기말재공품 5,000개(전환원가 완성도 80%), 공손품 10,000개이다. 2월 중 직접재료원가 ₩140,000과 전환원가 ₩210,000이 발생하였다. 공정의 20% 시점에서 품질검사를 실시하며, 정상공손 허용수준은 합격품의 10%이다. 정상공손원가는 합격품에 가산되고, 비정상공손원가는 기간비용으로 처리된다. 공손품은 모두 폐기되며, 공손품의 처분가치는 없다. (주)대한의 2월의 정상공손원가는 얼마인가?

① ₩15,000 ② ₩15,600 ③ ₩16,200
④ ₩16,800 ⑤ ₩17,400

> **📋 Key Point**
> 선입선출법하에서 기초재공품 15,000개, 당월 생산착수완성품 55,000개이므로 총완성품은 70,000개이다. 합격수량은 당월 검사시점을 통과한 당월 생산착수완성품 55,000개와 기말재공품 5,000개로 총 60,000개이다.

04 (주)대한은 20×3년 초에 설립되었으며, 단일제품을 생산 및 판매하고 있다. (주)대한의 20×3년 1월 의 생산 및 판매와 관련된 자료는 다음과 같다.

> - 생산량은 500개이며, 판매량은 300개이다.
> - 제품의 단위당 판매가격은 ₩10,000이다.
> - 판매관리비는 ₩200,000이다.
> - 변동원가계산에 의한 영업이익은 ₩760,000이다.
> - 초변동원가계산에 의한 영업이익은 ₩400,000이다.
> - 제조원가는 변동원가인 직접재료원가와 직접노무원가, 고정원가인 제조간접원가로 구성되어 있 으며, 1월에 발생한 총제조원가는 ₩3,000,000이다.
> - 월말재공품은 없다.

20×3년 1월에 발생한 직접재료원가는 얼마인가?

① ₩600,000   ② ₩900,000   ③ ₩1,200,000

④ ₩1,500,000   ⑤ ₩1,800,000

📝 **Key Point**

총제조원가를 생산량으로 나누면 단위당 제조원가는 ₩6,000이다. 또한, 변동원가계산과 초변동원가계산 영업이익차이를 이용하면 단위당 노무원가는 ₩1,800이다. 또한, 단위당 재료원가와 단위당 제조간접원가 는 다음과 같은 식을 이용하여 계산할 수 있다.
① 단위당 재료원가와 단위당 제조간접원가를 각각 x, y라 하면,
　"단위당 제조원가(₩6,000) = x + ₩1,800 + y"이다.
② 변동원가계산 영업이익
　"$300x + 500y = ₩1,500,000$"

05 (주)대한의 A사업부는 단일제품을 생산 및 판매하는 투자중심점이다. A사업부에 대해 요구되는 최저필수수익률은 15%, 가중평균자본비용은 10%, 그리고 법인세율은 40%이다. 다음은 20×3년도 (주)대한의 A사업부에 관한 예산자료이다.

> • A사업부의 연간 총고정원가는 ₩400,000이다.
> • 제품 단위당 판매가격은 ₩550이다.
> • 제품 단위당 변동원가는 ₩200이다.
> • 제품의 연간 생산 및 판매량은 각각 2,000단위이다.
> • A사업부에 투자된 평균영업자산과 투하자본은 각각 ₩1,000,000이다.

A사업부의 잔여이익(RI)과 경제적부가가치(EVA)는 각각 얼마인가?

	잔여이익	경제적부가가치
①	₩150,000	₩80,000
②	₩150,000	₩90,000
③	₩150,000	₩100,000
④	₩140,000	₩80,000
⑤	₩140,000	₩90,000

🗒 **Key Point**

잔여이익은 최저필수수익률(15%)을 적용하고 경제적부가가치는 가중평균자본비용(10%)을 적용한다.

06 (주)대한은 정상원가계산을 사용하고 있으며, 20×3년 2월의 생산 및 판매와 관련된 자료는 다음과 같다.

기초재고수량	600단위
기말재고수량	400단위
실제판매량	4,200단위
단위당 판매가격	₩10,000
고정제조간접원가	₩2,000,000
고정판매관리비	₩3,000,000
단위당 직접재료원가	₩3,000
단위당 직접노무원가	₩2,500
단위당 변동제조간접원가	₩2,000

기초 및 기말재고는 모두 완성품이며, 재공품 재고는 없다. 전부원가계산하에서 2월의 손익분기점을 구하면 얼마인가? (단, 단위당 판매가격과 단위당 변동원가는 일정하고 제품 단위 원가는 외부보고용 원가를 의미한다)

① 1,500단위   ② 1,600단위   ③ 1,700단위
④ 1,800단위   ⑤ 2,000단위

📝 **Key Point**

기초 및 기말재고수량과 판매량을 이용하여 당기 생산량을 추정한 후 고정제조간접원가를 당기 생산량으로 나누어 단위당 고정제조간접원가를 계산할 수 있다.

07 (주)대한은 보조부문 S1과 S2, 제조부문 P1과 P2를 사용하여 제품을 생산하고 있다. 20×3년도에 각 보조부문이 생산하여 타부문에 제공할 용역의 양과 보조부문의 원가에 관한 예산자료는 다음과 같다.

- 보조부문의 용역생산량과 타부문에 제공할 용역량

보조부문	보조부문의 용역생산량	각 보조부문이 타부문에 제공할 용역량			
		S1	S2	P1	P2
S1	400단위	-	80단위	200단위	120단위
S2	400단위	160단위	40단위	40단위	160단위

- S1과 S2의 변동원가는 각각 ₩260,000과 ₩40,000이다.
- S1과 S2의 고정원가는 각각 ₩40,000과 ₩40,000이다.

20×2년 말 (주)대한은 (주)민국으로부터 현재 부문 S2에서 제공하고 있는 용역을 단위당 ₩400에 공급해 주겠다는 제안을 받았다. 이 제안을 20×3년 초에 수락할 경우, (주)대한은 부문 S2의 고정원가를 50%만큼 절감할 수 있다. 그리고 부문 S2의 설비는 타사에 임대하여 연간 ₩20,000의 수익을 얻을 수 있다. 20×3년 초에 (주)대한이 (주)민국의 제안을 수락하여 부문 S2를 폐쇄하고 (주)민국으로부터 용역을 구입하기로 결정하는 경우, 이러한 결정이 (주)대한의 20×3년도 이익에 미치는 영향은 얼마인가?

① ₩800 증가   ② ₩1,000 증가   ③ ₩1,200 증가
④ ₩1,400 증가   ⑤ ₩1,600 증가

📋 **Key Point**

부문 S2 폐쇄 시 부문 S2 변동원가와 고정원가 및 부문 S1의 일부 변동원가를 절감할 수 있으며, S2설비를 활용하여 임대수익을 얻을 수 있다. 또한, 현재필요량에서 자가소비용역량(40단위)과 상호용역수수량(160단위 × 20%)을 뺀 나머지를 외부로부터 구입한다.

(주)대한은 제품 A를 생산하여 판매하려고 한다. 제품 A의 단위당 제조원가는 ₩200이며, 단위당 판매가격은 ₩500이다. 제품 A는 판매되지 못하면 전량 폐기처분해야 하며, 미리 생산한 제품 A가 전량 판매된 후에는 추가로 생산하여 판매할 수 없다. (주)대한이 예상한 제품 A의 판매량은 다음과 같다.

판매량	확률
500개	0.4
600개	0.3
700개	0.3

제품 A의 판매량에 관하여 완전한 예측을 해주는 완전정보시스템이 있다면, 다음 설명 중 옳은 것은?

① 기존정보하의 기대가치는 ₩155,000이다.
② 기존정보하에서는 생산량이 700개인 대안을 선택할 것이다.
③ 완전정보하의 기대가치는 ₩17,000이다.
④ 완전정보의 기대가치는 ₩177,000이다.
⑤ 기존정보하에서 기대가치가 가장 큰 대안을 선택하였고 실제로 제품 A가 500개 판매된 경우 예측오차의 원가는 ₩20,000이다.

📝 **Key Point**

판매되지 못한 재고의 폐기비용은 단위당 제조원가인 ₩200이다. 따라서, 판매로 인한 이익과 폐기비용을 고려하여 성과표를 작성한다.

09 (주)대한은 단일제품을 생산 및 판매하고 있다. (주)대한은 20×3년 초에 영업을 개시하였으며, 표준원가계산제도를 채택하고 있다. 표준은 연초에 수립되어 향후 1년 동안 그대로 유지된다. (주)대한은 활동기준원가계산을 이용하여 변동제조간접원가예산을 설정한다. 변동제조간접원가는 전부 기계작업준비활동으로 인해 발생하는 원가이며, 원가동인은 기계작업준비시간이다. 기계작업준비활동과 관련하여 20×3년 초 설정한 연간 예산자료와 20×3년 말 수집한 실제결과는 다음과 같다.

구분	예산자료	실제결과
생산량(단위수)	600,000단위	500,000단위
뱃치규모(뱃치당 단위수)	250단위	400단위
뱃치당 기계작업준비시간	4시간	6시간
기계작업준비시간당 변동제조간접원가	₩?	₩55

(주)대한의 20×3년도 변동제조간접원가 소비차이가 ₩37,500(불리)일 경우, 변동제조간접원가 능률차이는 얼마인가?

① ₩12,500(불리) ② ₩12,500(유리) ③ ₩25,000(불리)

④ ₩25,000(유리) ⑤ ₩0(차이 없음)

📑 **Key Point**

실제산출량에 허용된 표준뱃치수는 실제생산량을 예산뱃치규모로 나누어 계산하며, 실제산출량에 허용된 표준기계작업시간은 실제산출량에 허용된 표준뱃치수에 예산뱃치당 기계작업준비시간을 곱하여 계산한다. 변동제조간접원가 소비차이를 이용하여 기계작업준비시간당 변동제조간접원가 표준배부율을 계산할 수 있다.

10 예산과 성과평가에 대한 다음 설명 중 옳지 않은 것은?

① 변동예산은 일정범위의 조업도수준에 관한 예산이며 성과평가목적을 위해 실제원가를 실제 조업도수준에 있어서의 예산원가와 비교한다.

② 균형성과표에서 전략에 근거하여 도출한 비재무적 성과측정치는 재무적 성과측정치의 선행 지표가 된다.

③ 예산과 관련된 종업원들이 예산편성과정에 참여하는 참여예산제도는 예산의 편성과정에서 종업원들이 깨닫지 못하고 있던 책임에 관심을 가지도록 하며, 예산슬랙(예산여유)이 발생 할 가능성을 줄여 준다.

④ 균형성과표는 조직의 수익성을 최종적인 목표로 설정하기 때문에 4가지 관점의 성과지표 중에서 재무적인 성과지표를 가장 중시한다.

⑤ 종합예산은 조직의 각 부문활동에 대한 예산이 종합된 조직전체의 예산이며, 예정조업도를 기준으로 수립하므로 고정예산이다.

> 📝 **Key Point**
> 예산슬랙(예산여유)은 참여예산의 단점이다.

정답 및 해설 ▶ p.30

01 (주)세무는 정상원가계산을 사용하며, 20×1년 재고자산 및 원가자료는 다음과 같다.

구분	기초	기말
직접재료	₩20,000	₩30,000
재공품	25,000	38,000
제품	44,000	32,000

- 당기의 직접재료 매입액은 ₩90,000이다.
- 당기의 직접노무원가 발생액은 ₩140,000이다.
- 직접노무시간당 직접노무원가는 ₩40이다.
- 당기의 매출액은 ₩300,000이며, 매출총이익률은 20%이다.

직접노무시간을 기준으로 제조간접원가를 예정배부할 때, 20×1년 제조간접원가 예정배부율은?

① ₩6.0　　　　② ₩6.6　　　　③ ₩7.0
④ ₩7.4　　　　⑤ ₩7.8

📑 Key Point
매출총이익률을 이용하여 매출원가를 계산한 후 제조간접원가 예정배부금액을 역추적할 수 있다.

02 (주)세무는 표준원가계산제도를 적용하고 있다. 20×1년 변동제조간접원가와 고정제조간접원가 예산은 각각 ₩540,000과 ₩625,000이다. 20×1년 기준조업도는 1,000직접노무시간이며, 실제직접노무시간은 900시간이다. 제조간접원가의 조업도차이가 ₩110,000(불리)이라면 제조간접원가의 능률차이는?

① ₩20,820(불리) ② ₩41,040(불리) ③ ₩62,680(불리)
④ ₩86,680(불리) ⑤ ₩95,040(불리)

> 📝 **Key Point**
> 변동제조간접원가 능률차이를 계산하기 위한 실제산출량에 허용된 표준수량은 고정제조간접원가 조업도차이를 이용하여 추정할 수 있다.

03 (주)세무는 단일 공정을 통해 제품을 대량으로 생산하고 있으며, 평균법으로 종합원가계산을 적용하고 있다. 원재료는 공정 초에 전량 투입되며, 가공원가는 공정 전반에 걸쳐 균등하게 발생한다. 20×1년 당기착수량은 1,250개이며, 당기완성량은 1,210개, 기초재공품수량은 250개(가공원가 완성도 80%), 기말재공품수량은 50개(가공원가 완성도 60%)이다. 품질검사는 가공원가 완성도 40%시점에서 이루어진다. 정상공손허용률은 10%이며, 검사시점 통과기준과 도달기준을 각각 적용하였을 때 두 방법 간의 비정상공손수량의 차이는 몇 개인가?

① 20개 ② 22개 ③ 24개
④ 26개 ⑤ 28개

> 📝 **Key Point**
> 검사시점 도달기준에서 정상공손수량은 검사받은 물량의 10%이다.

04 (주)세무는 20×1년 초에 설립되었다. 20×1년 생산량과 판매량은 각각 3,200개와 2,900개이다. 동 기간 동안 고정제조간접원가는 ₩358,400 발생하였고, 고정판매관리비는 ₩250,000 발생하였다. 전부원가계산을 적용하였을 때 기말제품의 단위당 제품원가는 ₩800이다. 변동원가계산을 적용하였을 때 기말제품재고액은? (단, 재공품은 없다)

① ₩192,600   ② ₩198,000   ③ ₩206,400

④ ₩224,000   ⑤ ₩232,800

📋 **Key Point**
당기 발생한 고정제조간접원가를 생산량으로 나누어 단위당 고정제조간접원가를 계산할 수 있다.

05 (주)세무는 20×1년 제품 A와 B를 각각 1,800개와 3,000개를 생산·판매하였다. 각 제품은 배치(batch)로 생산되고 있으며, 제품 A와 B의 배치당 생산량은 각각 150개와 200개이다. 활동원가는 총 ₩1,423,000이 발생하였다. 제품 생산과 관련된 활동내역은 다음과 같다.

활동	원가동인	활동원가
재료이동	이동횟수	₩189,000
재료가공	기계작업시간	1,000,000
품질검사	검사시간	234,000
합계		₩1,423,000

제품 생산을 위한 활동사용량은 다음과 같다.

- 제품 A와 B 모두 재료이동은 배치당 2회씩 이루어진다.
- 제품 A와 B의 총 기계작업시간은 각각 300시간과 500시간이다.
- 제품 A와 B 모두 품질검사는 배치당 2회씩 이루어지며, 제품 A와 B의 1회 검사시간은 각각 2시간과 1시간이다.

제품 A에 배부되는 활동원가는? (단, 재공품은 없다)

① ₩405,000 ② ₩477,000 ③ ₩529,000
④ ₩603,000 ⑤ ₩635,000

📝 **Key Point**
제품별 총수량을 배치당 생산량으로 나누어 제품별 배치수를 계산한 후 활동중심점별 원가동인수를 계산할 수 있다.

06 (주)세무는 제조간접원가를 직접노무시간당 ₩160씩 예정배부하고 있다. 20×1년 실제발생한 제조간접원가는 ₩180,000이다. 제조간접원가 배부차이는 기말재고자산(재공품과 제품)과 매출원가에 비례하여 안분한다. 20×1년의 제조간접원가 배부차이 가운데 30%에 해당하는 ₩6,000을 기말재고자산에서 차감하도록 배분하였다. 20×1년 실제발생한 직접노무시간은?

① 1,000시간   ② 1,100시간   ③ 1,125시간
④ 1,200시간   ⑤ 1,250시간

📝 **Key Point**
기말재고자산에 차감조정된 차이를 근거로 총 배부차이를 계산한 후 실제발생한 제조간접원가를 비교하여 제조간접원가 예정배부금액을 추정할 수 있다.

07 (주)세무는 제품 A와 B를 생산하고 있으며, 제품 A와 B는 모두 절단공정과 조립공정을 거쳐 완성된다. 20×1년 각 공정에서의 직접노무인력과 관련된 자료는 다음과 같다.

구분		절단공정	조립공정
직접노무원가 실제발생액		₩30,000	₩40,000
실제직접노무시간	제품 A	1,200시간	600시간
	제품 B	800시간	200시간

제품 A와 B의 직접재료원가는 각각 ₩20,000과 ₩15,000이며, 제조간접원가는 직접노무원가의 120%를 예정배부한다. 제품 A의 당기제품제조원가는? (단, 재공품은 없다)

① ₩125,600   ② ₩126,000   ③ ₩132,000
④ ₩138,000   ⑤ ₩142,400

📝 **Key Point**
부문별 직접노무원가를 계산한 후 직접노무원가의 120%를 예정배부한다.

08

(주)세무는 결합공정을 거쳐 분리점에서 주산물 A와 B, 부산물 C를 생산하고 있다. 20×1년 결합공정에 투입된 원재료는 2,200kg이며, 결합원가는 ₩31,960 발생하였다. 제품 A와 부산물 C는 추가가공을 필요로 하지 않지만, 제품 B는 추가가공하여 최종 완성된다. 부산물의 원가는 생산기준법(생산시점의 순실현가치법)을 적용하여 인식한다. 20×1년 생산 및 판매자료는 다음과 같다.

구분	생산량	추가가공원가	단위당 판매가격	결합원가 배분액
제품 A	1,350kg	-	₩100	₩13,950
제품 B	550	₩11,000	320	?
부산물 C	300	-	?	?
	2,200kg			₩31,960

순실현가치법으로 결합원가를 배분할 때 제품 A에는 ₩13,950이 배분되었다. 부산물 C의 단위당 판매가격은? (단, 재공품은 없다)

① ₩3.0 ② ₩3.2 ③ ₩3.4

④ ₩3.6 ⑤ ₩3.8

📝 **Key Point**

제품 A에 배분된 결합원가와 연산품들의 순실현가치를 이용하여 연산품에 배분된 결합원가를 추정할 수 있다. 결합공정에서 발생한 총원가와 연산품에 배분된 결합원가의 차이는 부산물의 순실현가치이다.

09 (주)세무의 품질관리 활동원가는 다음과 같다.

활동	원가(또는 비용)	활동	원가(또는 비용)
공손품 재작업	₩400	보증수리원가	₩2,000
납품업체 평가	500	반품 재작업	1,000
불량품 폐기	600	품질교육훈련	1,000
완제품 검사	700	재공품 검사	300

위 원가(비용)를 다양한 유형별로 구분하여 자세히 분석한 결과, 예방원가(prevention cost)를 현재보다 50% 증가시키면 외부실패원가(external failure cost)를 현재보다 40% 절감할 수 있을 것으로 예상하였다. 이를 실행할 경우, 회사의 이익은 얼마나 증가하는가?

① ₩400 ② ₩450 ③ ₩690
④ ₩700 ⑤ ₩850

📝 Key Point

유형별 품질원가를 집계한 후 예방원가와 외부실패원가 증분손익을 계산한다.

10 (주)세무는 단일 제품을 생산·판매한다. 제품 단위당 판매가격은 ₩100, 단위당 변동원가는 ₩60으로 일정하나, 고정원가는 제품 생산범위에 따라 상이하다. 제품 생산범위가 첫 번째 구간(1 ~ 1,000단위)에서 두 번째 구간(1,001 ~ 2,000단위)으로 넘어가면 고정원가가 ₩17,600 증가한다. 첫 번째 구간의 손익분기점이 860단위인 경우, 두 번째 구간의 손익분기점은 몇 단위인가?

① 1,150단위 ② 1,200단위 ③ 1,250단위
④ 1,300단위 ⑤ 1,440단위

📝 Key Point

첫 번째 구간의 손익분기점 수량을 이용하여 첫 번째 구간의 고정원가를 추정할 수 있다.

11 (주)세무는 A, B, C 세 종류의 제품을 생산·판매하고 있으며, 관련 자료는 다음과 같다.

구분	제품 A	제품 B	제품 C
매출액	₩100,000	₩200,000	₩150,000
변동원가	70,000	110,000	130,000
고정원가	20,000	40,000	30,000
이익	10,000	50,000	(10,000)

각 제품별 고정원가는 회사 전체적으로 발생하는 고정원가 ₩90,000을 각 제품의 매출액에 비례하여 배분한 것으로, 제품 생산 여부나 생산 및 판매 수량에 관계없이 일정하게 발생한다. 손실이 발생하고 있는 제품 C의 생산을 중단하는 경우 제품 A의 매출액은 50% 증가하고, 제품 B의 매출액은 변화 없을 것으로 예상된다. 제품 C의 생산을 중단하면 회사 전체 이익은 얼마나 감소하는가?

① ₩1,000   ② ₩3,000   ③ ₩5,000
④ ₩7,000   ⑤ ₩9,000

📑 **Key Point**
고정원가는 비관련원가이며 제품 A의 매출액 50% 증가는 변동원가 50% 증가로 인하여 결과적으로 공헌이익이 50% 증가한다.

12 (주)세무는 사업부 A와 B를 이익중심점으로 두고 있다. 사업부 A는 부품 S를 생산하여 사업부 B에 대체하거나 외부에 판매할 수 있으며, 사업부 B는 완제품 생산을 위해 필요한 부품 S를 사업부 A에서 구입하거나 외부에서 구입할 수 있다. 부품 S 1,000단위를 대체하는 경우 사업부 A의 단위당 최소대체가격은 ₩160이다. 부품 S 1,000단위를 내부대체하면 대체하지 않는 것에 비해 회사 전체 이익이 ₩50,000 증가한다. 이 경우 부품 S 1,000단위에 대한 사업부 B의 단위당 최대대체가격(M)과 대체로 인하여 증가하는 이익을 두 사업부가 균등하게 나눌 수 있는 대체가격(E)의 합(M + E)은?

① ₩370   ② ₩380   ③ ₩385
④ ₩390   ⑤ ₩395

📑 **Key Point**
대체로 인한 회사 전체 이익을 이용하여 최대대체가격을 추정할 수 있다. 또한, 회사 전체 이익을 공급사업부와 구매사업부에 각각 50%씩 배분할 수 있는 대체가격을 계산한다.

13 (주)세무는 두 공정을 거쳐 제품을 생산·판매하며, 각 공정별 자료는 다음과 같다.

구분	제1공정	제2공정
최대생산능력	8,000단위	10,000단위
총 고정원가	₩400,000	₩200,000
단위당 변동원가	₩20	₩10

제1공정 완성품은 외부 판매시장이 존재하지 않지만, 제2공정에서 추가가공하여 완제품(양품)을 생산한 후 단위당 ₩120에 모두 판매할 수 있다. 제1공정에서는 공손이 발생하지 않지만, 제2공정 투입량의 5%는 제2공정 종점에서 공손이 되며, 공손품의 처분가치는 없다. ₩80,000을 추가 투입하여 제1공정의 최대생산능력을 1,000단위 증가시킬 수 있다면, 회사 이익은 얼마나 증가하는가?

① ₩4,000   ② ₩4,500   ③ ₩10,000

④ ₩10,500   ⑤ ₩14,500

📝 **Key Point**

병목공정 생산능력 증가로 인하여 매출과 변동원가는 각각 증가한다. 단, 제2공정 종점에서 발생하는 공손수량만큼 판매수량은 감소한다.

14 (주)세무는 기계 A, B 중 하나를 구입하고, 이를 사용하여 신제품을 생산하려 한다. 관련 자료를 근거로 작성한 성과표(payoff table)는 다음과 같다. 성과표에서 $P(S_i)$는 확률을 의미하고, 금액은 이익을 의미한다.

상황 대안	S_1 = 호황 $P(S_1) = 0.4$	S_2 = 불황 $P(S_2) = 0.6$
기계 A	₩9,000	₩1,000
기계 B	7,000	K

기계 A의 기대이익이 기계 B의 기대이익보다 더 크며, 호황일 때는 기계 A의 이익이 더 크고 불황일 때는 기계 B의 이익이 더 크다. 완전정보의 기대가치(EVPI)가 ₩600인 경우, 성과표에서 K는 얼마인가?

① ₩1,500 ② ₩2,000 ③ ₩2,200
④ ₩2,300 ⑤ ₩2,500

📝 **Key Point**
기계 A의 기대이익과 완전정보의 기대가치(EVPI)를 이용하여 완전정보하의 기대성과를 추정할 수 있다. 완전정보하의 기대성과를 근거로 K를 추정할 수 있다.

15 (주)세무는 단일 제품을 생산하여 판매한다. 제품 단위당 판매가격은 ₩1,000, 단위당 변동원가는 ₩600, 총 고정원가는 ₩1,900,000으로 예상된다. 세법에 의할 경우 총 고정원가 중 ₩100,000과 단위당 변동원가 중 ₩50은 세법상 손금(비용)으로 인정되지 않을 것으로 예상된다. (주)세무에 적용될 세율이 20%인 경우 세후순이익 ₩41,000을 얻기 위한 제품의 판매수량은?

① 4,050단위 ② 4,450단위 ③ 4,750단위
④ 5,000단위 ⑤ 5,100단위

📝 **Key Point**
세법상 손금이 인정되지 않는 부분은 법인세 효과를 배제한다.

16 (주)세무는 당기에 영업을 처음 시작하였으며, 실제원가계산을 사용한다. 당기 제품 생산량은 2,000단위이다. 제품 단위당 판매가격은 ₩1,000, 단위당 직접재료원가는 ₩280, 단위당 직접노무원가는 ₩320이고, 당기 총 고정제조간접원가는 ₩200,000, 총 고정판매관리비는 ₩300,000이다. 변동제조간접원가와 변동판매관리비는 존재하지 않는다. 변동원가계산에 의한 손익분기점은 전부원가계산에 의한 손익분기점보다 몇 단위 더 많은가?

① 100단위   ② 150단위   ③ 200단위
④ 250단위   ⑤ 300단위

📝 **Key Point**

당기 총 고정제조간접원가를 당기 제품 생산량으로 나누어 단위당 고정제조간접원가를 계산한다.

정답 및 해설 ▶ p.35

정답 및 해설

제58회 공인회계사 1차 회계학

정답

01 ③ **02** ② **03** ② **04** ④ **05** ① **06** ① **07** ① **08** ⑤ **09** ④ **10** ③

해설

01 ③ 1. 보조부문 배분 전 원가
A: 2,200시간 × ₩100 = ₩220,000
B: 9,000kW × ₩20 = ₩180,000

2. 보조부문원가 배분(상호배분법)
자가소비용역을 제외한 나머지 용역제공량을 비율로 환산하면 다음과 같다.

	A	B	C	D	합계
A	–	0.4	0.4	0.2	1
B	0.5	–	0.25	0.25	1
배분 전 원가	₩220,000	₩180,000	₩161,250	₩40,000	₩601,250
A	(387,500)[*1]	155,000[*2]	155,000	77,500	–
B	167,500	(335,000)[*1]	83,750	83,750	–
	–	–	₩400,000	₩201,250	₩601,250

[*1] 배분할 원가
A = ₩220,000 + 0.5B
B = ₩180,000 + 0.4A
그러므로, A = ₩387,500, B = ₩335,0000이다.
[*2] ₩387,500 × 0.4 = ₩155,000

3. 갑제품 단위당 원가

기초원가	₩10,000
제조간접원가	8,000(= ₩400,000 ÷ 50단위)
	₩18,000

02 ② 1. 배부차이

실제발생	₩30,000
예정배부	40,000(= ₩50,000 × 80%)
배부차이	₩10,000(과대배부)

2. 재공품

재공품

기초	–	완성	₩112,000
DM	₩50,000		
DL	50,000		
OH	40,000[*1]	기말	28,000[*2]
	₩140,000		₩140,000

[*1] 제조간접원가 배부액
   ₩50,000 × 80% = ₩40,000

[*2] 기말재공품
   직접재료원가 + 직접노무원가 + 제조간접원가
   = ₩10,000 + (₩8,000 ÷ 80%) + ₩8,000
   = ₩28,000

3. 제품

제품

기초	–	판매	₩110,000[*3]
입고	₩112,000	기말	2,000
	₩112,000		₩112,000

[*3] 배부차이 조정 전 금액
   = 배부차이 조정 후 금액 + 과대배부
   = ₩100,000 + ₩10,000
   = ₩110,000

---

03 ②

1. 정상공손수량 및 비정상공손수량

- 정상공손수량: 60,000단위 × 10% = 6,000단위
- 비정상공손수량: 10,000단위 – 6,000단위 = 4,000단위

2. 완성품환산량 단위당 원가

① 물량흐름 파악

재공품

② 완성품환산량

				직접재료원가	전환원가
기초	15,000(0.4)	완성	15,000(0.6)	–	9,000
			55,000	55,000	55,000
		정상공손	6,000(0.2)	6,000	1,200
		비정상공손	4,000(0.2)	4,000	800
착수	70,000	기말	5,000(0.8)	5,000	4,000
	85,000		85,000	70,000	70,000

③ 원가
   ₩140,000   ₩210,000

④ 환산량 단위당 원가(= ③ ÷ ②)
   ₩2   ₩3

3. 정상공손원가

6,000단위 × ₩2 + 6,000단위 × 20% × ₩3
= ₩15,600

04 ④ 1. 단위당 제조원가

$$\frac{\text{총제조원가}}{\text{생산량}} = \frac{₩3,000,000}{500개} = ₩6,000$$

2. 단위당 노무원가

단위당 노무원가를 x라 한다.

초변동원가이익	₩400,000
(+) 기말재고 × 노무원가	200x
(−) 기초재고 × 노무원가	−
(=) 변동원가이익	₩760,000

그러므로, $x = \dfrac{760,000 - 400,000}{200개} = ₩1,800$이다.

3. 단위당 재료원가

단위당 재료원가를 x라 하고 단위당 제조간접원가를 y라 한다,

(1) ₩6,000 = x + ₩1,800 + y이므로, $x + y = ₩4,200$

(2) 초변동원가계산 영업이익

매출액	300개 × ₩10,000 =	₩3,000,000
재료원가		300x
재료처리량 공헌이익		₩3,000,000 − 300x
노무원가	500개 × ₩1,800 =	(900,000)
제조간접원가		500y
고정판매관리비		(200,000)
영업이익		₩400,000

그러므로, $3x + 5y = ₩15,000$

(3) 단위당 재료원가

$x + y = ₩4,200$

$3x + 5y = ₩15,000$

연립방정식으로 정리하면, x와 y는 각각 ₩3,000과 ₩1,200이다.

그러므로, 당월 발생 직접재료원가는 500개 × ₩3,000 = ₩1,500,000이다.

05 ① RI = 영업이익 − 투자액 × 최저필수수익률

= 2,000단위 × (₩550 − ₩200) − ₩400,000 − ₩1,000,000 × 15%

= ₩150,000

EVA = 세후영업이익 − 투하자본 × 가중평균자본비용

= [2,000단위 × (₩550 − ₩200) − ₩400,000] × (1 − 40%) − ₩1,000,000 × 10%

= ₩80,000

06 ① 1. 재고현황

제품			
기초	600	판매	4,200
생산	4,000	기말	400
	4,600		4,600

2. 자료정리

단위당 가격	₩10,000
단위당 변동원가	7,500(= ₩3,000 + ₩2,500 + ₩2,000)
단위당 공헌이익	₩2,500
고정제조간접원가	₩2,000,000
고정판매관리비	₩3,000,000

3. 단위당 고정제조간접원가

$$\frac{₩2,000,000}{4,000단위} = ₩500$$

4. 전부원가계산 손익분기점

손익분기점 묶음수를 Q라 한다.

(₩10,000 - ₩7,500 - ₩500) × Q - ₩3,000,000 = 0

그러므로, Q는 1,500단위이다.

07 ① 1. 용역구입수량

기존필요량 - 자가소비량 - 상호용역수수량

= 400단위 - 40단위 - 160단위 × 20%

= 328단위

2. 의사결정

증분수익	임대수익		₩20,000
증분비용	S2 변동원가 절감		40,000
	S2 고정원가 절감	₩40,000 × 50% =	20,000
	S1 변동원가 절감	₩260,000 × 20% =	52,000
	구입비용	328단위 × ₩400 =	(131,200)
증분이익			₩800

08 ⑤ 1. 성과표

판매량	500개(0.4)	600개(0.3)	700개(0.3)	기대가치
500개	₩150,000[*1]	₩150,000	₩150,000	₩150,000
600개	130,000[*2]	180,000	180,000	160,000
700개	110,000[*3]	160,000	210,000	155,000

[*1] 500개 × (₩500 - ₩200) = ₩150,000
[*2] 500개 × (₩500 - ₩200) - 100개 × ₩200 = ₩130,000
[*3] 500개 × (₩500 - ₩200) - 200개 × ₩200 = ₩110,000

그러므로, 최적의사결정은 600개일 때 기대가치 ₩160,000이다.

2. 완전정보하의 기대가치

₩150,000 × 0.4 + ₩180,000 × 0.3 + ₩210,000 × 0.3 = ₩177,000

3. 완전정보의 가치

완전정보하의 기대가치 - 기존정보하의 기대가치

= ₩177,000 - ₩160,000

= ₩17,000

4. 500개일 때 예측오차원가

최적선택의 결과 - 실제의사결정의 결과

= ₩150,000 - ₩130,000

= ₩20,000

09 ④

AQ × AP	AQ × SP	SQ × SP
500,000단위/	500,000단위/	500,000단위/
400단위 × 6h × ₩55	400단위 × 6h × ₩50*	250단위 × 4h × ₩50*
= ₩412,500	= ₩375,000	= ₩400,000

⎿ ₩37,500 불리 ⏌ ⎿ ₩25,000 유리 ⏌

* SP = (₩412,500 - ₩37,500) ÷ (500,000단위/400단위) ÷ 6h = ₩50

10 ③ 참여예산은 예산슬랙(예산여유)을 발생시킬 가능성이 있다.

정답

01	①	02	②	03	③	04	③	05	④	06	⑤	07	①	08	②	09	②	10	④
11	③	12	⑤	13	①	14	②	15	⑤	16	④								

해설

01 ①

1. 매출원가

₩300,000 × (1 - 20%) = ₩240,000

2. 직접노무시간

₩140,000 ÷ ₩40 = 3,500시간

3. 제조간접원가 예정배부금액

직접재료

기초	20,000	사용	80,000
매입	90,000	기말	30,000
	110,000		110,000

재공품

기초	25,000	완성	228,000
DM	80,000		
DL	140,000		
OH	21,000	기말	38,000
	266,000		266,000

제품

기초	44,000	판매	240,000
대체	228,000	기말	32,000
	272,000		272,000

그러므로, 제조간접원가 예정배부금액은 ₩21,000이다.

4. 제조간접원가 예정배부율

₩21,000 ÷ 3,500시간 = ₩6

02 ②

1. 표준배부율

변동제조간접원가: ₩540,000 ÷ 1,000시간 = ₩540

고정제조간접원가: ₩625,000 ÷ 1,000시간 = ₩625

2. 실제산출량에 허용된 표준수량

실제	예산	SQ × SP
?	1,000시간 × ₩625 = ₩625,000	824시간 × ₩625 = ₩515,000

₩110,000 불리

3. 변동제조간접원가 능률차이

실제	AQ × SP	SQ × SP
?	900시간 × ₩540 = ₩486,000	824시간 × ₩540 = ₩444,960

₩41,040 불리

03 ③

1. 총공손수량

250개 + 1,250개 - 1,210개 - 50개 = 240개

2. 비정상공손수량

	검사시점 통과기준		검사시점 도달기준
총공손수량	240개	총공손수량	240개
합격수량	1,250개 - 240개 = 1,010개	검사받은 수량	1,250개
정상공손수량	1,010개 × 10% = 101개	정상공손수량	1,250개 × 10% = 125개
비정상공손수량	240개 - 101개 = 139개	비정상공손수량	240개 - 125개 = 115개

3. 비정상공손수량차이

139개 - 115개 = 24개

04 ③

1. 단위당 고정제조간접원가

₩358,400 ÷ 3,200개 = ₩112

2. 변동원가계산 단위당 변동제조원가

₩800 - ₩112 = ₩688

3. 변동원가계산 기말제품재고액

(3,200개 - 2,900개) × ₩688 = ₩206,400

05 ④

1. 제품별 배치수

제품 A	제품 B
1,800개 ÷ 150개 = 12배치	3,000개 ÷ 200개 = 15배치

2. 활동중심점별 원가동인수

활동	제품 A	제품 B	합계
재료이동	12배치 × 2회 = 24회	15배치 × 2회 = 30회	54회
조립작업	300시간	500시간	800시간
도색작업	12배치 × 2회 × 2시간 = 48시간	15배치 × 2회 × 1시간 = 30시간	78시간

3. 활동중심점별 배부율

활동	배부율
재료이동	₩189,000 ÷ 54회 = ₩3,500
재료가공	₩1,000,000 ÷ 800시간 = ₩1,250
품질검사	₩234,000 ÷ 78시간 = ₩3,000

4. 제품별 원가

활동	제품 A	제품 B
재료이동	₩3,500 × 24회 = ₩84,000	3,500 × 30회 = ₩105,000
재료가공	₩1,250 × 300시간 = ₩375,000	₩1,250 × 500시간 = ₩625,000
품질검사	₩3,000 × 48시간 = ₩144,000	₩3,000 × 30시간 = ₩90,000
합계	₩603,000	₩820,000

06 ⑤ 1. 배부차이

₩6,000 ÷ 30% = ₩20,000 과대배부

2. 제조간접원가 예정배부금액

예정배부금액	₩200,000
실제발생금액	180,000
배부차이금액	₩20,000 과대배부

3. 실제발생한 직접노무시간

₩200,000 ÷ ₩160 = 1,250시간

07 ① 1. 공정별 직접노무시간당 임률

절단공정: ₩30,000 ÷ (1,200시간 + 800시간) = ₩15
조립공정: ₩40,000 ÷ (600시간 + 200시간) = ₩50

2. 제품별 원가

구분	제품 A	제품 B
직접재료원가	₩20,000	₩15,000
직접노무원가		
절단공정	₩15 × 1,200시간 = ₩18,000	₩15 × 800시간 = ₩12,000
조립공정	₩50 × 600시간 = ₩30,000	₩50 × 200시간 = ₩10,000
제조간접원가		
절단공정	₩18,000 × 120% = ₩21,600	₩12,000 × 120% = ₩14,400
조립공정	₩30,000 × 120% = ₩36,000	₩10,000 × 120% = ₩12,000
합계	₩125,600	₩63,400

08 ②

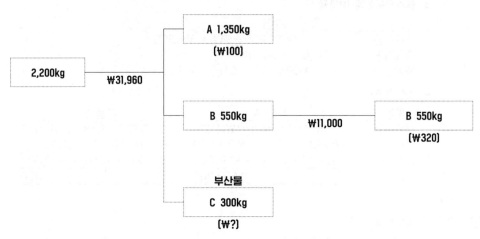

1. 연산품에 배분될 결합원가

부산물 순실현가치를 x라 한 후 정리하면 다음과 같다.

연산품에 배분될 결합원가 = 총 결합원가 - 부산물의 순실현가치

⇒ ₩31,960 - x

2. 부산물 순실현가치

	순실현가치		배분비율	결합원가
A	1,350kg × ₩100 =	₩135,000	0.45	₩13,950
B	550kg × ₩320 - 11,000 =	165,000	0.55	?
		₩300,000		₩31,960 - x

A에 배분될 결합원가 ₩13,950 = (₩31,960 - x) × 0.45이므로, x는 ₩960이다.

3. 부산물 단위당 판매가격

₩960 ÷ 300kg = ₩3.2/kg

09 ②

1. 유형별 품질원가

유형	활동	금액
예방원가	납품업체 평가, 품질교육훈련	₩500 + ₩1,000 = ₩1,500
평가원가	완제품 검사, 재공품 검사	₩700 + ₩300 = ₩1,000
내부실패원가	공손품 재작업, 불량품 폐기	₩400 + ₩600 = ₩1,000
외부실패원가	보증수리원가, 반품 재작업	₩2,000 + ₩1,000 = ₩3,000

2. 증분손익

증분수익
증분비용　예방원가 증가　　₩1,500 × 50% =　　₩750
　　　　　외부실패원가 절감　₩3,000 × 40% =　　(1,200)
증분이익　　　　　　　　　　　　　　　　　₩450

그러므로, ₩450만큼 증가한다.

10 ④ 1. 첫 번째 구간 고정원가

고정원가를 x라 한 후 정리하면 다음과 같다.

(₩100 - ₩60) × 860단위 - x = 0

∴ x = ₩34,400

2. 두 번째 구간 손익분기점

	1 ~ 1,000단위	1,001 ~ 2,000단위
단위당 판매가격	₩100	₩100
단위당 변동원가	60	60
단위당 공헌이익	₩40	₩40
고정원가	₩34,400	₩52,000(= ₩34,400 + ₩17,600)

손익분기점을 Q라 한 후 정리하면 다음과 같다.

(₩100 - ₩60) × Q - ₩52,000 = 0

∴ Q = 1,300단위

11 ③

증분수익	제품 C 매출 감소		₩(150,000)
	제품 A 매출 증가	₩100,000 × 50% =	50,000
증분비용	제품 C 변동원가 감소		(130,000)
	제품 A 변동원가 증가	₩70,000 × 50% =	35,000
증분손실			₩(5,000)

그러므로, ₩5,000만큼 감소한다.

12 ⑤ 1. 최대대체가격(M)

1,000단위(M - ₩160) = ₩50,000

그러므로, M은 ₩210이다.

2. 균등하게 나눌 수 있는 대체가격(E)

$$\frac{₩210 + ₩160}{2} = ₩185$$

그러므로, M + E = ₩210 + ₩185 = ₩395이다.

13 ①

증분수익	매출 증가	1,000단위 × 95% × ₩120 =	₩114,000
증분비용	제1공정 변동원가 증가	1,000단위 × ₩20 =	20,000
	제2공정 변동원가 증가	1,000단위 × ₩10 =	10,000
	추가원가		80,000
증분이익			₩4,000

그러므로, ₩4,000만큼 증가한다.

14 ② 1. 기계 A의 기대가치

₩9,000 × 0.4 + ₩1,000 × 0.6 = ₩4,200

2. 완전정보하의 기대성과

기계 A의 기대가치 + 완전정보의 기대가치(EVPI)

= ₩4,200 + ₩600

= ₩4,800

₩9,000 × 0.4 + K × 0.6 = ₩4,800이므로, K는 ₩2,000이다.

15 ⑤   단위당 판매가격   ₩1,000
        단위당 변동원가   _____600(₩50 손금불산입)
        단위당 공헌이익   ₩400

        총 고정원가   ₩1,900,000(₩100,000 손금불산입)
        목표판매량을 Q라 한 후 정리하면 다음과 같다.
        [(₩1,000 - ₩550) × Q - ₩1,800,000] × (1 - 20%) - 50Q - ₩100,000 = ₩41,000
        ∴ Q = 5,100단위

16 ④   단위당 판매가격   ₩1,000
        단위당 변동원가   _____600(= ₩280 + ₩320)
        단위당 공헌이익   ₩400

        고정제조간접원가   ₩200,000
        고정판매관리비   ₩300,000

        1. 단위당 고정제조간접원가
        ₩200,000 ÷ 2,000단위 = ₩100

        2. 손익분기점 판매수량
        (1) 변동원가계산
            손익분기점 판매량을 Q라 한 후 정리하면 다음과 같다.
            (₩1,000 - ₩600) × Q - ₩500,000 = 0
            ∴ Q = 1,250단위
        (2) 전부원가계산
            손익분기점 판매량을 Q라 한 후 정리하면 다음과 같다.
            (₩1,000 - ₩600 - ₩100) × Q - ₩300,000 = 0
            ∴ Q = 1,000단위
        그러므로, 1,250단위 - 1,000단위 = 250단위만큼 더 많다.

cpa.Hackers.com

2022년

원가관리회계
기출문제 & 해답

제57회 공인회계사 1차 회계학

제59회 세무사 1차 회계학개론

정답 및 해설

01 (주)대한은 의료장비를 생산하고 있으며, 20×1년 2월 원가 관련 자료는 다음과 같다.

- 재료 구입액은 ₩4,000, 재료 기말재고액은 ₩1,400이다.
- 노무원가는 공장에서 발생한 것이며, 노무원가의 80%는 생산직 종업원의 임금이다.
- 지급한 노무원가는 ₩3,700, 기초 미지급노무원가는 ₩200, 기말 미지급노무원가는 ₩500이다.
- 기본원가(기초원가, prime costs)는 ₩5,700이다.
- 제조경비는 ₩2,100이며, 전액 제조간접원가이다.

20×1년 2월 (주)대한의 제조간접원가는 얼마인가? 단, 기초재고자산은 없다.

① ₩2,100   ② ₩2,200   ③ ₩2,800

④ ₩3,000   ⑤ ₩3,100

📝 **Key Point**

재료사용금액 중 간접재료원가와 노무원가 중 20%의 간접노무원가는 제조간접원가에 합산한다.

02 활동기준원가계산에 대한 다음 설명 중 옳지 않은 것은?

① 활동기준원가계산은 발생한 원가를 활동중심점별로 집계하여 발생한 활동원가동인수로 배부하는 일종의 사후원가계산제도이다.

② 활동기준원가계산을 활용한 고객수익성 분석에서는 제품원가뿐만 아니라 판매관리비까지도 활동별로 집계하여 경영자의 다양한 의사결정에 이용할 수 있다.

③ 제조간접원가에는 생산량 이외의 다른 원가동인에 의하여 발생하는 원가가 많이 포함되어 있다.

④ 활동이 자원을 소비하고 제품이 활동을 소비한다.

⑤ 원재료구매, 작업준비, 전수조사에 의한 품질검사는 묶음수준활동(batch level activities)으로 분류된다.

📝 **Key Point**

원가계산제도는 생산방식, 실제성(속성) 및 제품원가 구성요소에 따라 분류할 수 있으며 생산방식에 대한 구분은 추가적인 언급이 없는 한 실제원가계산과 전부원가계산을 가정한다. 또한, 활동기준원가계산은 제조원가뿐만 아니라 제조원가 이전과 이후원가도 배분할 수 있다.

03 (주)대한은 정상원가계산제도를 채택하고 있다. 제조간접원가 예정배부율은 직접노무원가의 50%이며, 제조간접원가 배부차이는 전액 매출원가에서 조정한다. (주)대한의 20×1년 2월 원가 관련 자료는 다음과 같다.

- 직접재료 구입액은 ₩40,000이다.
- 직접노무원가는 기본원가(기초원가, prime costs)의 40%이다.
- 직접재료 기말재고액은 ₩10,000, 제품 기말재고액은 ₩4,000이다.
- 당기제품제조원가에는 직접재료원가 ₩25,500이 포함되어 있다.
- 기말재공품에는 제조간접원가 배부액 ₩1,500이 포함되어 있다.
- 실제 발생한 제조간접원가는 ₩8,000이다.

제조간접원가 배부차이를 조정한 후 (주)대한의 2월 매출원가는 얼마인가? 단, 기초재고자산은 없다.

① ₩44,000   ② ₩45,000   ③ ₩46,000

④ ₩47,000   ⑤ ₩49,000

📝 **Key Point**

기초재공품이 없으므로 당기제품제조원가의 직접재료원가를 이용하여 기말재공품의 직접재료원가를 계산할 수 있으며, 당기총제조원가에서 기말재공품을 차감하여 당기제품제조원가를 계산할 수 있다. 또한, 기초제품이 없으므로 당기제품제조원가에서 기말제품을 차감하여 매출원가를 계산할 수 있다.

※ 다음 자료를 이용하여 **04**와 **05**에 답하시오.

> • (주)대한은 선입선출법에 의한 종합원가계산을 적용하여 제품원가를 계산하고 있다.
> • 원재료는 공정 초에 전량 투입되고, 전환원가는 공정 전반에 걸쳐 균등하게 발생한다.
> • 공정의 80% 시점에서 품질검사를 실시하며, 정상공손 허용수준은 합격품의 10%이다. 정상공손원가는 합격품원가에 가산되고, 비정상공손원가는 기간비용으로 처리된다.
> • 공손품은 모두 폐기되며, 공손품의 처분가치는 없다.
> • 다음은 20×1년 2월 공정의 생산 및 원가자료이다. 단, 괄호 안의 숫자는 전환원가의 완성도를 의미한다.
>
> | 구분 | 물량 단위 | 직접재료원가 | 전환원가 |
> |---|---|---|---|
> | 기초재공품 | 2,000단위(70%) | ₩70,000 | ₩86,000 |
> | 당기투입 | 10,000 | 2,000,000 | 860,000 |
> | 완성품 | 8,000 | | |
> | 기말재공품 | 3,000단위(40%) | | |

04 (주)대한의 20×1년 2월 직접재료원가와 전환원가의 완성품환산량 단위당 원가를 계산하면 각각 얼마인가?

	직접재료원가	전환원가
①	₩200	₩100
②	₩200	₩80
③	₩220	₩100
④	₩220	₩80
⑤	₩250	₩100

📝 **Key Point**

총공손수량은 정상공손수량과 비정상공손수량으로 구분하며 공손의 완성도는 검사시점이다.

제57회 공인회계사 1차 회계학 **47**

해커스 允원가관리회계 1차 기출문제집

05 (주)대한의 20×1년 2월 완성품 단위당 원가는 얼마인가?

① ₩242   ② ₩250   ③ ₩252

④ ₩280   ⑤ ₩282

> **📝 Key Point**
> 선입선출법이므로 기초재공품원가는 완성품원가에 합산하고 공손원가는 당기발생원가에서 배분한다. 이를 수정된 선입선출법이라 한다.

06 (주)대한은 결합생산공정을 통해 결합제품 X와 Y를 생산 및 판매하고 있으며, 균등매출총이익률법을 적용하여 결합원가를 배부한다. (주)대한은 20×1년에 결합제품 X와 Y를 모두 추가가공하여 전량판매하였으며, 추가가공원가는 각 제품별로 추적가능하고 모두 변동원가이다. (주)대한의 20×1년 생산 및 판매 관련 자료는 다음과 같다.

제품	생산량	추가가공원가	최종판매단가
X	6,000단위	₩30,000	₩50
Y	10,000	20,000	20

20×1년 중 발생한 결합원가가 ₩350,000일 경우, (주)대한이 제품 X와 Y에 배부할 결합원가는 각각 얼마인가? 단, 공손 및 감손은 없으며, 기초 및 기말재공품은 없다.

	제품 X	제품 Y
①	₩200,000	₩150,000
②	₩210,000	₩140,000
③	₩220,000	₩130,000
④	₩230,000	₩120,000
⑤	₩240,000	₩110,000

> **📝 Key Point**
> 균등매출총이익률법이므로 전체 매출총이익률을 먼저 계산한 후 개별 매출총이익률을 이용하여 결합원가를 추정할 수 있다.

07 (주)대한은 20×1년 1월 1일에 처음으로 생산을 시작하였고, 20×1년과 20×2년의 영업활동 결과는 다음과 같다.

구분	20×1년	20×2년
생산량	2,000단위	2,800단위
판매량	1,600단위	3,000단위
변동원가계산에 의한 영업이익	₩16,000	₩40,000

(주)대한은 재공품재고를 보유하지 않으며, 재고자산 평가방법은 선입선출법이다. 20×1년 전부원가계산에 의한 영업이익은 ₩24,000이며, 20×2년에 발생한 고정제조간접원가는 ₩84,000이다. 20×2년 (주)대한의 전부원가계산에 의한 영업이익은 얼마인가? 단, 두 기간의 단위당 판매가격, 단위당 변동제조원가와 판매관리비는 동일하다.

① ₩26,000   ② ₩30,000   ③ ₩34,000

④ ₩36,000   ⑤ ₩38,000

📝 Key Point

20×2년의 기초재고에 포함되어 있는 고정제조간접원가를 추정하기 위하여 20×1년 자료를 이용하여 단위당 고정제조간접원가를 계산한다.

08 (주)대한은 제품 A, 제품 B, 제품 C를 생산 및 판매한다. (주)대한은 변동원가계산제도를 채택하고 있으며, 20×1년도 예산을 다음과 같이 편성하였다.

구분	제품 A	제품 B	제품 C
판매수량	2,500단위	5,000단위	2,500단위
단위당 판매가격	₩100	₩150	₩100
단위당 변동원가	60	75	30

(주)대한은 20×1년도 영업레버리지도(degree of operating leverage)를 5로 예상하고 있다. 세 가지 제품의 매출액 기준 매출구성비율이 일정하다고 가정할 때, (주)대한의 20×1년 예상 손익분기점을 달성하기 위한 제품 C의 매출액은 얼마인가?

① ₩160,000 ② ₩180,000 ③ ₩200,000
④ ₩220,000 ⑤ ₩250,000

📝 **Key Point**

영업레버리지도를 이용하여 총고정원가를 계산한 후 제품배합을 이용하여 손익분기점을 계산할 수 있다.

09 (주)대한은 A필터와 B필터를 생산 및 판매하고 있으며, 이익극대화를 추구한다. (주)대한의 최대조업도는 월 12,000기계시간이며, (주)대한이 20×1년 2월에 대해 예측한 A필터와 B필터의 자료는 다음과 같다.

구분	A필터	B필터
시장수요량	2,500단위	1,500단위
단위당 직접재료원가	₩290	₩400
단위당 직접노무원가	100	150
단위당 변동제조간접원가(기계시간당 ₩40)	80	160
단위당 변동판매관리비	50	90
단위당 고정원가	20	20
단위당 판매가격	840	1,280

(주)대한은 20×1년 2월의 판매예측에 포함하지 않았던 (주)민국으로부터 B필터 500단위를 구입하겠다는 일회성 특별주문을 받았다. (주)대한이 (주)민국의 특별주문을 수락하더라도 해당 제품의 단위당 변동원가는 변하지 않는다. (주)대한이 (주)민국의 특별주문을 수락하여 20×1년 2월 영업이익을 ₩180,000 증가시키고자 할 경우에 특별주문의 단위당 판매가격은 얼마인가? 단, 특별주문과 관련하여 생산설비의 증설은 없다.

① ₩1,300 ② ₩1,350 ③ ₩1,400
④ ₩1,450 ⑤ ₩1,500

📑 **Key Point**

기계시간에 제약이 있으므로 기계시간당 공헌이익을 계산하여 우선순위를 결정한 후 현재 상황에서 최적 생산계획을 설정한다. 특별주문에 대한 필요 기계시간을 추정한 후 기회비용을 계산할 수 있다.

10 (주)대한은 20×1년 실제결과와 고정예산을 비교하기 위해 다음과 같은 자료를 작성하였다.

구분	실제결과	고정예산
판매량	30,000단위	25,000단위
매출액	₩1,560,000	₩1,250,000
변동원가		
제조원가	900,000	625,000
판매관리비	210,000	125,000
공헌이익	₩450,000	₩500,000
고정원가		
제조원가	47,500	37,500
판매관리비	62,500	62,500
영업이익	₩340,000	₩400,000

(주)대한은 20×1년 시장규모를 250,000단위로 예측했으나, 실제 시장규모는 400,000단위로 집계되었다. (주)대한은 20×1년도 실제 판매량이 고정예산 판매량보다 증가하였으나, 영업이익은 오히려 감소한 원인을 파악하고자 한다. 이를 위해 매출가격차이(sales price variance), 시장점유율차이, 시장규모차이를 계산하면 각각 얼마인가? 단, U는 불리한 차이, F는 유리한 차이를 의미한다.

	매출가격차이	시장점유율차이	시장규모차이
①	₩60,000 F	₩200,000 U	₩300,000 F
②	₩60,000 U	₩200,000 F	₩300,000 U
③	₩60,000 F	₩300,000 U	₩400,000 F
④	₩80,000 F	₩200,000 U	₩300,000 F
⑤	₩80,000 U	₩300,000 F	₩400,000 U

> 📝 **Key Point**
>
> 고정예산을 이용하여 BQ, BP 및 예산시장점유율을 계산할 수 있다. 또한, 매출조업도차이는 시장점유율차이와 시장규모차이로 구분할 수 있다.

정답 및 해설 ▶ p.68

01 (주)세무의 20×1년 1월의 재고자산 자료는 다음과 같다.

구분	직접재료	재공품	제품
20×1. 1. 1.	₩80,000	₩100,000	₩125,000
20×1. 1. 31.	60,000	75,000	80,000

20×1년 1월 중 직접재료의 매입액은 ₩960,000이고, 직접노무원가는 제조간접원가의 40%이다. 1월의 매출액은 ₩2,500,000이며, 매출총이익률은 16%이다. 20×1년 1월의 기본원가(prime costs)는?

① ₩1,050,000   ② ₩1,160,000   ③ ₩1,280,000

④ ₩1,380,000   ⑤ ₩1,430,000

📝 **Key Point**

제조간접원가를 x, 직접노무원가를 $0.4x$라 하여 정리한 다음, 매출원가율(1 - 16%)을 이용하여 매출원가를 계산한 후 직접재료, 재공품, 제품의 T-계정을 이용하여 기본원가(직접재료원가 + 직접노무원가)를 찾을 수 있다.

02 (주)세무는 종합원가계산제도를 채택하고 있다. 직접재료는 공정의 초기에 전량 투입되며, 전환원가(conversion costs)는 공정 전반에 걸쳐 균등하게 발생한다. 당기 제조활동과 관련하여 가중평균법과 선입선출법에 의해 각각 계산한 직접재료원가와 전환원가의 완성품환산량은 다음과 같다.

구분	직접재료원가 완성품환산량	전환원가 완성품환산량
가중평균법	3,000단위	2,400단위
선입선출법	2,000	1,800

기초재공품의 전환원가 완성도는?

① 20%   ② 30%   ③ 40%

④ 50%   ⑤ 60%

📝 **Key Point**

가중평균법은 원가요소별 평균단가를 계산하기 위하여 기초재공품을 당기 착수한 것으로 가정하여 처리한다. 따라서 직접재료원가는 공정 초기에 전량 투입되고 전환원가가 공정 전반에 걸쳐 발생하는 경우 직접재료원가는 기초재공품물량만큼, 전환원가는 기초재공품물량에 기초진행률을 곱한 만큼 가중평균법 완성품환산량이 더 크다.

03 (주)세무는 제조부문인 절단부문과 조립부문을 통해 제품을 생산하고 있으며, 동력부문을 보조부문으로 두고 있다. 각 부문에서 발생한 제조간접원가 및 각 제조부문의 전력 실제사용량과 최대사용가능량에 관한 자료는 다음과 같다.

구분	동력부문	절단부문	조립부문	합계
변동제조간접원가	₩240,000	₩400,000	₩650,000	₩1,290,000
고정제조간접원가	300,000	700,000	750,000	1,750,000
실제사용량	-	500kwh	300kwh	800kwh
최대사용가능량	-	600	600	1,200

절단부문에 배부되는 동력부문의 원가는 이중배분율법을 적용하는 경우, 단일배분율법과 비교하여 얼마만큼 차이가 발생하는가?

① ₩30,000   ② ₩32,500   ③ ₩35,000
④ ₩37,500   ⑤ ₩40,000

📑 **Key Point**

일반적으로 이중배분율법은 총제조간접원가를 원가행태별로 구분하여 변동제조간접원가는 실제사용량을 기준으로, 고정제조간접원가는 최대사용량을 기준으로 배분한다. 반면에 단일배분율법은 총제조간접원가를 실제사용량을 기준으로 배분한다.

04 활동기준원가계산(ABC)에 관한 설명으로 옳지 않은 것은?

① 제조기술이 발달되고 공장이 자동화되면서 증가되는 제조간접원가를 정확하게 제품에 배부하고 효과적으로 관리하기 위한 원가계산기법이다.

② 설비유지원가(facility sustaining cost)는 원가동인을 파악하기가 어려워 자의적인 배부기준을 적용하게 된다.

③ 제품의 생산과 서비스 제공을 위해 수행하는 다양한 활동을 분석하고 파악하며, 비부가가치활동을 제거하거나 감소시킴으로써 원가를 효율적으로 절감하고 통제할 수 있다.

④ 원가를 소비하는 활동보다 원가의 발생행태에 초점을 맞추어 원가를 집계하여 배부하기 때문에 전통적인 원가계산보다 정확한 제품원가 정보를 제공한다.

⑤ 고객별·제품별로 공정에서 요구되는 활동의 필요량이 매우 상이한 경우에 적용하면 큰 효익을 얻을 수 있다.

📝 Key Point

활동기준원가계산은 원가를 소비하는 활동에 초점을 맞추어 조업도기준 배부방식인 전통적인 원가계산보다 정확한 제품원가 정보를 제공한다. 변동원가계산은 원가의 발생행태에 초점을 맞추어 총원가를 변동원가와 고정원가로 구분한다.

05 (주)세무는 원유를 투입하여 결합제품 A를 1,000단위, B를 1,500단위 생산하였다. 분리점 이전에 발생한 직접재료원가는 ₩1,690,000, 직접노무원가는 ₩390,000, 제조간접원가는 ₩520,000이다. 제품 A와 B는 분리점에 시장이 형성되어 있지 않아서 추가가공한 후에 판매하였는데, 제품 A는 추가가공원가 ₩850,000과 판매비 ₩125,000이 발생하며, 제품 B는 추가가공원가 ₩1,100,000과 판매비 ₩200,000이 발생하였다. 추가가공 후 최종 판매가치는 제품 A가 단위당 ₩2,000이며, 제품 B는 단위당 ₩3,000이다. 균등매출총이익률법에 따라 결합원가를 각 제품에 배부할 때, 제품 A에 배부되는 결합원가는?

① ₩525,000 ② ₩550,000 ③ ₩554,000

④ ₩600,000 ⑤ ₩604,000

📝 **Key Point**
균등매출총이익률법은 제품별 매출총이익률이 동일하도록 결합원가를 배부하는 방법으로 판매비는 고려 대상이 아니다.

06 (주)세무는 20×1년에 영업을 시작하였으며, 표준원가계산제도를 적용하고 있다. 20×2년의 제품 단위당 표준원가는 20×1년과 동일하게 다음과 같이 설정하였다. 직접재료는 공정의 초기에 전량 투입되며, 전환원가(conversion costs)는 공정 전반에 걸쳐 균등하게 발생한다.

직접재료원가	4kg × ₩6 =	₩24
직접노무원가	2시간 × ₩4 =	8
변동제조간접원가	2시간 × ₩4 =	8
고정제조간접원가	2시간 × ₩5 =	10
		₩50

(주)세무의 20×2년 기초재공품은 1,000단위(완성도 40%), 당기 완성량은 5,500단위이며, 기말재공품은 700단위(완성도 60%)이다. 표준종합원가계산하에서 완성품원가와 기말재공품원가는? (단, 원가흐름은 선입선출법을 가정하고, 공손 및 감손은 없다)

	완성품원가	기말재공품원가
①	₩225,000	₩21,000
②	₩240,600	₩27,720
③	₩240,600	₩28,420
④	₩275,000	₩21,000
⑤	₩275,000	₩27,720

📑 **Key Point**

표준종합원가계산의 표준배부에 관한 문제로 직접재료원가 단위당 표준원가(₩24)를 직접재료원가 완성품환산량 단위당 원가로 처리하고 전환원가 단위당 표준원가(₩26)를 전환원가 완성품환산량 단위당 원가로 처리하여 계산한다. 또한, 전기와 당기 단위당 표준원가는 동일하므로 기초재공품원가와 당기착수 완성품원가를 각각 구분하여 계산하거나 완성품수량에 단위당 표준원가를 곱하여 계산한 결과는 동일하다.

07 (주)세무는 20×1년에 영업을 시작하였으며, 정상원가계산을 적용하고 있다. 다음은 (주)세무의 20×1년 배부차이를 조정하기 전의 제조간접원가계정과 기말재공품, 기말제품 및 매출원가에 관한 자료이다.

제조간접원가			
630,000		?	

구분	기말재공품	기말제품	매출원가
직접재료원가	₩225,000	₩250,000	₩440,000
직접노무원가	125,000	150,000	210,000
제조간접원가	150,000	200,000	250,000
합계	₩500,000	₩600,000	₩900,000

제조간접원가의 배부차이를 매출원가조정법으로 회계처리하는 경우, 총원가비례배분법에 비해 당기순이익이 얼마나 증가(혹은 감소)하는가?

① ₩16,500 감소 ② ₩13,500 감소 ③ ₩13,500 증가
④ ₩16,500 증가 ⑤ ₩30,000 증가

📝 **Key Point**

각 계정금액은 배부차이를 조정하기 전이므로 제조간접원가는 예정배부금액이다. 또한, 제조간접원가 예정배부금액과 제조간접원가 차변의 실제발생금액 비교를 통하여 배부차이를 계산할 수 있다.

08 (주)세무는 제품 A와 B를 생산하고 있으며, 제품 생산에 관한 자료는 다음과 같다.

구분	제품 A	제품 B
제품 단위당 공헌이익	₩30	₩50
제품 단위당 기계시간	0.5시간	1시간
제품 단위당 노무시간	1.5시간	2시간

월간 이용가능한 기계시간은 1,000시간, 노무시간은 2,400시간으로 제한되어 있다. 월간 고정원가는 ₩20,000으로 매월 동일하고, 제품 A와 B의 시장수요는 무한하다. (주)세무가 이익을 극대화하기 위해서는 제품 A와 B를 각각 몇 단위 생산해야 하는가?

	제품 A	제품 B
①	0단위	1,000단위
②	800단위	500단위
③	800단위	600단위
④	900단위	500단위
⑤	1,600단위	0단위

📝 **Key Point**

제약조건이 복수인 최대화문제로 기계시간과 노무시간 제약조건을 그래프에 표시한 후 실행가능영역을 도출한 다음 이익을 극대화하는 최적 생산배합을 찾아낸다.

09 (주)세무는 단일제품을 생산·판매하고 있다. 제품 단위당 판매가격은 ₩7,500으로 매년 일정하게 유지되고, 모든 제품은 생산된 연도에 전량 판매된다. 최근 2년간 생산량과 총제조원가에 관한 자료는 다음과 같다. 20×2년 1월 1일에 인력조정 및 설비투자가 있었고, 이로 인해 원가구조가 달라진 것으로 조사되었다.

기간		생산량	총제조원가
20×1년	상반기	200단위	₩1,200,000
	하반기	300	1,650,000
20×2년	상반기	350	1,725,000
	하반기	400	1,900,000

다음 중 옳은 것은? (단, 20×2년 초의 인력조정 및 설비투자 이외에 원가행태를 변화시키는 요인은 없으며, 고저점법으로 원가함수를 추정한다)

① 20×2년의 영업레버리지도는 2.5이다.
② 20×2년의 안전한계율은 약 33%이다.
③ 20×1년에 비해 20×2년의 영업레버리지도는 증가하였다.
④ 20×1년에 비해 20×2년에 연간 총고정제조원가는 ₩200,000 증가하였다.
⑤ 20×1년에 비해 20×2년에 연간 손익분기점 판매량은 50단위 증가하였다.

📑 Key Point
매년 변동원가와 고정원가는 상반기(저점)와 하반기(고점) 생산량과 총제조원가를 이용하여 찾아낼 수 있다. 또한, 반기별 고정원가를 합하여 연간 고정원가를 계산한다.

10 (주)세무는 A부품을 매년 1,000단위씩 자가제조하여 제품 생산에 사용하고 있다. A부품을 연간 1,000단위 생산할 경우 단위당 원가는 다음과 같다.

구분	단위당 원가
변동제조원가	₩33
고정제조간접원가	5
합계	₩38

최근에 외부의 공급업자로부터 A부품 1,000단위를 단위당 ₩35에 납품하겠다는 제안을 받았다. A부품을 전량 외부에서 구입하면 연간 총고정제조간접원가 중 ₩400이 절감되며, A부품 생산에 사용하던 설비를 다른 부품생산에 활용함으로써 연간 ₩200의 공헌이익을 추가로 얻을 수 있다. (주)세무가 외부 공급업자의 제안을 수락하면, A부품을 자가제조할 때보다 연간 영업이익은 얼마나 증가(혹은 감소)하는가?

① ₩1,400 감소　　　　② ₩1,400 증가　　　　③ ₩3,600 감소

④ ₩3,600 증가　　　　⑤ ₩4,800 감소

📝 Key Point

외부구입하는 경우 구입비용이 발생하지만 자가제조할 경우에 발생하는 변동원가와 일부 고정원가를 절감할 수 있으며 유휴설비를 활용하여 추가이익을 얻을 수 있다.

11 (주)세무는 표준원가계산제도를 사용하고 있으며, 매월 동일한 표준원가를 적용한다. 20×1년 5월과 6월의 실제 제품 생산량은 각각 100단위와 120단위이었고, 다음과 같은 조업도차이가 발생하였다.

기간	조업도차이
5월	₩1,000(불리)
6월	₩600(불리)

(주)세무의 고정제조간접원가 월간 예산은?

① ₩3,000   ② ₩3,200   ③ ₩4,800

④ ₩5,400   ⑤ ₩6,000

> 📝 **Key Point**
> 매월 동일한 표준원가를 적용하므로 5월과 6월의 고정제조간접원가예산금액과 단위당 고정제조간접원가 표준원가는 동일하다. 또한, 재공품에 대한 자료가 별도로 제시되어 있지 않아 월별 실제산출량은 실제 생산량이다. 5월과 6월의 실제 생산량과 조업도차이를 이용하여 예산과 표준원가를 추정할 수 있다.

12 (주)세무는 최근에 신제품을 개발하여 처음으로 10단위를 생산했으며, 추가로 10단위를 생산하는 데 필요한 직접노무시간은 처음 10단위 생산에 소요된 직접노무시간의 60%인 것으로 나타났다. (주)세무의 신제품 생산에 누적평균시간 학습모형이 적용된다면 학습률은?

① 60%   ② 65%   ③ 80%

④ 85%   ⑤ 90%

> 📝 **Key Point**
> 첫 단위(10단위) 생산에 필요한 평균시간을 x라 하면, 두 번째 단위(추가 10단위) 생산에 필요한 증분시간은 $0.6x$로 총누적시간은 $1.6x$시간이므로 두 번째 단위 누적평균시간은 $0.8x$이다.

13 (주)세무는 분권화된 사업부 A와 B를 각각 이익중심점으로 설정하여 운영하고 있다. 현재 사업부 A는 부품 X를 매월 40,000단위 생산하여 단위당 ₩50에 전량 외부시장에 판매하고 있다. 사업부 A의 부품 X 생산에 관한 원가자료는 다음과 같다.

구분	금액/단위
단위당 변동제조원가	₩35
월간 최대생산능력	50,000단위

사업부 B는 최근에 신제품을 개발했으며, 신제품 생산을 위해서 사업부 A에 성능이 향상된 부품 Xplus를 매월 20,000단위 공급해 줄 것을 요청했다. 사업부 A가 부품 Xplus 1단위를 생산하기 위해서는 부품 X 2단위를 포기해야 하며, 부품 X의 변동제조원가에 단위당 ₩20의 재료원가가 추가로 투입된다. 부품 X의 외부 수요량은 매월 40,000단위로 제한되어 있다. 사업부 A가 현재의 영업이익을 감소시키지 않기 위해 사업부 B에 요구해야 할 부품 Xplus의 단위당 최소대체가격은?

① ₩66.25   ② ₩75.50   ③ ₩77.50

④ ₩80.25   ⑤ ₩85.50

📝 **Key Point**

40,000단위를 전량 판매하지만 최대생산능력이 50,000단위이므로 여유조업도는 10,000단위이다. 따라서 부품 Xplus 20,000단위를 생산하기 위하여 여유조업도 10,000단위를 제외한 기존 판매량 30,000단위를 포기해야 한다. 사업부 A의 최소대체가격은 단위당 증분원가에 단위당 기회원가를 합하여 계산할 수 있다.

14 (주)세무는 상품매매업을 영위하고 있으며, 20×2년 1분기의 매출액 예산은 다음과 같다.

구분	1월	2월	3월
매출액	₩100,000	₩120,000	₩150,000
매출원가율	80%	75%	70%

(주)세무의 20×1년 말 재무상태표에 표시된 상품재고는 ₩10,000이고, 매입채무는 ₩42,400이다. (주)세무는 20×2년에 매월 기말재고로 다음 달 예상 매출원가의 10%를 보유한다. 매월 상품매입은 현금매입 40%와 외상매입 60%로 구성되며, 외상매입대금은 그 다음 달에 모두 지급한다. 상품매입으로 인한 2월의 현금지출예산은?

① ₩74,000 ② ₩84,000 ③ ₩85,500

④ ₩91,500 ⑤ ₩95,000

📝 **Key Point**

매출원가율을 이용하여 월별 매출원가를 계산할 수 있으며 매월 말 재고는 다음 달 예상매출원가의 10%이다. 현금매입은 40%이고 외상매입은 60%이므로 2월 현금지출은 2월 매입의 40%와 1월 매입의 60%이다.

15 (주)세무는 표준원가계산제도를 채택하고 있으며, 상호 대체가능한 원재료 A와 B를 이용하여 제품을 생산한다. 원재료 투입량과 표준가격은 다음과 같다.

원재료	실제투입량	표준투입량	kg당 표준가격
A	150kg	120kg	₩30
B	150	180	20

재료원가 차이분석에 관한 설명으로 옳은 것은? (단, 표준투입량은 실제생산량에 허용된 원재료 투입량을 의미하며, 원가차이의 유리(혹은 불리) 여부도 함께 판단할 것)

① 원재료 A와 B에서 발생한 수량차이(능률차이)는 총 ₩300 유리하다.

② 배합차이로 인해 재료원가가 예상보다 ₩600 더 발생했다.

③ 배합차이로 인해 원재료 A의 원가는 예상보다 ₩900 적게 발생했다.

④ 수율차이(순수수량차이)는 발생하지 않았다.

⑤ 원재료 A와 B의 실제투입량 합계가 300kg에서 400kg으로 증가하면 유리한 수율차이가 발생한다.

📝 **Key Point**

실제투입량과 표준투입량이 동일한 경우 수율차이는 발생하지 않으며 실제투입량이 표준투입량보다 많은 경우 불리한 수율차이가 발생한다. 실제투입량(AQ), 실제산출량에 허용된 표준투입량(SQ) 및 kg당 표준가격(SP)을 이용하여 수량차이(배합차이와 수율차이)를 분석할 수 있다.

16 (주)세무는 제품 A와 제품 B를 생산·판매하고 있다. 제품별 판매 및 원가에 관한 자료는 다음과 같다.

구분	제품 A	제품 B	합계
판매량	?	?	100단위
매출액	₩200,000	₩300,000	₩500,000
변동원가	?	?	₩375,000
고정원가			₩150,000

제품 A의 단위당 판매가격은 ₩4,000이다. 손익분기점에 도달하기 위한 제품 B의 판매량은? (단, 매출배합은 일정하다고 가정한다)

① 55단위   ② 60단위   ③ 80단위

④ 85단위   ⑤ 90단위

📝 **Key Point**

제품 A의 단위당 판매가격을 이용하여 제품 A 판매량과 제품 B 판매량을 계산할 수 있으며 제품 B 매출액을 판매량으로 나누어 제품 B의 단위당 판매가격을 추정할 수 있다. 평균공헌이익률(₩125,000 ÷ ₩500,000 = 25%)을 이용하여 손익분기점 매출액을 계산한 후 매출액 비율을 이용하여 제품 B의 손익분기점 매출액을 계산할 수 있다.

정답 및 해설 ▶ p.73

제57회 공인회계사 1차 회계학

정답

01 ④ **02** ⑤ **03** ② **04** ① **05** ④ **06** ② **07** ⑤ **08** ③ **09** ③ **10** ①

해설

01 ④ 1. 간접노무원가
노무원가 × (1 - 80%)
= (₩3,700 + ₩500 - ₩200) × (1 - 80%) = ₩800
2. 직접재료원가
기본원가 - 직접노무원가
= ₩5,700 - (₩3,700 + ₩500 - ₩200) × 80% = ₩2,500
3. 간접재료원가

원재료			
기초	-	사용	₩2,600
매입	₩4,000	기말	1,400
	₩4,000		₩4,000

⇒ 간접재료원가: ₩2,600 - ₩2,500 = ₩100
4. 제조간접원가
₩2,100 + ₩100 + ₩800 = ₩3,000

02 ⑤ 전수조사에 의한 품질검사는 단위수준활동(unit level activities)으로 분류된다.

03 ② 1. 직접재료원가

직접재료			
기초	-	사용	₩30,000
매입	₩40,000	기말	10,000
	₩40,000		₩40,000

2. 직접노무원가(x)
(₩30,000 + x) × 0.4 = x
⇒ x = ₩20,000

3. 기말재공품

(1) 직접재료원가

　₩30,000 - ₩25,500 = ₩4,500

(2) 직접노무원가

　₩1,500 ÷ 50% = ₩3,000

(3) 기말재공품

　₩4,500 + ₩3,000 + ₩1,500 = ₩9,000

4. 당기제품제조원가

당기총제조원가 - 기말재공품

= (₩30,000 + ₩20,000 + ₩20,000 × 50%) - ₩9,000 = ₩51,000

5. 매출원가

제품			
기초	–	판매	₩47,000
대체	₩51,000	기말	4,000
	₩51,000		₩51,000

6. 배부차이

예정배부	₩10,000	(= ₩20,000 × 50%)
실제발생	8,000	
배부차이	₩2,000	(과대배부)

7. 배부차이 조정 후 매출원가

₩47,000 - ₩2,000 = ₩45,000

---

04 ① **1. 총공손수량**

기초물량 + 당기착수량 - 완성수량 - 기말수량

= 2,000단위 + 10,000단위 - 8,000단위 - 3,000단위 = 1,000단위

2. 정상공손수량

합격품 × 10%

= 8,000단위 × 10% = 800단위

3. 완성품환산량 단위당 원가

① 물량흐름 파악

재공품				
기초	2,000 (0.7)	완성	2,000 (0.3)	
			6,000	
		공손	800 (0.8)	
			200 (0.8)	
착수	10,000	기말	3,000 (0.4)	
	12,000		12,000	

② 완성품환산량

	직접재료원가	전환원가
	–	600
	6,000	6,000
	800	640
	200	160
	3,000	1,200
	10,000	8,600

③ 원가

직접재료원가	전환원가
₩2,000,000	₩860,000

④ 환산량 단위당 원가(= ③ ÷ ②)

직접재료원가	전환원가
₩200	₩100

05 ④   1. 1차 배분

완성품	₩156,000 + 6,000단위 × ₩200 + 6,600단위 × ₩100 =	₩2,016,000
정상공손	800단위 × ₩200 + 640단위 × ₩100 =	224,000
비정상공손	200단위 × ₩200 + 160단위 × ₩100 =	56,000
기말재공품	3,000단위 × ₩200 + 1,200단위 × ₩100 =	720,000
		₩3,016,000

2. 2차 배분

	배분 전 원가	공손원가 배분	배분 후 원가
완성품	₩2,016,000	₩224,000	₩2,240,000
정상공손	224,000	(224,000)	-
비정상공손	56,000		56,000
기말재공품	720,000		720,000
	₩3,016,000		₩3,016,000

3. 20×1년 2월 완성품 단위당 원가

₩2,240,000 ÷ 8,000단위 = ₩280

06 ②

	제품 X	제품 Y	총계
매출액	₩300,000	₩200,000	₩500,000
결합원가	(210,000)[*1]	(140,000)[*2]	(350,000)
추가원가	(30,000)	(20,000)	(50,000)
매출총이익	₩60,000	₩40,000	₩100,000
이익률	(0.2)	(0.2) ⇐	(0.2)

[*1] 6,000단위 × ₩50 - ₩30,000 - ₩60,000 = ₩210,000
[*2] 10,000단위 × ₩20 - ₩20,000 - ₩40,000 = ₩140,000

07 ⑤   1. 연도별 재고현황

	20×1년				20×2년		
기초	-	판매	1,600	기초	400	판매	3,000
생산	2,000	기말	400	생산	2,800	기말	200

2. 20×1년 단위당 고정제조간접원가(x)

전부원가계산하에서의 영업이익 = 변동원가계산하에서의 영업이익 + 기말재고 × 단위당 고정제조간접원가

₩24,000 = ₩16,000 + 400단위 × x

⇒ 단위당 고정제조간접원가(x): ₩20

3. 20×2년 전부원가계산하에서의 영업이익

전부원가계산하에서의 영업이익 =
변동원가계산하에서의 영업이익 + 기말재고 × 단위당 고정제조간접원가 - 기초재고 × 단위당 고정제조간접원가

$$\therefore ₩40,000 + 200단위 × \frac{₩84,000}{2,800단위} - 400단위 × ₩20 = ₩38,000$$

08 ③   1. 손익구조

	제품 A	제품 B	제품 C
단위당 판매가격	₩100	₩150	₩100
단위당 변동원가	60	75	30
단위당 공헌이익	₩40	₩75	₩70

2. 고정제조간접원가(x)

$$\text{영업레버리지도(5)} = \frac{\text{공헌이익}}{\text{영업이익}} = \frac{(\text{₩}40 \times 2,500\text{단위} + \text{₩}75 \times 5,000\text{단위} + \text{₩}70 \times 2,500\text{단위})}{(\text{₩}40 \times 2,500\text{단위} + \text{₩}75 \times 5,000\text{단위} + \text{₩}70 \times 2,500\text{단위}) - x}$$

⇒ x = ₩520,000

3. 꾸러미당 공헌이익(꾸러미법 적용)

₩40 × 1 + ₩75 × 2 + ₩70 × 1 = ₩260

4. 손익분기점 꾸러미수(Q)

₩260 × Q - ₩520,000 = 0

⇒ Q = 2,000

5. 제품 C의 손익분기점 매출액

2,000 × 1 × ₩100 = ₩200,000

09 ③

	A필터	B필터
단위당 판매가격	₩840	₩1,280
단위당 변동원가	520	800
단위당 공헌이익	₩320	₩480
기계시간	÷ 2h	÷ 4h ≤ 12,000h
기계시간당 공헌이익	₩160	₩120
우선순위	1순위	2순위

1. 여유시간

(1) A필터

　2,500단위 × 2시간 = 5,000시간

(2) B필터

　1,500단위 × 4시간 = 6,000시간

최대기계시간은 12,000시간이므로 현재 1,000시간의 여유시간이 존재한다.

2. 특별주문으로 인한 기존판매 포기분

500단위 생산을 위해서 2,000시간이 필요하므로 부족한 1,000시간을 확보하기 위해서 B필터 250단위(= 1,000시간 ÷ 4시간)를 포기해야 한다.

3. 의사결정

주문에 대한 가격을 x라 한 후 정리하면 다음과 같다.

증분수익	매출		500단위 × x
증분비용	변동원가	500단위 × ₩800 =	400,000
	기회비용	250단위 × ₩480 =	120,000
증분이익			500단위 × x - ₩520,000 ≥ ₩180,000

∴ x = ₩1,400

10 ① 1. 자료정리

AQ	AP − SV	BP − SV	BQ
30,000단위	₩52 − ₩30^{*1} = ₩22	₩50 − ₩30 = ₩20	25,000단위

^{*1} (₩625,000 + ₩125,000) ÷ 25,000단위 = ₩30

2. 매출가격차이와 매출조업도차이

AQ × (AP − SV)	AQ × (BP − SV)	BQ × (BP − SV)
30,000단위 × ₩22	30,000단위 × ₩20	25,000단위 × ₩20
= ₩660,000	= ₩600,000	= ₩500,000

$$\underbrace{\qquad\qquad}_{\text{₩60,000 F}}\qquad\underbrace{\qquad\qquad}_{\text{₩100,000 F}}$$

3. 시장점유율차이와 시장규모차이

실제규모 × 실제점유율 × 예산평균공헌이익	실제규모 × 예산점유율 × 예산평균공헌이익	예산규모 × 예산점유율 × 예산평균공헌이익
400,000단위 × 7.5%^{*2} × ₩20^{*4}	400,000단위 × 10%^{*3} × ₩20	250,000단위 × 10% × ₩20
= ₩600,000	= ₩800,000	= ₩500,000

$$\underbrace{\qquad\qquad}_{\text{₩200,000 U}}\qquad\underbrace{\qquad\qquad}_{\text{₩300,000 F}}$$

^{*2} 30,000단위 ÷ 400,000단위 × 100 = 7.5%

^{*3} 25,000단위 ÷ 250,000단위 × 100 = 10%

^{*4} ₩500,000 ÷ 25,000단위 = ₩20

정답

01	③	02	⑤	03	④	04	④	05	②	06	⑤	07	①	08	③	09	⑤	10	①
11	①	12	③	13	③	14	②	15	④	16	②								

해설

01 ③ 1. 직접재료원가: ₩980,000

직접재료

월초	₩80,000	판매	₩980,000
매입	960,000	월말	60,000
	₩1,040,000		₩1,040,000

2. 당기제품제조원가: ₩2,055,000

제품

월초	₩125,000	판매	₩2,100,000 (= ₩2,500,000 × 84%)
대체	2,055,000	월말	80,000
	₩2,180,000		₩2,180,000

3. 직접노무원가: ₩300,000

제조간접원가를 x, 직접노무원가를 $0.4x$라 한 후 정리하면 다음과 같다.

재공품

월초	₩100,000	완성	₩2,055,000
직접재료원가	980,000		
직접노무원가	$0.4x$		
제조간접원가	x	월말	75,000
	₩2,130,000		₩2,130,000

₩100,000 + ₩980,000 + 1.4x = ₩2,130,000

⇒ x = ₩750,000, 0.4x = 300,000

4. 기본원가

₩980,000 + ₩300,000 = ₩1,280,000

02 ⑤

	직접재료원가 완성품환산량	전환원가 완성품환산량
가중평균법	3,000단위	2,400단위
선입선출법	2,000	1,800
차이	1,000단위	600단위

기초재공품물량은 1,000단위이고 기초재공품물량에 전환원가 완성도를 곱한 물량이 600단위이므로 전환원가 완성도는 60%이다.

03 ④ **1. 이중배분율법**

	동력부문	절단부문	조립부문
실제사용량	-	500kwh	300kwh
최대사용가능량	-	600kwh	600kwh
변동제조간접원가	₩240,000	-	-
	(240,000)	₩150,000[*1]	₩90,000
고정제조간접원가	₩300,000	-	-
	(300,000)	150,000[*2]	150,000
		₩300,000	₩240,000

[*1] $₩240,000 \times \dfrac{500kwh}{800klwh} = ₩150,000$

[*2] $₩300,000 \times \dfrac{600kwh}{1,200klwh} = ₩150,000$

2. 단일배분율법

	동력부문	절단부문	조립부문
실제사용량	-	500kwh	300kwh
최대사용가능량	-	600kwh	600kwh
총제조간접원가	₩540,000	-	-
	(540,000)	₩337,500[*3]	₩202,500
		₩337,500	₩202,500

[*3] $₩540,000 \times \dfrac{500kwh}{800klwh} = ₩337,500$

3. 차이금액

₩337,500 - ₩300,000 = **₩37,500**

04 ④ 원가의 발생행태에 초점을 맞추어 변동제조원가만을 제품원가로 처리하는 것은 변동원가계산이다.

05 ②

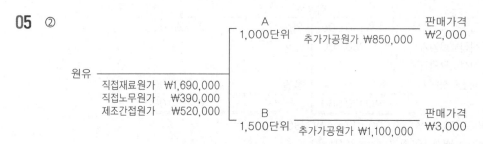

	제품 A	제품 B	합계
매출액	₩2,000,000	₩4,500,000	₩6,500,000
결합원가	(550,000)[*2]	(2,050,000)	(2,600,000)
추가원가	(850,000)	(1,100,000)	(1,950,000)
매출총이익	₩600,000[*1]	₩1,350,000	₩1,950,000
이익률	(0.3)	(0.3) ⇐	(0.3)

[*1] ₩2,000,000 × 0.3 = ₩600,000

[*2] ₩2,000,000 - ₩850,000 - ₩600,000 = ₩550,000

06 ⑤

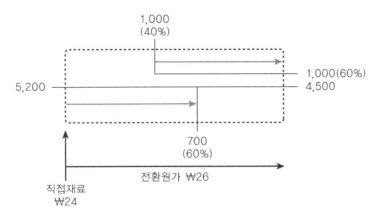

1. 완성품원가
(1) 기초재공품원가
1,000단위 × ₩24 + 1,000단위 × 40% × ₩26 = ₩34,400
(2) 완성품원가
₩34,400 + 4,500단위 × ₩24 + 5,100단위 × ₩26 = ₩275,000
또는, 전기와 당기 단위당 표준원가는 동일하므로 완성량에 단위당 표준원가를 곱하여 계산할 수 있다.
5,500단위 × ₩50 = ₩275,000
2. 기말재공품원가
700단위 × ₩24 + 700단위 × 60% × ₩26 = ₩27,720

07 ①

1. 배부차이

실제발생	₩630,000
예정배부	600,000(= ₩150,000 + ₩200,000 + ₩250,000)
배부차이	₩30,000(과소배부)

2. 총원가기준비례배분법

	기말재공품	기말제품	매출원가
직접재료원가	₩225,000	₩250,000	₩440,000
직접노무원가	125,000	150,000	210,000
제조간접원가	150,000	200,000	250,000
차이 조정 전 총제조원가	₩500,000	₩600,000	₩900,000
배부차이 조정			13,500*
차이 조정 후 총제조원가			₩913,500

$$* \frac{₩900,000}{₩500,000 + ₩600,000 + ₩900,000} × ₩30,000 = ₩13,500$$

3. 매출원가조정법

	기말재공품	기말제품	매출원가
직접재료원가	₩225,000	₩250,000	₩440,000
직접노무원가	125,000	150,000	210,000
제조간접원가	150,000	200,000	250,000
차이 조정 전 총제조원가	₩500,000	₩600,000	₩900,000
배부차이 조정			30,000
차이 조정 후 총제조원가			₩930,000

∴ 매출원가조정법으로 처리하는 경우 ₩930,000 - ₩913,500 = ₩16,500만큼 이익이 감소한다.

08 ③ 1. 목적함수

Max: ₩30 × A + ₩50 × B

2. 제약조건의 구체화

0.5 × A + 1 × B ≦ 1,000기계시간

1.5 × A + 2 × B ≦ 2,400노무시간

A,　　B ≧ 0

3. 최적 해 도출

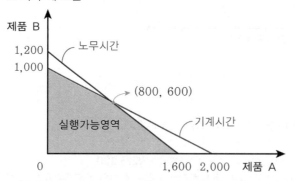

(1,600, 0): ₩30 × 1,600 + ₩50 × 0 = ₩48,000

(800, 600): ₩30 × 800 + ₩50 × 600 = ₩54,000

(0, 1,000): ₩30 × 0 + ₩50 × 1,000 = ₩50,000

∴ 이익을 극대화하기 위해서는 제품 A 800단위, 제품 B 600단위를 생산해야 한다.

09 ⑤ 1. 원가함수추정

(1) 20×1년

	총원가(Y)	=	고정원가(a)	+	변동원가(b × X)
하반기	₩1,650,000	=	a	+	b × 300단위
상반기　(-)	1,200,000	=	a	+	b × 200단위
	₩450,000	=			b × 100단위

$b = \dfrac{₩450,000}{100단위}$ = ₩4,500이므로, 이를 하반기 자료에 대입하면 다음과 같다.

₩1,650,000 = a + ₩4,500 × 300단위

⇒ a = ₩300,000

(2) 20×2년

	총원가(Y)	=	고정원가(a)	+	변동원가(b × X)
하반기	₩1,900,000	=	a	+	b × 400단위
상반기　(-)	1,725,000	=	a	+	b × 350단위
	₩175,000	=			b × 50단위

$b = \dfrac{₩175,000}{50단위}$ = ₩3,500이므로, 이를 하반기 자료에 대입하면 다음과 같다.

₩1,900,000 = a + ₩3,500 × 400단위

⇒ a = ₩500,000

2. 가격과 원가구조(연기준)

	20×1년	20×2년
p	₩7,500	₩7,500
vc	4,500	3,500
cm	₩3,000	₩4,000
FC	₩600,000(= ₩300,000 × 2)	₩1,000,000(= ₩500,000 × 2)

3. 영업레버리지도

$$영업레버리지도 = \frac{공헌이익}{공헌이익 - 고정원가}$$

(1) 20×1년

$$\frac{500단위 \times ₩3,000}{500단위 \times ₩3,000 - ₩600,000} = 1.67$$

(2) 20×2년

$$\frac{750단위 \times ₩4,000}{750단위 \times ₩4,000 - ₩1,000,000} = 1.5$$

4. 안전한계율

$$안전한계율 = \frac{공헌이익 - 고정원가}{공헌이익}$$

(1) 20×1년

$$\frac{500단위 \times ₩3,000 - ₩600,000}{500단위 \times ₩3,000} = 0.6$$

(2) 20×2년

$$\frac{750단위 \times ₩4,000 - ₩1,000,000}{750단위 \times ₩4,000} = 0.67$$

5. 손익분기점 판매량

$$손익분기점\ 판매량 = \frac{고정원가}{공헌이익}$$

(1) 20×1년

$$\frac{₩600,000}{₩3,000} = 200단위$$

(2) 20×2년

$$\frac{₩1,000,000}{₩4,000} = 250단위$$

∴ 손익분기점 판매량은 50단위 증가하였다.

10 ①

증분수익	공헌이익 증가		₩200
증분비용	변동원가 감소	1,000단위 × ₩33 =	33,000
	고정원가 감소		400
	구입비용	1,000단위 × ₩35 =	(35,000)
증분손실			₩(1,400)

∴ 외부 공급업자의 제안을 수락하면 A부품을 자가제조할 때보다 연간 영업이익은 ₩1,400 감소한다.

11 ① 고정제조간접원가를 A, 고정제조간접원가 단위당 표준배부율을 B라 하면 월별 차이분석은 다음과 같다.

1. 5월

실제	예산	SQ × SP
?	A	100단위 × B

? | ₩1,000 U

2. 6월

실제	예산	SQ × SP
?	A	120단위 × B

? | ₩600 U

- A - 100단위 × B = ₩1,000
- A - 120단위 × B = ₩600
- ∴ A: ₩3,000, B: ₩20

12 ③

누적생산량	평균직접노무시간	누적총직접노무시간
첫 생산(10단위)	x	x
추가 생산(20단위)	$0.8x$	$1.6x$

∴ 학습률은 80%이다.

13 ③

	사업부 A 외부	사업부 A 대체	20,000단위 →	사업부 B
p	₩50	TP		-
vc	35	₩35 + ₩20		TP
cm	₩15			

1. 기회원가
기존판매분 감소량 × 단위당 공헌이익
= 30,000단위 × ₩15 = ₩450,000

2. 최소대체가격
단위당 증분원가 + 단위당 기회원가
$= ₩55 + \dfrac{₩450,000}{20,000단위} = ₩77.5$

14 ②

1월

월초	₩10,000	판매	₩80,000 (= ₩100,000 × 80%)
매입	79,000	월말	9,000 (= ₩120,000 × 75% × 10%)
	₩89,000		₩89,000

2월

월초	₩9,000	판매	₩90,000 (= ₩120,000 × 75%)
매입	91,500	월말	10,500 (= ₩150,000 × 70% × 10%)
	₩100,500		₩100,500

∴ 2월의 현금지출예산: 2월 매입(₩91,500) × 40% + 1월 매입(₩79,000) × 60% = ₩84,000

15 ④

	AQ × SP		Total AQ × BM × SP		SQ × SP	
A	150kg × ₩30 =	₩4,500	300kg × 0.4* × ₩30 =	₩3,600	120kg × ₩30 =	₩3,600
B	150kg × ₩20 =	3,000	300kg × 0.6 × ₩20 =	3,600	180kg × ₩20 =	3,600
		₩7,500		₩7,200		₩7,200

$$\underbrace{\qquad\qquad\qquad}_{\text{₩300 불리}} \qquad \underbrace{\qquad\qquad}_{-}$$

* 원재료 A 배합비율

$$\frac{120kg}{120kg + 180kg} = 0.4$$

① 원재료 A와 B에서 발생한 수량차이(능률차이)는 총 ₩300 불리하다.
② 배합차이로 인해 재료원가가 예상보다 ₩300 더 발생했다.
③ 배합차이로 인해 원재료 A의 원가는 예상보다 ₩900 많이 발생했다.
⑤ 원재료 A와 B의 실제투입량 합계가 300kg에서 400kg으로 증가하면 불리한 수율차이가 발생한다.

16 ②

1. 제품별 판매량

(1) 제품 A

$$\frac{₩200,000}{₩4,000} = 50단위$$

(2) 제품 B

100단위 – 50단위 = 50단위

2. 제품 B 단위당 판매가격

$$\frac{₩300,000}{50단위} = ₩6,000$$

3. 평균공헌이익률

$$\frac{₩500,000 - ₩375,000}{₩500,000} = 25\%$$

4. 손익분기점 매출액(S)

0.25S – ₩150,000 = 0
⇒ S = ₩600,000

5. 제품별 손익분기점 매출액

제품 A: ₩600,000 × 40% = ₩240,000
제품 B: ₩600,000 × 60% = ₩360,000

∴ 제품 B의 손익분기점 판매량: $\dfrac{₩360,000}{₩6,000} = 60단위$

2021년

원가관리회계
기출문제 & 해답

제56회 공인회계사 1차 회계학

제58회 세무사 1차 회계학개론

정답 및 해설

01 (주)대한의 20×1년 재고자산과 관련된 자료는 다음과 같다.

구분	원재료	재공품	제품
기초금액	₩23,000	₩30,000	₩13,000
기말금액	12,000	45,000	28,000

20×1년 원재료 매입액은 ₩55,000이며, 가공원가는 ₩64,000이다. 이 경우 (주)대한의 20×1년 당기제품제조원가에서 매출원가를 차감한 금액은 얼마인가?

① ₩12,000　　　　　　　② ₩15,000　　　　　　　③ ₩23,000

④ ₩28,000　　　　　　　⑤ ₩30,000

📝 **Key Point**

재공품과 제품의 T-계정을 이용하여 당기제품제조원가와 매출원가를 찾을 수 있다.

02 (주)대한은 20×1년 초에 설립되었으며, 정상원가계산을 적용하고 있다. 제조간접원가 배부기준은 기계시간이다. (주)대한은 20×1년 초에 연간 제조간접원가를 ₩80,000으로, 기계시간을 4,000시간으로 예상하였다. (주)대한의 20×1년 생산 및 판매 관련 자료는 다음과 같다.

---

(1) 20×1년 중 작업 #101, #102, #103을 착수하였다.
(2) 20×1년 중 작업별 실제발생한 원가 및 기계시간은 다음과 같다.

구분	#101	#102	#103	합계
직접재료원가	₩27,000	₩28,000	₩5,000	₩60,000
직접노무원가	25,000	26,000	13,000	64,000
기계시간	1,400시간	1,800시간	600시간	3,800시간

(3) 20×1년 실제발생한 제조간접원가는 총 ₩82,000이다.
(4) 작업 #101과 #102는 20×1년 중 완성되었으나, #103은 20×1년 말 현재 작업 중이다.
(5) 20×1년 중 #101은 ₩120,000에 판매되었으나, #102는 20×1년 말 현재 판매되지 않았다. (주)대한의 매출은 #101이 유일하다.

(주)대한이 총원가기준 비례배부법을 이용하여 배부차이를 조정한다면, 20×1년 매출총이익은 얼마인가?

① ₩24,600   ② ₩27,300   ③ ₩28,600

④ ₩37,600   ⑤ ₩39,400

📝 **Key Point**

총원가기준 비례배부법이므로 배부차이를 계산한 후 모든 작업의 총제조원가 중 #101 제조원가 금액만큼 배부차이를 안분한다.

03 (주)대한은 종합원가계산을 적용하고 있다. 직접재료는 공정의 시작시점에서 100% 투입되며, 가공원가는 공정 전반에 걸쳐 균등하게 발생한다. (주)대한의 생산 관련 자료는 다음과 같다.

구분	물량	재료원가	가공원가
기초재공품	2,000단위 (가공원가 완성도 60%)	₩24,000	₩10,000
당기착수량	10,000단위		
기말재공품	4,000단위 (가공원가 완성도 50%)		
당기투입원가		₩1,500,000	₩880,000

(주)대한의 종합원가계산과 관련된 다음의 설명 중 옳지 않은 것은?

① 평균법을 사용한다면 가공원가에 대한 완성품환산량은 10,000단위이다.

② 평균법을 사용한다면 기말재공품원가는 ₩686,000이다.

③ 선입선출법을 사용한다면 완성품원가는 ₩1,614,000이다.

④ 선입선출법을 사용한다면 기초재공품원가는 모두 완성품원가에 배부된다.

⑤ 완성품원가는 선입선출법으로 계산한 값이 평균법으로 계산한 값보다 크다.

📑 **Key Point**

직접재료는 공정 초기에 투입되고 가공원가는 공정 전반에 걸쳐 균등하게 발생하므로 완성품환산량은 평균법이 선입선출법에 비하여 재료원가는 기초재공품수량만큼, 가공원가는 기초재공품수량에 기초완성도를 곱한 만큼 크다.

04 원가조업도이익(CVP)분석에 대한 다음 설명 중 옳지 않은 것은? (단, 아래의 보기에서 변동되는 조건 외의 다른 조건은 일정하다고 가정한다)

① 생산량과 판매량이 다른 경우에도 변동원가계산의 손익분기점은 변화가 없다.

② 영업레버리지도가 3이라는 의미는 매출액이 1% 변화할 때 영업이익이 3% 변화한다는 것이다.

③ 법인세율이 인상되면 손익분기매출액은 증가한다.

④ 안전한계는 매출액이 손익분기매출액을 초과하는 금액이다.

⑤ 단위당 공헌이익이 커지면 손익분기점은 낮아진다.

📑 Key Point

생산량과 판매량이 다른 경우 변동원가계산의 손익분기점은 변화가 없지만, 전부원가계산은 생산량이 증가함에 따라 단위당 고정제조간접원가가 작아지므로 손익분기점이 낮아진다.

05 (주)대한은 설립 후 3년이 경과되었다. 경영진은 외부보고목적의 전부원가계산 자료와 경영의사결정목적의 변동원가계산에 의한 자료를 비교·분석하고자 한다. (주)대한의 생산과 판매에 관련된 자료는 다음과 같다.

구분	1차년도	2차년도	3차년도
생산량(단위)	40,000	50,000	20,000
판매량(단위)	40,000	20,000	50,000

(1) 1단위당 판매가격은 ₩30이다.
(2) 변동제조원가는 1단위당 ₩10, 변동판매관리비는 1단위당 ₩4이다.
(3) 고정제조간접원가는 ₩400,000, 고정판매관리비는 ₩100,000이다.
(4) 과거 3년 동안 (주)대한의 판매가격과 원가는 변하지 않았다.

위 자료에 대한 다음 설명 중 옳지 않은 것은?

① 3차년도까지 전부원가계산과 변동원가계산에 따른 누적영업손익은 동일하다.

② 3차년도 변동원가계산에 따른 영업이익은 ₩300,000이다.

③ 2차년도의 경우 전부원가계산에 의한 기말제품원가가 변동원가계산에 의한 기말제품원가보다 크다.

④ 변동원가계산에서 고정원가는 모두 당기비용으로 처리한다.

⑤ 3차년도 전부원가계산에 의한 매출원가는 ₩1,120,000이다.

📋 **Key Point**

생산량과 판매량이 다르면 전부원가계산과 변동원가계산의 이익은 달라진다. 전부원가계산의 기말재고는 고정제조원가를 포함한 전부원가로 구성되어 있으며, 변동원가계산의 기말재고는 변동제조원가로 구성되어 있다.

06 (주)대한은 표준원가계산을 적용하고 있다. 20×1년 1월과 2월에 실제로 생산된 제품수량과 차이분석 자료는 다음과 같다.

월	실제 생산된 제품수량	고정제조간접원가 소비차이(예산차이)	고정제조간접원가 조업도차이
1월	1,500단위	₩500 불리	₩1,000 불리
2월	2,000단위	₩500 유리	₩500 유리

(주)대한이 20×1년 1월과 2월에 동일한 예산과 표준배부율을 적용하고 있다면, 제품 1단위당 고정제조간접원가 표준배부율은 얼마인가? (단, 고정제조간접원가의 배부기준은 제품 생산량이다) [수정]

① ₩3   ② ₩4   ③ ₩5
④ ₩6   ⑤ ₩7

📝 **Key Point**

배부기준이 제품 생산량이므로 표준배부율은 수량표준과 가격표준을 구분하지 않은 단위당 표준원가를 의미한다. 또한, 동일한 예산과 표준배부율을 적용하므로 예산과 단위당 고정제조간접원가 배부율은 동일하다.

07 (주)대한은 월드컵에서 한국 축구팀이 우승하면, 10억원 상당의 경품을 증정하는 이벤트를 실시할 예정이다. 동 경품 이벤트의 홍보효과로 인해 (주)대한의 기대현금유입액은 한국 축구팀의 우승 여부에 관계없이 3억원이 증가할 것으로 예상된다. (주)대한은 경품 이벤트에 대비하는 보험상품에 가입할 것을 고려하고 있다. 동 보험상품 가입 시 한국 축구팀이 월드컵에서 우승하는 경우, 보험사가 10억의 경품을 대신 지급하게 된다. 동 상품의 보험료는 1억원이며, 각 상황에 따른 기대현금흐름은 다음과 같다.

구분	기대현금흐름(보험료 제외)	
	월드컵 우승 성공	월드컵 우승 실패
보험 가입	3억원	3억원
보험 미가입	(-)7억원	3억원

한국 축구팀이 월드컵에서 우승할 가능성이 최소한 몇 퍼센트(%)를 초과하면 (주)대한이 보험상품에 가입하는 것이 유리한가? (단, 화폐의 시간가치는 고려하지 않는다)

① 5% ② 10% ③ 20%
④ 30% ⑤ 40%

📝 **Key Point**

보험에 가입하면 기대현금흐름이 1억원 줄어들기 때문에 보험료를 고려하여 성과표를 재작성해야 한다.

08 (주)대한의 20×2년 1월부터 4월까지의 예상 상품매출액은 다음과 같다.

월	예상 매출액
1월	₩4,000,000
2월	5,000,000
3월	6,000,000
4월	7,000,000

(주)대한은 20×1년 동안 월말 재고액을 다음 달 예상 매출원가의 10%(이하 재고비율)로 일정하게 유지하였다. 만약 20×2년 초부터 재고비율을 20%로 변경·유지한다면, 20×2년 3월 예상 상품매입액은 재고비율을 10%로 유지하는 경우에 비해 얼마나 증가하는가? (단, (주)대한의 매출총이익률은 30%로 일정하다고 가정한다)

① ₩50,000   ② ₩60,000   ③ ₩70,000
④ ₩80,000   ⑤ ₩90,000

> **📑 Key Point**
> 상품재고는 원가이므로 제시된 매출액과 매출총이익률을 이용하여 매출원가로 변경한다. 재고비율이 각각 10%, 20%인 경우의 상품매입액은 3월 상품계정을 이용하여 계산할 수 있다.

09 (주)대한은 제품에 사용되는 부품 A를 자가제조하고 있으나, 외부 공급업체로부터 부품 A와 동일한 제품을 구입하는 방안을 검토 중이다. (주)대한의 회계팀은 아래의 자료를 경영진에게 제출하였다.

구분	부품 A 1단위당 금액
직접재료원가	₩38
직접노무원가	35
변동제조간접원가	20
감독관급여	40
부품 A 전용제조장비 감가상각비	39
공통관리비의 배분	41

(1) 매년 10,000개의 부품 A를 생산하여 모두 사용하고 있다.
(2) 만일 외부에서 부품 A를 구입한다면 감독관급여는 회피가능하다.
(3) 부품 A 전용제조장비는 다른 용도로 사용하거나 외부 매각이 불가능하다.
(4) 공통관리비는 회사 전체의 비용이므로 외부구입 여부와 관계없이 회피가 불가능하다.
(5) 만일 부품 A를 외부에서 구입한다면, 제조에 사용되던 공장부지는 다른 제품의 생산을 위해서 사용될 예정이며, 연간 ₩240,000의 공헌이익을 추가로 발생시킨다.

(주)대한의 경영진은 부품 A를 자가제조하는 것이 외부에서 구입하는 것과 영업이익에 미치는 영향이 무차별하다는 결론에 도달하였다. 이 경우 외부 공급업체가 제시한 부품 A의 1단위당 금액은 얼마인가?

① ₩93   ② ₩117   ③ ₩133
④ ₩157   ⑤ ₩196

📑 **Key Point**
자가제조를 중단하는 경우 고정원가 중 회피가능원가를 고려해야 하며, 해당 설비를 임대하거나 타제품 생산에 활용하여 수익을 창출할 수 있다.

10 다음 중 원가관리회계의 이론 및 개념들에 대한 설명으로 옳지 않은 것은?

① 안전재고는 재고부족으로 인해 판매기회를 놓쳐서 기업이 입는 손실을 줄여준다.

② 제품의 품질수준이 높아지면, 실패원가가 낮아진다. 따라서 품질과 실패원가는 음(-)의 관계를 가진다.

③ 제약이론은 주로 병목공정의 처리능력 제약을 해결하는 것에 집중해서 기업의 성과를 높이는 방법이다.

④ 제품수명주기원가계산은 특정 제품이 고안된 시점부터 폐기되는 시점까지의 모든 원가를 식별하여 측정한다.

⑤ 적시생산시스템(JIT)은 재고관리를 중요하게 생각하며, 다른 생산시스템보다 안전재고의 수준을 높게 설정한다.

📝 **Key Point**

적시생산시스템(JIT)은 주문이 들어왔을 때 제품을 생산하는 것으로, 필요한 만큼의 재고를 적시에 공급받아 재고를 최소화하는 시스템을 말한다.

정답 및 해설 ▶ p.106

01 (주)세무는 결합공정을 통하여 연산품 A, B를 생산한다. 제품 B는 분리점에서 즉시 판매되고 있으나, 제품 A는 추가가공을 거친 후 판매되고 있으며, 결합원가는 순실현가치에 의해 배분되고 있다. 결합공정의 직접재료는 공정 초에 전량 투입되며, 전환원가는 공정 전반에 걸쳐 균등하게 발생한다. 당기 결합공정에 기초재공품은 없었으며, 직접재료 5,000kg을 투입하여 4,000kg을 제품으로 완성하고 1,000kg은 기말재공품(전환원가 완성도 30%)으로 남아 있다. 당기 결합공정에 투입된 직접재료원가와 전환원가는 ₩250,000과 ₩129,000이다. (주)세무의 당기 생산 및 판매 자료는 다음과 같다.

구분	생산량	판매량	추가가공원가 총액	단위당 판매가격
제품 A	4,000단위	2,500단위	₩200,000	₩200
제품 B	1,000	800	-	200

제품 A의 단위당 제조원가는? (단, 공손 및 감손은 없다)

① ₩98   ② ₩110   ③ ₩120

④ ₩130   ⑤ ₩150

02 (주)세무의 20×1년 매출액은 ₩3,000,000이고 세후이익은 ₩360,000이며, 연간 고정원가의 30%는 감가상각비이다. 20×1년 (주)세무의 안전한계율은 40%이고 법인세율이 25%일 경우, 법인세를 고려한 현금흐름분기점 매출액은? (단, 감가상각비를 제외한 수익발생과 현금유입시점은 동일하고, 원가(비용)발생과 현금유출시점도 동일하며, 법인세 환수가 가능하다)

① ₩1,080,000   ② ₩1,200,000   ③ ₩1,260,000

④ ₩1,800,000   ⑤ ₩2,100,000

> 📝 **Key Point**
>
> 매출액이 제시된 상태에서는 세후이익과 안전한계율을 이용하여 공헌이익률과 고정원가를 추정할 수 있다.

---

03 다음 표준원가계산과 관련된 원가차이 조정에 관한 설명으로 옳지 않은 것은? (단, 모든 재고자산의 기말잔액과 원가차이계정은 0이 아니다)

① 직접재료원가 가격차이를 원재료 사용(투입)시점에 분리하는 경우, 직접재료원가 가격차이는 원가차이 조정 시 원재료계정에 영향을 미치지 않는다.

② 직접재료원가 가격차이를 원재료 구입시점에 분리하는 경우, 직접재료원가 능률차이는 실제 구입량이 아니라 실제 사용량(투입량)을 기초로 계산한다.

③ 총원가비례배분법에 의해 원가차이 조정을 하는 경우, 직접재료원가 구입가격차이는 직접재료원가 능률차이계정에 영향을 미친다.

④ 직접재료원가 가격차이를 원재료 구입시점에 분리하는 경우, 원재료계정은 표준원가로 기록된다.

⑤ 원가요소비례배분법에 의해 원가차이 조정을 하는 경우, 직접재료원가 구입가격차이는 원재료계정 기말잔액에 영향을 미친다.

> 📝 **Key Point**
>
> 원재료의 가격차이를 구입시점에 분리하는 경우 원가차이 조정 전 기말원재료는 표준단가로 기록되며 수량(능률)차이[(AQ - SQ) × SP]도 표준단가로 계산된다. 원재료 구입가격차이를 원가요소기준 비례배분법으로 조정하는 것은 이론적으로 표준단가를 실제단가로 변경하는 절차이므로 기말원재료, 재료원가 수량차이도 배부대상이다.

04 (주)세무는 단일제품을 생산하고 있으며, 선입선출법에 의한 종합원가계산을 적용하고 있다. 직접재료 A는 공정 초기에 전량 투입되고, 직접재료 B는 품질검사 직후 전량 투입되며, 전환원가는 공정 전반에 걸쳐 균등하게 발생한다. 품질검사는 공정의 80% 시점에서 이루어지며, 당기 검사를 통과한 합격품의 10%를 정상공손으로 간주한다. 당기 생산 및 원가자료는 다음과 같다.

구분	물량 (전환원가 완성도)	구분	직접재료원가		전환원가
			직접재료 A	직접재료 B	
기초재공품	500단위(60%)	기초재공품	₩11,200	₩0	₩18,000
당기 착수	4,500	당기발생원가	90,000	87,500	210,000
당기 완성	3,500				
기말재공품	1,000(60%)				

정상공손원가 배부 후 완성품원가를 구하시오.

① ₩307,500   ② ₩328,500   ③ ₩336,700

④ ₩357,700   ⑤ ₩377,450

📝 Key Point

직접재료 B는 품질검사 직후에 투입되므로 공손에 배부되지 않는다. 공손의 완성도는 검사시점인 80%이고, 기말재공품은 검사시점을 통과하지 않았으므로 정상공손원가는 완성품에 가산한다.

05 (주)세무는 표준원가계산제도를 채택하고 있으며, 당기 직접노무원가와 관련된 자료는 다음과 같다.

제품 실제생산량	1,000단위
직접노무원가 실제발생액	₩1,378,000
단위당 표준직접노무시간	5.5시간
직접노무원가 능률차이	₩50,000(유리)
직접노무원가 임률차이	₩53,000(불리)

직접노무원가 실제임률을 구하시오.

① ₩230 ② ₩240 ③ ₩250
④ ₩260 ⑤ ₩270

📑 **Key Point**
실제발생액과 원가차이를 이용하여 표준배부액을 계산한 후 표준임률과 실제시간을 순차적으로 추정할 수 있다.

06 20×1년에 영업을 개시한 (주)세무는 단일제품을 생산·판매하고 있으며, 전부원가계산제도를 채택하고 있다. (주)세무는 20×1년 2,000단위의 제품을 생산하여 단위당 ₩1,800에 판매하였으며, 영업활동에 관한 자료는 다음과 같다.

(1) 제조원가	
단위당 직접재료원가	₩400
단위당 직접노무원가	300
단위당 변동제조간접원가	200
고정제조간접원가	250,000
(2) 판매관리비	
단위당 변동판매관리비	₩100
고정판매관리비	150,000

(주)세무의 20×1년 영업이익이 변동원가계산에 의한 영업이익보다 ₩200,000이 많을 경우, 판매수량은? (단, 기말재공품은 없다)

① 200단위   ② 400단위   ③ 800단위
④ 1,200단위   ⑤ 1,600단위

📝 **Key Point**
고정제조간접원가를 생산량으로 나누어 단위당 고정제조간접원가를 계산한 후, 이익차이를 이용하여 기말재고수량을 계산할 수 있다.

(주)세무는 단일제품을 생산·판매하고 있으며, 선입선출법에 의한 종합원가계산을 적용하고 있다. 직접재료는 공정 초에 전량 투입되며, 전환원가는 공정 전반에 걸쳐 균등하게 발생한다. 당기 재고자산 관련 자료는 다음과 같다.

구분	기초재고	기말재고
재공품(전환원가 완성도)	1,500단위(40%)	800단위(50%)
제품	800	1,000

(주)세무는 당기에 8,500단위를 제조공정에 투입하여 9,200단위를 완성하였고, 완성품환산량 단위당 원가는 직접재료원가 ₩50, 전환원가 ₩30으로 전기와 동일하다. (주)세무의 당기 전부원가계산에 의한 영업이익이 ₩315,000일 경우, 초변동원가계산에 의한 영업이익은?

① ₩300,000   ② ₩309,000   ③ ₩315,000
④ ₩321,000   ⑤ ₩330,000

📋 **Key Point**

선입선출법의 경우 전부원가계산과 초변동원가계산 이익차이는 재고에 포함되어 있는 전환원가로, 재고자산 수량과 단위당 전환원가를 이용하여 계산할 수 있다. 또한, 전환원가는 공정 전반에 걸쳐 균등하게 발생하므로, 재공품은 수량에 완성도를 곱한 환산량을 기준으로 반영해야 한다.

08 (주)세무는 기존에 생산 중인 티셔츠 제품계열에 새로운 색상인 하늘색과 핑크색 중 한 가지 제품을 추가할 것을 고려 중이다. 추가될 제품은 현재의 시설로 생산 가능하지만, 각각 ₩200,000의 고정원가 증가가 요구된다. 두 제품의 판매단가는 ₩10, 단위당 변동원가는 ₩8으로 동일하다. 마케팅 부서는 두 제품의 시장수요에 대해 다음과 같은 확률분포를 제공하였다.

수요량	기대확률	
	하늘색	핑크색
50,000단위	0.0	0.1
100,000	0.2	0.1
200,000	0.2	0.2
300,000	0.4	0.2
400,000	0.2	0.4

(주)세무의 기대영업이익을 최대화하는 관점에서 두 제품 중 상대적으로 유리한 제품과 유리한 영업이익차이를 모두 올바르게 나타낸 것은?

① 핑크색, ₩30,000   ② 하늘색, ₩32,000   ③ 핑크색, ₩34,000
④ 하늘색, ₩36,000   ⑤ 핑크색, ₩38,000

> 📑 **Key Point**
> 두 제품의 판매가격, 단위당 변동원가 및 고정원가는 동일하므로, 각 제품의 기대판매량을 계산한 후 기대영업이익을 계산한다.

09 (주)세무는 정상개별원가계산을 사용하고 있으며, 제조간접원가는 직접노무시간을 기준으로 배부하고, 제조간접원가 배부차이는 전액 매출원가에 조정하고 있다. 당기의 직접재료 매입액은 ₩21,000이고, 제조간접원가 배부차이는 ₩7,000(과소배부)이며, 제조간접원가 배부차이 조정 전 매출원가는 ₩90,000이다. 당기 재고자산 관련 자료는 다음과 같다.

구분	직접재료	재공품	제품
기초재고	₩3,000	₩50,000	₩70,000
기말재고	4,000	45,000	60,000

직접노무원가가 기초원가(prime cost)의 60%인 경우, 당기에 실제발생한 제조간접원가는?

① ₩18,000　　　　　② ₩25,000　　　　　③ ₩30,000
④ ₩32,000　　　　　⑤ ₩37,000

> **📝 Key Point**
> 배부차이를 전액 매출원가에 조정하므로 기말재고의 제조간접원가는 예정배부금액이다. 당기 총제조간접원가 예정배부액과 배부차이를 이용하여 실제발생액을 계산할 수 있다.

10 (주)세무는 온라인 교육을 확대하기 위해 새로운 온라인 강의설비를 ₩280,000에 구입할 것을 검토하고 있다. 이 설비는 향후 5년에 걸쳐 강사료, 시설관리비 등에서 ₩330,000의 현금절감효과를 가진다. 현금절감액은 연중 균일하게 발생하지만, 연도별 현금흐름은 다음과 같이 균일하지 않다. 이러한 상황에서 설비투자에 대한 회수기간은?

연도	1	2	3	4	5
현금절감액	₩100,000	₩80,000	₩60,000	₩50,000	₩40,000

① 3.2년　　　　　② 3.4년　　　　　③ 3.5년
④ 3.6년　　　　　⑤ 3.8년

> **📝 Key Point**
> 현금절감액은 연중 균일하게 발생한다고 제시되어 있으므로, 연간 미회수액을 계산하여 회수기간을 계산할 수 있다.

11. 올해 창업한 (주)세무는 처음으로 A광역시로부터 도로청소 특수차량 4대의 주문을 받았다. 이 차량은 주로 수작업을 통해 제작되며, 소요될 원가자료는 다음과 같다.

> (1) 1대당 직접재료원가: ₩85,000
> (2) 첫 번째 차량 생산 직접노무시간: 100시간
> (3) 직접노무원가: 직접노무시간당 ₩1,000
> (4) 제조간접원가: 직접노무시간당 ₩500

위의 자료를 바탕으로 계산된 특수차량 4대에 대한 총제조원가는? (단, 직접노무시간은 80% 누적평균시간 학습모형을 고려하여 계산한다)

① ₩542,000
② ₩624,000
③ ₩682,000
④ ₩724,000
⑤ ₩802,000

📝 Key Point

직접노무원가와 제조간접원가는 노무시간에 비례하여 발생하므로, 첫 단위 생산에 소요된 100시간을 기준으로 누적평균시간모형을 이용하여 총 4단위 노무시간을 계산한다.

12 손세정제를 제조하는 (주)세무의 20×1년도 직접재료예산과 관련된 자료는 다음과 같다.

	1분기	2분기	3분기	4분기
판매예산에 따른 각 분기별 제품판매량	1,000통	3,000통	5,000통	2,000통

(1) 각 분기별 기말목표 제품재고량은 다음 분기 판매량의 20%로 한다.
(2) 각 분기별 기말목표 재료재고량은 다음 분기 제품 생산량에 필요한 재료량의 10%로 한다.
(3) 손세정제 1통을 만드는 데 20kg의 재료가 필요하다.
(4) 재료의 구입단가는 kg당 ₩2이다.

이를 바탕으로 구한 2분기의 직접재료 구매예산액은?

① ₩106,000 ② ₩124,000 ③ ₩140,000
④ ₩152,000 ⑤ ₩156,000

📝 **Key Point**

2분기 직접재료 사용량은 2분기 생산량에 필요한 직접재료이다. 또한, 1분기 직접재료 기말재고는 2분기 직접재료 사용량의 10%이고 2분기 직접재료 기말재고는 3분기 직접재료 사용량의 10%이다.

13 (주)세무는 에어컨을 제조하는데, 에어컨의 품질원가를 파악하기 위해 다음의 자료를 수집하였다. 품질원가에 관한 설명으로 옳지 않은 것은?

• 생산판매단위: 6,000개	• 시험검사 노무임률: ₩60
• 판매단가: ₩1,500	• 재작업율: 10%
• 단위당 변동원가: ₩800	• 단위당 재작업원가: ₩400
• 제품설계시간: 1,000시간	• 보증수리비율: 5%
• 제품설계 노무임률: ₩80	• 단위당 수리원가: ₩500
• 단위당 시험검사시간: 0.5시간	• 품질로 인해 상실된 추정판매량: 400개

① 예방원가는 ₩80,000이다.
② 평가원가는 ₩180,000이다.
③ 내부실패원가는 ₩240,000이다.
④ 외부실패원가는 ₩150,000이다.
⑤ 총품질원가는 ₩930,000이다.

📝 **Key Point**
'품질로 인해 상실된 추정판매량'에 대한 품질원가는 수량에 공헌이익을 곱하여 계산한다.

14 (주)세무는 제품 A와 제품 B를 생산하고 있는데, (주)대한으로부터 제품 A 전량을 단위당 ₩18에 공급하는 제안을 받았다. 이 제안을 검토하기 위해 (주)세무의 회계부서에서 분석한 제품 A에 대한 원가자료는 다음과 같다.

구분	단가	1,000단위
직접재료원가	₩5	₩5,000
직접노무원가	4	4,000
변동제조간접원가	1	1,000
감독자급여	3	3,000
특수기계감가상각비	2	2,000
공통간접원가 배분액	5	5,000
제조원가 합계	₩20	₩20,000

제품 A를 생산하지 않을 경우 제품 A 감독자는 추가비용 없이 해고 가능하고, 특수기계는 제품 A 제조에만 사용되는 전용기계이다. 공통간접원가는 공장임대료 등으로 제품 A 생산라인을 폐쇄하더라도 감소하지 않는다. 제품 A를 생산하지 않을 경우 그에 대한 여유생산 능력으로 제품 B를 추가 생산할 수 있는데, 이로 인해 증가되는 수익은 ₩5,000이고 증가되는 원가는 ₩3,000이다. (주)세무가 (주)대한의 제안을 받아들이면 자가생산하는 것보다 얼마나 유리(불리)한가?

① ₩3,000 유리
② ₩3,000 불리
③ ₩4,000 유리
④ ₩4,000 불리
⑤ ₩5,000 불리

📝 **Key Point**
외부구입의 경우 변동원가 및 일부 고정원가를 절감할 수 있으므로 고정원가 중 절감할 수 있는 원가를 파악하고, 여유설비를 활용하여 임대수익 또는 타제품에 활용하여 얻을 수 있는 수익도 고려해야 한다.

15 (주)세무는 CCTV 장비를 제조하여 고객에게 설치판매하는 사업을 하고 있다. 장비제조는 제조부서에서 장비설치는 설치부서에서 수행하는데, 장비설치에 대한 수요는 연간처리능력을 초과하고 있다. 따라서 (주)세무는 제약자원개념하에서 운영개선을 검토하기로 하고, 다음의 자료를 수집했다.

구분	장비제조	장비설치
연간처리능력	400개	300개
연간제조설치량	300개	300개

장비의 단위당 설치판매가격은 ₩40,000이고, 단위당 직접재료원가는 ₩30,000이다. 직집재료원가 이외의 모든 원가는 고정되어 있고 장비설치 오류 시 해당 장비는 폐기된다. 이와 같은 상황하에서 (주)세무가 영업이익 증가를 위해 취하는 행동으로 옳은 것은?

① 장비설치부서에 두 명의 작업자를 고정배치하여 연간 설치수량을 20개 증가시키고, 이로 인해 두 명의 작업자에 대해서 연간 ₩300,000의 추가적 원가가 발생한다.

② 직접재료는 (주)세무가 제공하는 조건으로 개당 ₩10,000에 30개의 장비를 제조해주겠다는 외주업체의 제안을 받아들인다.

③ 연간 ₩550,000의 추가원가를 투입하여 설치시간을 단축함으로써 설치부서의 연간 설치수량을 50개 더 증가시킨다.

④ 장비는 (주)세무가 제공하는 조건으로 개당 ₩12,000에 30개의 장비설치를 해주겠다는 외주업체의 제안을 받아들인다.

⑤ 연간 ₩700,000의 추가원가를 투입하여 오류 설치수량을 연간 20개 줄인다.

📋 Key Point

현재 제약부서는 설치부서이며, 판매량 증가로 인한 이익은 판매가격에서 재료원가를 차감한 재료처리량 공헌이익이다. 설치오류 시 폐기처분되므로 오류가 발생하지 않으면 판매가격만큼 수익이 증가한다.

16 (주)세무는 사업부의 성과를 평가하기 위해 각 사업부의 EVA(경제적부가가치)를 계산하려고 하는데, 사업부 중 한 곳인 남부사업부의 재무상황은 총자산 ₩2,000,000, 유동부채 ₩500,000, 영업이익 ₩400,000이다. (주)세무의 두 가지 자금원천 중 하나인 타인자본의 시장가치는 ₩6,000,000이고, 그에 대한 이자율은 10%이다. 나머지 원천인 자기자본의 시장가치는 ₩9,000,000이고 그에 대한 자본비용은 15%이다. (주)세무에게 적용되는 법인세율은 40%이다. 각 사업부의 EVA계산은 기업 전체의 가중평균자본비용을 적용한다. 이러한 상황에서 계산된 남부사업부의 EVA는?

① ₩58,000   ② ₩69,000   ③ ₩72,000

④ ₩74,000   ⑤ ₩78,000

📝 **Key Point**

경제적부가가치에서 투하자본은 자본비용을 발생시키는 항목으로 비유동부채와 자기자본이다. 가중평균자본비용 계산에 필요한 부채·이자비용에는 법인세 감세효과를 반영해야 한다.

정답 및 해설 ▶ p.111

정답 및 해설

제56회 공인회계사 1차 회계학

정답

01 ②　**02** ④　**03** ⑤　**04** ③　**05** ⑤　**06** ①　**07** ②　**08** ③　**09** ④　**10** ⑤

해설

01　②　1. 직접재료원가 투입금액

원재료

기초	₩23,000	사용	₩x
매입	55,000	기말	12,000
	₩78,000		₩78,000

직접재료원가 투입금액(x): ₩23,000 + ₩55,000 - ₩12,000 = ₩66,000

2. 당기총제조원가 및 당기제품제조원가

재공품

기초	₩30,000	완성	₩y
재료원가	66,000		
가공원가	64,000	기말	45,000
	₩160,000		₩160,000

(1) 당기총제조원가

₩66,000 + ₩64,000 = ₩130,000

(2) 당기제품제조원가(y)

₩30,000 + ₩130,000 - ₩45,000 = ₩115,000

3. 매출원가

제품

기초	₩13,000	판매	₩z
대체	115,000	기말	28,000
	₩128,000		₩128,000

매출원가(z): ₩13,000 + ₩115,000 - ₩28,000 = ₩100,000

그러므로, 당기제품제조원가(y)에서 매출원가(z)를 차감한 금액은 ₩115,000 - ₩100,000 = ₩15,000 이다.

02 ④

재공품

기초	-	완성	#101, #102
착수	#101, #102, #103	기말	#103
	#101, #102, #103		#101, #102, #103

제품

기초	-	판매	#101
대체	#101, #102	기말	#102
	#101, #102		#101, #102

1. 예정배부율

₩80,000 ÷ 4,000시간 = ₩20

2. 작업별 배부차이 조정 전 제조원가

	#101	#102	#103	합계
직접재료원가	₩27,000	₩28,000	₩5,000	₩60,000
직접노무원가	25,000	26,000	13,000	64,000
제조간접원가	28,000*	36,000	12,000	76,000
합계	₩80,000	₩90,000	₩30,000	₩200,000

* ₩20 × 1,400시간 = ₩28,000

3. 배부차이

예정배부	₩76,000 (= ₩20 × 3,800시간)
실제발생	82,000
배부차이	₩6,000 과소배부

4. #101에 조정된 금액

$$₩6,000 × \frac{₩80,000}{₩200,000} = ₩2,400$$

5. #101 매출총이익

매출	₩120,000
정상매출원가	(80,000)
배부차이	(2,400)
매출총이익	₩37,600

03 ⑤ 완성품원가는 선입선출법으로 계산한 값이 평균법으로 계산한 값보다 작다.

1. 선입선출법

① 물량흐름 파악

재공품			
기초	2,000 (0.6)	완성	2,000 (0.4)
			6,000
착수	10,000	기말	4,000 (0.5)
	12,000		12,000

② 완성품환산량

	재료원가	가공원가
	–	800
	6,000	6,000
	4,000	2,000
	10,000	8,800

③ 원가

	₩1,500,000	₩880,000

④ 환산량 단위당 원가(= ③ ÷ ②)

	₩150	₩100

완성품원가: ₩34,000 + 6,000단위 × ₩150 + 6,800단위 × ₩100 = ₩1,614,000

2. 평균법

① 물량흐름 파악

재공품			
기초	2,000 (0.6)	완성	8,000
착수	10,000	기말	4,000 (0.5)
	12,000		12,000

② 완성품환산량

	재료원가	가공원가
	8,000	8,000
	4,000	2,000
	12,000	10,000

③ 원가

	₩1,524,000	₩890,000

④ 환산량 단위당 원가(= ③ ÷ ②)

	₩127	₩89

완성품원가: 8,000단위 × ₩127 + 8,000단위 × ₩89 = ₩1,728,000

04 ③ 손익분기매출액은 이익이 0이므로 법인세의 영향을 받지 않는다.

05 ⑤ 3차년도 전부원가계산에 의한 매출원가는 ₩1,140,000이다.

	1차년도	2차년도	3차년도
단위당 변동제조원가	₩10	₩10	₩10
단위당 고정제조원가　₩400,000 ÷ 40,000단위 =	10	8	20
단위당 전부원가	₩20	₩18	₩30
고정제조간접원가	₩400,000	₩400,000	₩400,000

1. 3차년도 전기이월분 단위당 고정제조간접원가
₩400,000 ÷ 50,000단위 = ₩8
2. 3차년도 단위당 고정제조간접원가
₩400,000 ÷ 20,000단위 = ₩20
3. 3차년도 전부원가계산 매출원가
30,000단위 × (₩10 + ₩8) + 20,000단위 × (₩10 + ₩20) = ₩1,140,000

06 ① 고정제조간접원가예산을 A, 고정제조간접원가 단위당 표준배부율을 B라 하면 월별 차이분석은 다음과 같다.

1. 1월

실제		예산		SQ × SP
?		A		1,500단위 × B
	₩500 U		₩1,000 U	

2. 2월

실제		예산		SQ × SP
?		A		2,000단위 × B
	₩500 F		₩500 F	

- A = 1,500단위 × B + ₩1,000
- A = 2,000단위 × B − ₩500

∴ A: ₩5,500, B: ₩3

07 ② 월드컵 우승 확률을 P라 한 후 정리하면 다음과 같다.

구분	우승(P)	실패(1 − P)
보험 가입	2억	2억
보험 미가입	−7억	3억

1. 각 대안별 기댓값
(1) 보험 가입: 2억 × P + 2억 × (1 − P) = 2억
(2) 보험 미가입: −7억 × P + 3억 × (1 − P) = −10억 × P + 3억

2. 우승확률
보험에 가입하는 것이 유리하려면, P값은 다음과 같이 정의할 수 있다.
−10억 × P + 3억 ≤ 2억 ⇒ P ≥ 0.1
∴ 월드컵에서 우승할 가능성이 10%를 초과하면 보험에 가입하는 것이 유리하다.

08 ③ 1. 월별 매출원가
(1) 3월: ₩6,000,000 × 70% = ₩4,200,000
(2) 4월: ₩7,000,000 × 70% = ₩4,900,000

2. 3월 매입액
(1) 재고비율 10%

상품			
기초	₩420,000	판매	₩4,200,000
매입	4,270,000	기말	490,000 (= ₩4,900,000 × 10%)
	₩4,690,000		₩4,690,000

(2) 재고비율 20%

상품			
기초	₩840,000	판매	₩4,200,000
매입	4,340,000	기말	980,000 (= ₩4,900,000 × 20%)
	₩5,180,000		₩5,180,000

그러므로, 예상 상품매입액은 ₩70,000(= ₩4,340,000 − ₩4,270,000)만큼 증가한다.

09 ④ 증분수익   공헌이익 증가   ₩240,000
        증분비용   변동제조원가 감소   ₩93 × 10,000개 =   (930,000)
                  감독관급여 감소   ₩40 × 10,000개 =   (400,000)
                  구입금액   ₩P × 10,000개 =   10,000P
        증분이익   ₩1,570,000 - 10,000P = 0

그러므로, 외부 공급업체가 제시한 부품 A의 1단위당 금액(P)은 ₩157이다.

10 ⑤ 적시생산시스템(JIT)은 재고관리를 중요하게 생각하며, 다른 생산시스템보다 안전재고의 수준을 낮게 설정한다.

정답

01 ② 02 ① 03 ③ 04 ④ 05 ④ 06 ② 07 ③ 08 ① 09 ④ 10 ⑤
11 ④ 12 ③ 13 ④ 14 ② 15 ⑤ 16 ②

해설

01 ② 1. 결합원가계산(결합공정의 완성품원가)
(1) 완성품환산량 단위당 원가
- 직접재료원가: ₩250,000 ÷ 5,000kg = ₩50
- 전환원가: ₩129,000 ÷ 4,300kg = ₩30

(2) 완성품원가
4,000kg × ₩50 + 4,000kg × ₩30 = ₩320,000

2. 결합원가 배분

		순실현가치	결합원가
A	4,000단위 × ₩200 - ₩200,000 =	₩600,000(3/4)	₩240,000
B	1,000단위 × ₩200 =	200,000(1/4)	80,000
합계		₩800,000	₩320,000

3. 제품 A의 단위당 제조원가
(₩240,000 + ₩200,000) ÷ 4,000단위 = ₩110

02 ① 1. 공헌이익률(A)과 고정원가(B)
(₩3,000,000 × A - B) × (1 - 0.25) = ₩360,000
→ ₩3,000,000 × A - B = ₩480,000

$$40\% = \frac{₩3,000,000 \times A - B}{₩3,000,000 \times A}$$

→ ₩1,800,000 × A = B
⇒ A = 0.4, B = ₩720,000

2. 현금흐름분기점
(0.4 × S - ₩720,000) × (1 - 0.25) + ₩216,000[*] = 0
[*] ₩720,000 × 30% = ₩216,000
그러므로, 현금흐름분기점 매출액(S)은 ₩1,080,000이다.

03 ③ 총원가비례배분법은 각 원가요소별 원가차이금액을 구분하지 않고 총액을 기준으로 배분하는 방법으로 직접재료원가 구입가격차이를 직접재료원가 능률차이계정에 배분하지 않는 것이 일반적이다.

04 ④   1. 완성품원가

(1) 완성품환산량 단위당 원가
- 직접재료원가(A): ₩90,000 ÷ 4,500단위 = ₩20
- 직접재료원가(B): ₩87,500 ÷ 3,500단위 = ₩25
- 전환원가: ₩210,000 ÷ 4,200단위[*1] = ₩50

   [*1] 500단위 × 40% + 3,000단위 × 100% + 1,000단위 × 60% + 500단위 × 80% = 4,200단위

(2) 완성품원가

₩29,200 + 3,000단위 × ₩20 + 3,500단위 × ₩25 + 3,200단위[*2] × ₩50 = ₩336,700

   [*2] 500단위 × 40% + 3,000단위 = 3,200단위

2. 정상공손원가

350단위 × ₩20 + 350단위 × 0.8 × ₩50 = ₩21,000

3. 정상공손원가를 반영한 완성품원가

₩336,700 + ₩21,000 = ₩357,700

05 ④

AQ × AP	AQ × SP	SQ × SP
Ah × ₩B	Ah × ₩C	1,000단위 × 5.5h × ₩C
= ₩1,378,000	= ₩1,325,000	= ₩1,375,000

       ₩53,000 불리   ₩50,000 유리

⇒ A: 5,300h, B: ₩260, C: ₩250

06 ②   1. 단위당 고정제조간접원가

₩250,000 ÷ 2,000단위 = ₩125

2. 기말재고수량(Q)

₩200,000 = Q × ₩125

⇒ Q = 1,600단위

그러므로, 판매수량은 400단위(= 2,000단위 - 1,600단위)이다.

07 ③   선입선출법의 경우 전부원가계산과 초변동원가계산의 이익차이는 재고에 포함되어 있는 전환원가(가공원가)이다.

₩315,000 = x + (1,000단위 + 800단위 × 0.5) × ₩30 - (800단위 + 1,500단위 × 0.4) × ₩30

그러므로, 초변동원가계산에 의한 영업이익(x)은 ₩315,000이다.

08 ①   1. 기대판매량

(1) 하늘색: 0 + 20,000단위 + 40,000단위 + 120,000단위 + 80,000단위 = 260,000단위

(2) 핑크색: 5,000단위 + 10,000단위 + 40,000단위 + 60,000단위 + 160,000단위 = 275,000단위

2. 기대영업이익

(1) 하늘색: 260,000단위 × ₩2 - ₩200,000 = ₩320,000

(2) 핑크색: 275,000단위 × ₩2 - ₩200,000 = ₩350,000

그러므로, 핑크색의 기대영업이익이 ₩30,000만큼 더 크다.

09 ④

제품

기초	₩70,000	판매	₩90,000
대체	80,000	기말	60,000
	₩150,000		₩150,000

재공품

기초	₩50,000	완성	₩80,000
직접재료원가	x		
직접노무원가	y		
제조간접원가	z	기말	45,000
	₩125,000		₩125,000

1. 직접재료원가(x)

₩3,000 + ₩21,000 - ₩4,000 = **₩20,000**

2. 직접노무원가(y)

(₩20,000 + y) × 60% = y

⇒ y = **₩30,000**

3. 제조간접원가(z)

₩20,000 + ₩30,000 + z = ₩75,000[*]

[*] ₩125,000 - ₩50,000 = ₩75,000

⇒ z = **₩25,000**

4. 실제발생 제조간접원가

₩25,000 + ₩7,000 = **₩32,000**

10 ⑤

기간	현금흐름	미회수액
1	₩100,000	₩(180,000)
2	80,000	(100,000)
3	60,000	(40,000)
4	50,000	10,000

그러므로 설비투자에 대한 회수기간은 다음과 같다.

$$3년 + \frac{₩40,000}{₩50,000} = 3.8년$$

11 ④

1. 총필요시간

누적생산량	평균시간	누적총시간
1	100	100
2	80	160
4	64	256

2. 총제조원가

직접재료원가	₩85,000 × 4대 =	₩340,000
직접노무원가	₩1,000 × 256시간 =	256,000
제조간접원가	₩500 × 256시간 =	128,000
		₩724,000

12 ③   1. 2분기 생산량

제품(2분기)

기초	600	판매	3,000
생산	3,400	기말	1,000 (= 5,000통 × 0.2)
	4,000		4,000

2. 2분기 사용량

3,400통 × 20kg = 68,000kg

3. 3분기 생산량

제품(3분기)

기초	1,000	판매	5,000
생산	4,400	기말	400 (= 2,000통 × 0.2)
	5,400		5,400

4. 3분기 사용량

4,400통 × 20kg = 88,000kg

5. 2분기 재료재고

88,000kg × 10% = 8,800kg

6. 2분기 재료구입량

재료(2분기)

기초	6,800	사용	68,000
구입	70,000	기말	8,800
	76,800		76,800

7. 직접재료 구매예산액

70,000kg × ₩2 = ₩140,000

13 ④

설계	(예방)	1,000시간 × ₩80 =	₩80,000
시험	(평가)	6,000개 × 0.5시간 × ₩60 =	180,000
재작업	(내부실패)	6,000개 × 10% × ₩400 =	240,000
보증	(외부실패)	6,000개 × 5% × ₩500 =	150,000
추정손실	(외부실패)	400개 × (₩1,500 - ₩800) =	280,000

14 ②

증분수익	제품 B 생산	₩5,000 - ₩3,000 =	₩2,000
증분비용	변동원가 감소		(10,000)
	감독자급여 감소		(3,000)
	구입비용	₩18 × 1,000단위 =	18,000
증분손실			₩(3,000)

15 ⑤

증분수익	매출 증가	₩40,000 × 20개 =	₩800,000
증분비용	추가원가		700,000
증분이익			₩100,000

16 ②

1. 가중평균자본비용

$$\frac{₩9,000,000}{₩15,000,000} \times 0.15 + \frac{₩6,000,000}{₩15,000,000} \times 0.1 \times (1 - 0.4) = 0.114$$

2. EVA(경제적부가가치)

₩400,000 × (1 - 0.4) - ₩1,500,000 × 0.114 = ₩69,000

해커스 ﬁ원가관리회계 1차 기출문제집

2020년

원가관리회계
기출문제 & 해답

제55회 공인회계사 1차 회계학

제57회 세무사 1차 회계학개론

정답 및 해설

01 (주)대한은 단일상품을 제조하는 기업으로 종합원가계산제도를 채택하고 있으며, 재고자산 평가방법은 선입선출법(FIFO)을 사용한다. 제품제조 시 직접재료는 공정 초에 전량 투입되며 전환원가(가공원가)는 공정에 걸쳐 균등하게 발생한다. 다음은 (주)대한의 당기 생산 및 제조에 관한 자료이다.

항목	물량
기초재공품(가공완성도%)	1,800개(90%)
당기착수물량	15,000개
기말재공품(가공완성도%)	3,000개(30%)

당기에 발생한 직접재료원가는 ₩420,000이며, 전환원가는 ₩588,600이다. 당기 매출원가는 ₩1,070,000, 기초제품재고는 ₩84,600, 기말제품재고는 ₩38,700이다. 당기 기초재공품은 얼마인가?

① ₩140,000   ② ₩142,000   ③ ₩144,000
④ ₩145,000   ⑤ ₩146,000

📑 **Key Point**

제품계정을 이용하여 당기제품제조원가(완성품원가)를 계산하고, 당기발생원가와 원가요소별 완성품환산량을 이용하여 완성품환산량 단위당 원가를 계산한다. 선입선출법에서 완성품원가는 기초재공품원가에 당기완성품환산량에 대한 원가를 가산하므로, 당기제품제조원가에서 당기발생원가를 차감하여 기초재공품원가를 계산할 수 있다.

02 (주)대한은 제품 A와 제품 B를 생산하는 기업으로, 생산량을 기준으로 제품별 제조간접원가를 배부하고 있다. (주)대한은 제품별 원가계산을 지금보다 합리적으로 하기 위해 활동기준원가계산제도를 도입하고자 한다. 다음은 활동기준원가계산에 필요한 (주)대한의 활동 및 제조에 관한 자료이다.

활동	활동원가(₩)	원가동인
재료이동	1,512,000	운반횟수
조립작업	7,000,000	기계작업시간
도색작업	7,200,000	노동시간
품질검사	8,000,000	생산량
총합계(제조간접원가)	23,712,000	

원가동인	제품별 사용량	
	제품 A	제품 B
운반횟수	400회	230회
기계작업시간	600시간	800시간
노동시간	3,000시간	6,000시간
생산량	X개	Y개

(주)대한이 위 자료를 바탕으로 활동기준원가계산에 따라 제조간접원가를 배부하면, 생산량을 기준으로 제조간접원가를 배부하였을 때보다 제품 A의 제조간접원가가 ₩3,460,000 더 작게 나온다. 활동기준원가계산으로 제조간접원가를 배부하였을 때 제품 B의 제조간접원가는 얼마인가?

① ₩8,892,000   ② ₩9,352,000   ③ ₩11,360,000

④ ₩12,352,000   ⑤ ₩14,820,000

📝 **Key Point**

기존 배부기준이 생산량이고, 품질검사의 원가동인도 생산량이다. 제품 A의 제조간접원가는 활동기준원가방식이 기존방식에 비하여 ₩3,460,000만큼 작으므로 "기존방식 = 활동기준원가방식 + ₩3,460,000"을 이용하여 제품별 수량비율을 계산할 수 있다.

03 (주)대한은 표준원가계산제도를 채택하고 있으며, 20×1년도 생산 및 제조와 관련된 자료는 다음과 같다.

직접재료 구매량	3,100kg
직접재료 실제사용량	2,900kg
직접재료 단위당 표준사용량	3kg
직접재료 단위당 표준가격	₩50/kg
직접재료 단위당 실제가격	₩60/kg
예상(기준)생산량	800개
실제생산량	1,000개
제조간접원가예산액(Y)	Y = ₩700,000 + ₩500 × 기계시간
제품 단위당 표준기계시간	7시간
실제총기계시간	8,000시간
기계시간당 실제변동제조간접원가	₩470/기계시간
실제고정제조간접원가	₩820,000

(주)대한의 20×1년도 직접재료원가 가격차이(구매량기준), 직접재료원가 수량차이, 변동제조간접원가 소비차이, 변동제조간접원가 능률차이, 고정제조간접원가 조업도차이 중 옳지 않은 것은?

① 직접재료원가 가격차이(구매량기준): ₩31,000(불리한 차이)
② 직접재료원가 수량차이: ₩5,000(유리한 차이)
③ 변동제조간접원가 소비차이: ₩240,000(유리한 차이)
④ 변동제조간접원가 능률차이: ₩500,000(불리한 차이)
⑤ 고정제조간접원가 조업도차이: ₩120,000(불리한 차이)

📝 **Key Point**

제조간접원가의 배부기준은 기계시간이고, 기준조업도와 실제산출량은 각각 800개와 1,000개이다.

120 회계사 · 세무사 · 경영지도사 단번에 합격! 해커스 경영아카데미 cpa.Hackers.com

04 전부원가계산, 변동원가계산, 초변동원가계산과 관련한 다음 설명 중 가장 옳은 것은? (단, 직접재료원가, 직접노무원가, 제조간접원가는 ₩0보다 크다고 가정한다)

① 변동원가계산은 초변동원가계산에 비해 경영자의 생산과잉을 더 잘 방지한다.

② 변동원가계산은 전환원가(가공원가)를 모두 기간비용으로 처리한다.

③ 기초재고가 없다면, 당기 판매량보다 당기 생산량이 더 많을 때 전부원가계산상의 당기 영업이익보다 초변동원가계산상의 당기 영업이익이 더 작다.

④ 변동원가계산상의 공헌이익은 주로 외부이용자를 위한 재무제표에 이용된다.

⑤ 제품의 재고물량이 늘어나면 변동원가계산의 공헌이익계산서상 영업이익은 전부원가계산의 손익계산서상 영업이익보다 항상 낮거나 같다.

📝 **Key Point**

전부원가계산과 초변동원가계산의 이익차이는 재고의 가공원가이다. 따라서 문제에서 주어진 조건이 "직접노무원가, 제조간접원가는 ₩0보다 크다."이므로 전부원가계산상 당기 영업이익이 더 크다.

※ 다음 자료를 이용하여 **05**와 **06**에 답하시오.

(1) 다음은 단일제품 A를 생산하는 (주)대한의 20×1년도 생산 및 제조에 대한 자료이다.

구분	생산량(개)	제조원가(₩)
1월	1,050	840,000
2월	1,520	1,160,000
3월	1,380	983,000
4월	2,130	1,427,600
5월	1,400	1,030,000
6월	1,730	1,208,000
7월	1,020	850,400
8월	1,800	1,282,300
9월	1,640	(중략)
10월	1,970	(중략)
11월	1,650	1,137,400
12월	1,420	1,021,800

(2) (주)대한의 회계담당자는 향후 생산량에 따른 원가를 예측하고, 변동원가계산서 작성에 필요한 자료를 얻기 위해 중략된 자료를 포함한 위 자료를 이용하여 원가모형을 추정하였다. (주)대한의 회계담당자가 회귀분석을 통해 추정한 원가모형은 다음과 같다.

- 원가추정모형: $Y = a + b \times X$
- Y = 제조원가(₩)
- $a = 296,000$(t-value: 3.00, 유의도 0.01 이하)
- $b = 526$(t-value: 4.00, 유의도 0.01 이하)
- X = 생산량(개)
- R^2(결정계수) = 0.96

05 위 자료를 바탕으로 다음 설명 중 가장 옳은 것은?

① R^2은 추정된 회귀분석의 설명력을 나타내는 것으로 1보다 클수록 높은 설명력을 가진다.

② 회귀분석을 통해 추정한 계수값인 a와 b의 유의도와 t-value가 낮아 분석결과 값을 신뢰할 수 없다.

③ 제품 A의 단위당 판매액이 ₩700이고 단위당 변동판매관리비가 ₩10일 때 제품 A에 대한 단위당 공헌이익은 ₩26이다.

④ 제품 A를 2,000개 생산한다면 회귀분석을 통해 추정한 제조원가는 ₩1,348,000이다.

⑤ 9월과 10월의 중략된 제조원가자료를 사용하면 고저점법을 통해 더 정확한 원가를 추정할 수 있다.

📝 Key Point

Y는 제조원가이고 X는 생산량이므로 a는 고정제조원가, b는 단위당 변동제조원가이다. 고저점법을 이용하는 경우 고점은 4월이고 저점은 7월이다.

06 위 자료를 바탕으로 (주)대한의 회귀분석으로 추정한 제조원가와 고저점법으로 추정한 제조원가가 같아지는 생산량은 얼마인가?

① 1,000개   ② 1,500개   ③ 2,000개

④ 3,000개   ⑤ 4,000개

📝 Key Point

고점은 4월이고 저점은 7월이므로 고저점법을 이용하여 원가함수를 추정한 후, 회귀분석에 의한 원가함수와 제조원가가 같아지는 생산량을 계산할 수 있다.

07 (주)대한은 동일 공정에서 세 가지 결합제품 A, B, C를 생산한다. 제품 A, 제품 B는 추가가공을 거치지 않고 판매되며, 제품 C는 추가가공원가 ₩80,000을 투입하여 추가가공 후 제품 C+로 판매된다. (주)대한이 생산 및 판매한 모든 제품은 주산품이다. (주)대한은 제품 A, 제품 B, 제품 C+를 각각 판매하였을 때 각 제품의 매출총이익률이 연산품 전체 매출총이익률과 동일하게 만드는 원가배부법을 사용한다. 다음은 (주)대한의 결합원가 배부에 관한 자료이다. 제품 C+에 배부된 결합원가는 얼마인가?

제품	배부된 결합원가	판매(가능)액
A	?	₩96,000
B	₩138,000	?
C+	?	?
합계	₩220,000	₩400,000

① ₩10,000　　　　② ₩12,000　　　　③ ₩15,000

④ ₩20,000　　　　⑤ ₩30,000

📝 **Key Point**

각 제품의 매출총이익률이 연산품 전체 매출총이익률과 동일하게 만드는 원가배부법은 균등매출총이익률법이다.

08 (주)대한은 두 개의 제조부문(절단부문, 조립부문)과 두 개의 지원부문(전력부문, 수선부문)을 통해 제품을 생산한다. (주)대한은 상호배분법을 사용하여 지원부문의 원가를 제조부문에 배부하고 있다. 원가배부기준은 전력부문은 전력(kw)이며, 수선부문은 수선(시간)이다. 제조부문에 배부된 원가 및 배부기준과 관련된 내역은 다음과 같다. 전력부문에서 발생한 부문원가는 얼마인가?

구분	제조부문		지원부문	
	절단부문	조립부문	전력부문	수선부문
배부받은 원가(₩)	7,400	4,200		
전력(kw)	100	60	50	40
수선(시간)	60	30	60	30

① ₩4,000   ② ₩6,300   ③ ₩7,600
④ ₩10,000   ⑤ ₩12,500

📝 **Key Point**

자가소비용역은 제거한다. 상호배분법은 부문별 배분 전 원가에 다른 보조부문으로부터 배부받은 원가를 합하여 다른 부문에 배분한다. 보조부문의 용역제공비율을 정리한 후 제조부문별로 각 보조부문에서 제공받은 원가를 이용하여 보조부문별 배분할 원가를 계산하면 보조부문별 배분 전 원가를 역추적할 수 있다.

09 (주)대한은 자동차를 생산하여 판매한다. (주)대한의 원가관리 담당자는 효율적으로 원가를 관리하기 위해 다음과 같이 제품의 품질원가(예방원가, 평가원가, 내부실패원가, 외부실패원가로 구성)를 측정하였다.

내용	품질원가
불량률을 낮추기 위한 생산직원들의 교육훈련비	₩5,400
제조단계에서 발생한 불량품을 폐기하기 위해 지불한 비용	₩6,100
공정별 품질검사를 진행하는 직원들의 관리비	₩3,200
완성품을 검사하는 기계의 수선유지비	₩10,200
고객 제품보증수리센터에서 근무하는 직원의 인건비	₩24,700
높은 품질의 부품조달을 위한 우수협력 업체 조달 비용	₩2,300
품질검사 과정에서 발견한 불량품 재작업으로 인해 발생한 생산직원의 특근수당	₩7,400
제품 리콜로 인해 발생한 미래매출 감소의 기회원가	₩9,300
총합계	₩68,600

(주)대한이 지금보다 예방원가를 50% 확대하면 내부실패원가와 외부실패원가를 각각 20%와 10% 절감할 수 있다고 한다. (주)대한이 지금보다 예방원가를 50% 확대할 때 품질원가의 총합계는 얼마인가?

① ₩65,200 ② ₩66,350 ③ ₩67,280
④ ₩72,000 ⑤ ₩73,050

10 (주)대한은 유리컵을 생산하는 기업으로 종합원가계산제도를 채택하고 있으며, 재고자산 평가방법은 선입선출법(FIFO)을 사용한다. 직접재료는 공정 초에 전량 투입되며, 전환원가(가공원가)는 공정에 걸쳐 균등하게 발생한다. 다음은 (주)대한의 생산 및 제조에 관한 자료이다.

항목	물량
기초재공품(가공완성도%)	800개(70%)
당기착수물량	6,420개
기말재공품(가공완성도%)	1,200개(40%)

품질검사는 가공완성도 80% 시점에 이루어지며, 당기에 품질검사를 통과한 물량의 5%를 정상공손으로 간주한다. 당기에 착수하여 당기에 완성된 제품이 4,880개일 때 (주)대한의 비정상공손은 몇 개인가?

① 34개   ② 56개   ③ 150개
④ 284개   ⑤ 340개

📋 **Key Point**

당기에 착수하여 당기에 완성된 제품은 총완성품수량에서 기초재공품이 추가가공되어 완성된 물량을 차감한 수량이다. 또한, 물량흐름 파악으로 총공손수량을 계산한 후 정상공손수량을 차감하여 비정상공손수량을 결정한다.

정답 및 해설 ▶ p.139

01 (주)세무는 종합원가계산제도를 채택하고 있다. (주)세무의 20×1년 당기제조착수량은 100단위, 기말재공품은 40단위(전환원가 완성도 25%)이며, 당기투입원가는 직접재료원가 ₩40,000, 전환원가(conversion cost) ₩70,000이다. 직접재료는 공정이 시작되는 시점에서 전량 투입되며, 전환원가는 공정 전반에 걸쳐 균등하게 발생할 때, 기말재공품의 원가는? (단, 기초재공품, 공손 및 감손은 없다)

① ₩10,000　　　　　② ₩16,000　　　　　③ ₩26,000
④ ₩28,000　　　　　⑤ ₩56,000

> 📝 **Key Point**
> 기초재공품이 없으므로 당기제조착수량과 당기완성품수량이 동일하다.

02 (주)세무는 20×1년 연간 최대생산량이 8,000단위인 생산설비를 보유하고 있다. (주)세무는 당기에 제품 7,000단위를 단위당 ₩1,000에 판매할 것으로 예상하며, 단위당 변동제조원가는 ₩500, 단위당 변동판매관리비는 ₩100이다. (주)세무는 거래처로부터 제품 2,000단위를 판매할 수 있는 특별주문을 받았으며, 단위당 변동제조원가와 단위당 변동판매관리비는 변화가 없다. 이 특별주문을 수락한다면, 예상판매량 중 1,000단위를 포기해야 한다. 이때, 특별주문 제품의 단위당 최저판매가격은?

① ₩500　　　　　② ₩600　　　　　③ ₩800
④ ₩900　　　　　⑤ ₩1,000

> 📝 **Key Point**
> 여유조업도는 1,000단위이므로 특별주문수량 2,000단위를 수락하기 위하여 기존판매량 중 1,000단위를 포기해야 한다.

03 (주)세무는 단일제품을 생산하며, 정상원가계산제도를 채택하고 있다. 제조간접원가는 기계시간을 기준으로 배부한다. 20×1년 제조간접원가예산은 ₩40,000이고, 예정기계시간은 2,000시간이다. 20×1년 실제기계시간은 2,100시간, 제조간접원가 과대배부액은 ₩3,000이다. 20×1년 (주)세무의 제조간접원가 실제발생액은?

① ₩39,000 ② ₩40,000 ③ ₩41,000
④ ₩42,000 ⑤ ₩45,000

📝 **Key Point**
제조간접원가예산액을 예정조업도로 나누어 예정배부율을 계산한 후, 예정배부액과 실제발생액을 비교하여 배부차이를 계산할 수 있다.

04 (주)세무는 20×1년 제품 A 1,500단위, 제품 B 2,000단위, 제품 C 800단위를 생산하였다. 제조간접원가는 작업준비 ₩100,000, 절삭작업 ₩600,000, 품질검사 ₩90,000이 발생하였다. 다음 자료를 이용한 활동기준원가계산에 의한 제품 B의 단위당 제조간접원가는?

활동	원가동인	제품 A	제품 B	제품 C
작업준비	작업준비횟수	30	50	20
절삭작업	절삭작업시간	1,000	1,200	800
품질검사	검사시간	50	60	40

① ₩43 ② ₩120 ③ ₩163
④ ₩255 ⑤ ₩395

📝 **Key Point**
활동별 배부율을 계산하여 제품 B의 총원가를 집계한 후, 수량으로 나누어 단위당 원가를 계산할 수 있다.

05 (주)세무는 개별원가계산제도를 채택하고 있으며, 제품 A와 제품 B를 생산하고 있다. 기초재공품은 없으며, 제품이 모두 기말에 완성되었다. (주)세무의 20×1년 원가자료는 다음과 같다. 제조간접원가를 직접노무원가 발생액에 비례하여 배부하는 경우, 제품 A와 제품 B의 제조원가는?

구분	제품 A	제품 B
직접재료원가		
기초재고액	₩20,000	₩10,000
당기매입액	40,000	30,000
기말재고액	10,000	15,000
직접노무원가		
전기 말 미지급액	₩22,000	₩30,000
당기지급액	45,000	60,000
당기 말 미지급액	20,000	27,000
제조간접원가	₩30,000	

	제품 A	제품 B
①	₩94,900	₩110,100
②	₩99,100	₩105,900
③	₩105,900	₩94,900
④	₩105,900	₩99,100
⑤	₩110,100	₩94,900

> **📝 Key Point**
> 직접재료원가는 재료계정을 이용하여 제품별 직접재료원가를 집계하고, 직접노무원가는 당기지급액과 미지급액 증감을 고려하여 발생액을 계산할 수 있다.

06 (주)세무는 종합원가계산제도를 채택하고 있다. 직접재료는 공정이 시작되는 시점에서 전량 투입되며, 전환원가는 공정 전반에 걸쳐서 균등하게 발생한다. 당기완성품환산량 단위당 원가는 직접재료원가 ₩2,000, 전환원가 ₩500이었다. 생산공정에서 공손품이 발생하는데 이러한 공손품은 제품을 검사하는 시점에서 파악된다. 공정의 50% 시점에서 검사를 수행하며, 정상공손수량은 검사시점을 통과한 합격품의 10%이다. (주)세무의 생산활동 자료가 다음과 같을 때, 정상공손원가는?

- 기초재공품: 500단위(전환원가 완성도 30%)
- 당기완성량: 1,800단위
- 당기착수량: 2,000단위
- 기말재공품: 400단위(전환원가 완성도 70%)

① ₩440,000   ② ₩495,000   ③ ₩517,000
④ ₩675,000   ⑤ ₩705,000

📝 **Key Point**
검사시점이 50%이므로 공손의 완성도는 50%이다. 물량흐름을 통하여 총공손수량을 파악한 다음, 정상공손수량과 비정상공손수량을 구분하면 정상공손원가를 계산할 수 있다.

07 (주)세무는 20×1년 원재료 X를 가공하여 연산품 A와 연산품 B를 생산하는데 ₩36,000의 결합원가가 발생하였다. 분리점 이후 최종제품 생산을 위해서는 각각 추가가공원가가 발생한다. 균등매출총이익률법으로 결합원가를 연산품에 배부할 때, 연산품 B에 배부되는 결합원가는? (단, 공손 및 감손은 없으며, 기초 및 기말재공품은 없다)

제품	생산량	최종판매단가	최종판매가격	추가가공원가(총액)
A	1,000리터	₩60	₩60,000	₩8,000
B	500리터	₩40	₩20,000	₩4,000
합계	1,500리터		₩80,000	₩12,000

① ₩4,000   ② ₩8,000   ③ ₩12,000
④ ₩18,000   ⑤ ₩28,000

📝 **Key Point**
균등매출총이익률법은 회사 전체 매출총이익률을 계산한 후 개별제품 매출총이익에 근거하여 결합원가 배분액을 역산한다.

08 (주)세무는 제조부문(금형, 조립)과 보조부문(유지, 동력)을 이용하여 제품을 생산하고 있다. 유지부문원가는 기계시간, 동력부문원가는 전력량을 기준으로 단계배부법을 사용하여 보조부문원가를 제조부문에 배부한다. 보조부문원가를 배부하기 위한 20×1년 원가자료와 배부기준은 다음과 같다.

구분	보조부문		제조부문	
	유지	동력	금형	조립
부문개별원가	₩120,000	₩80,000	₩200,000	₩300,000
부문공통원가	₩200,000			
기계시간(시간)	-	200	400	400
전력량(kwh)	100	-	300	200
점유면적(m²)	10	20	30	40

(주)세무의 부문공통원가 ₩200,000은 임차료이며, 이는 점유면적을 기준으로 각 부문에 배부한다. 20×1년 (주)세무의 배부 후, 금형부문의 총원가는? (단, 보조부문원가는 유지부문, 동력부문의 순으로 배부한다)

① ₩144,800 ② ₩148,800 ③ ₩204,800
④ ₩344,800 ⑤ ₩404,800

> 📝 **Key Point**
> 부문개별원가는 부문별로 직접 부과하고, 부문공통원가는 점유면적을 기준으로 각 부문에 배분한 후 보조부문원가를 단계배부법으로 배부한다.

09 (주)세무는 외부 판매대리점을 통해 건강보조식품을 판매하고 있는데, 20×1년도 손익계산서 자료는 다음과 같다.

매출액	₩100,000
변동매출원가	₩45,000
고정매출원가	₩15,000
변동판매비와 관리비(판매대리점 수수료)	₩18,000
고정판매비와 관리비	₩4,000
영업이익	₩18,000

(주)세무는 20×1년에 판매대리점에게 매출액의 18%를 판매대리점 수수료로 지급하였는데, 20×2년에는 판매대리점 대신 회사 내부판매원을 통해 판매하려고 한다. 이 경우, 내부판매원에게 매출액의 15%에 해당하는 수수료와 고정급여 ₩8,000이 지출될 것으로 예상된다. (주)세무가 20×2년에 내부판매원을 통해 20×1년과 동일한 영업이익을 얻기 위해 달성해야 할 매출액은?

① ₩75,000　　　　　② ₩81,818　　　　　③ ₩90,000

④ ₩100,000　　　　　⑤ ₩112,500

📝 **Key Point**

판매대리점과 내부판매원의 손익구조를 각각 계산한 후, 내부판매원을 선택한 경우의 목표이익분석을 진행한다.

10 (주)세무는 제약자원인 특수기계를 이용하여 제품 A, 제품 B, 제품 C를 생산·판매한다. 제품의 생산·판매와 관련된 자료는 다음과 같다.

구분	제품 A	제품 B	제품 C
단위당 판매가격	₩50	₩60	₩120
단위당 변동원가	₩20	₩36	₩60
단위당 특수기계 이용시간	2시간	1시간	3시간

특수기계의 최대이용가능시간이 9,000시간이고, 각각의 제품에 대한 시장수요가 1,000단위(제품 A), 3,000단위(제품 B), 2,000단위(제품 C)로 한정되어 있을 때, (주)세무가 달성할 수 있는 최대 공헌이익은?

① ₩181,250 ② ₩192,000 ③ ₩196,250
④ ₩200,000 ⑤ ₩211,250

📝 **Key Point**

특수기계 이용시간이 제약자원이므로, 시간당 공헌이익을 기준으로 우선순위를 결정한 후 제품별 시장수요만큼 순차적으로 생산한다.

11 (주)세무는 단일제품을 생산·판매하고 있으며, 3년간의 자료는 다음과 같다.

구분	20×1년	20×2년	20×3년
기초제품재고량(단위)	–	20,000	10,000
당기 생산량(단위)	60,000	30,000	50,000
당기 판매량(단위)	40,000	40,000	40,000
기말제품재고량(단위)	20,000	10,000	20,000

3년간 판매가격과 원가구조의 변동은 없다. 20×1년 전부원가계산하의 영업이익은 ₩800,000이고, 고정원가가 ₩600,000일 때, 20×3년 전부원가계산하의 영업이익은? (단, 원가흐름은 선입선출법을 가정하며, 기초 및 기말재공품은 없다)

① ₩640,000 ② ₩660,000 ③ ₩680,000
④ ₩700,000 ⑤ ₩720,000

📑 **Key Point**

전부원가계산과 변동원가계산 이익차이는 재고의 고정제조간접원가이므로 20×3년 변동원가계산 영업이익을 이용하여 전부원가계산 영업이익을 계산할 수 있다. 또한, 변동원가계산 영업이익은 판매량에 의해서 결정되므로, 판매량이 동일한 20×3년과 20×1년의 변동원가계산 영업이익은 동일하다.

12 (주)세무는 표준원가계산제도를 채택하고 있으며, 직접노무시간을 기준으로 제조간접원가를 배부한다. 20×1년의 생산 및 원가자료가 다음과 같을 때, 변동제조간접원가 소비차이는?

변동제조간접원가 실제발생액	₩130,000
실제총직접노무시간	8,000시간
당기제품 생산량	3,600단위
제품당 표준직접노무시간	2시간
변동제조간접원가 능률차이	₩8,000(불리)

① ₩25,000(유리)   ② ₩25,000(불리)   ③ ₩50,000(유리)
④ ₩50,000(불리)   ⑤ ₩75,000(불리)

13 다음은 (주)세무의 20×1년도 2/4분기 판매량예산이다. 월말 제품재고는 다음 달 판매량의 10%를 보유하는 정책을 유지하고 있으며, 제품 단위당 직접노무시간은 4월 3시간, 5월 3시간, 6월에는 4시간 소요될 것으로 예상하고 있다. 시간당 임금이 4월에 ₩50, 5월부터 매월 ₩5씩 상승한다고 할 때, 6월의 직접노무원가예산액은? (단, 7월의 판매량예산은 5,000단위이다)

4월: 3,000단위	5월: 4,000단위	6월: 4,000단위

① ₩780,000   ② ₩960,000   ③ ₩984,000
④ ₩1,080,000   ⑤ ₩1,200,000

14 (주)세무는 20×1년에 오토바이를 생산·판매하고 있다. 오토바이 1대당 판매가격은 ₩200이며, 단위당 제조원가 내역은 다음과 같다.

직접재료원가	₩86
직접노무원가	45
변동제조간접원가	9
고정제조간접원가	42
단위당 제조원가	₩182

(주)세무는 경찰청으로부터 순찰용 오토바이 100대를 1대당 ₩180에 공급해달라는 특별주문을 받았다. 특별주문에 대해서는 오토바이를 순찰용으로 변경하기 위해 네비게이션을 장착하는데 1대당 ₩10의 원가가 추가적으로 발생한다. 또한, 경찰청 로고 제작을 위해 디자인 스튜디오에 ₩1,200을 지급해야 한다. 현재 (주)세무의 생산능력은 최대생산능력에 근접해 있으므로 특별주문을 수락하면 기존 오토바이 10대의 생산을 포기해야 한다. (주)세무가 경찰청의 특별주문을 수락할 때, 증분이익은?

① ₩0
② 증분이익 ₩800
③ 증분이익 ₩1,000
④ 증분이익 ₩1,200
⑤ 증분이익 ₩1,400

📝 **Key Point**
특별주문에 대한 추가원가와 기존판매 포기에 의한 기회비용을 고려하여 판단한다.

15 (주)세무는 사무실용과 가정용 공기청정기를 판매한다. 다음은 (주)세무의 20×1년 예산과 실제결과에 대한 자료이다.

(1) 20×1년 예산

제품	단위당 판매가격	단위당 변동원가	판매수량
사무실용 공기청정기	₩180	₩120	30,000대
가정용 공기청정기	₩135	₩90	90,000대

(2) 20×1년 실제결과

제품	단위당 판매가격	단위당 변동원가	판매수량
사무실용 공기청정기	₩165	₩112.5	37,800대
가정용 공기청정기	₩120	₩82.5	88,200대

20×1년도 공기청정기의 전체 실제시장규모는 1,050,000대이며, (주)세무의 시장점유율차이는 ₩1,023,750(유리)이다. (주)세무가 예상한 20×1년도 전체 공기청정기의 시장규모는?

① 857,143대   ② 923,077대   ③ 1,100,000대
④ 1,150,000대   ⑤ 1,200,000대

📝 **Key Point**

매출수량차이는 시장점유율차이와 시장규모차이로 구분할 수 있다. 복수제품의 경우 매출수량차이는 매출배합이 일정한 상태에서 전체 수량에 대한 차이이므로, 예산평균공헌이익(BACM)을 계산한 후 규모와 점유율에 대한 차이를 구분할 수 있다.

정답 및 해설 ▶ p.144

정답 및 해설

제55회 공인회계사 1차 회계학

정답

01 ①　02 ④　03 ⑤　04 ③　05 ④　06 ⑤　07 ①　08 ③　09 ②　10 ②

해설

01 ① 1. 당기제품제조원가

제품

기초	₩84,600	판매	₩1,070,000
대체	?	기말	38,700
	₩1,108,700		₩1,108,700

그러므로, 당기제품제조원가는 ₩1,024,100이다.

2. 제조원가보고서

① 물량흐름 파악

재공품

기초	1,800 (90%)	완성	1,800 (10%)
착수	15,000		12,000
		기말	3,000 (30%)
	16,800		16,800

② 완성품환산량

	재료원가	가공원가
	–	180
	12,000	12,000
	3,000	900
	15,000	13,080

③ 원가

	재료원가	가공원가
	₩420,000	₩588,600

④ 환산량 단위당 원가(= ③ ÷ ②)

	재료원가	가공원가
	₩28	₩45

⑤ 원가 배분

완성품	기초재공품 + 12,000개 × ₩28 + 12,180개 × ₩45 =	₩1,024,100
재공품	3,000개 × ₩28 + 900개 × ₩45 =	124,500

기초재공품 + 12,000개 × ₩28 + 12,180개 × ₩45 = ₩1,024,100이므로, 기초재공품은 ₩140,000이다.

해커스 감정평가사 회계원리 1차 기출문제집

2020년

[별해]

재공품			
기초	?	판매	₩1,024,100
재료원가	₩420,000		
전환원가	588,600	기말	124,500
	₩1,148,600		₩1,148,600

기초재공품은 ₩140,000이다.

02 ④ **1. 수량배합비율**

제품 A와 제품 B의 수량비율을 각각 P, 1 - P로 설정한다.

(1) 기존방식

제품 A	제품 B
₩23,712,000 × P	₩23,712,000 × (1 - P)

(2) 활동기준원가계산

활동	제품 A	제품 B
재료이동	₩960,000[*1]	₩552,000
조립작업	3,000,000[*2]	4,000,000
도색작업	2,400,000[*3]	4,800,000
품질검사	8,000,000P	8,000,000(1 - P)
	?	?

[*1] 재료이동 활동원가

원가동인 배부율: ₩1,512,000 ÷ 630회 = ₩2,400

배부금액: ₩2,400 × 400회 = ₩960,000

[*2] 조립작업 활동원가

원가동인 배부율: ₩7,000,000 ÷ 1,400시간 = ₩5,000

배부금액: ₩5,000 × 600시간 = ₩3,000,000

[*3] 도색작업 활동원가

원가동인 배부율: ₩7,200,000 ÷ 9,000시간 = ₩800

배부금액: ₩800 × 3,000시간 = ₩2,400,000

(3) 제품 A의 배합비율(P)

기존방식 = 활동기준가방식 + ₩3,460,000

₩23,712,000P = ₩6,360,000 + ₩8,000,000P + ₩3,460,000

그러므로, 제품 A의 배합비율(P)은 0.625이다.

2. 제품 B의 제조간접원가

₩9,352,000 + ₩8,000,000 × (1 - 0.625) = ₩12,352,000

03 ⑤　1. 직접재료원가

(1) 구입가격차이

AQ′ × AP	AQ′ × SP
3,100kg × ₩60	3,100kg × ₩50
= ₩186,000	= ₩155,000

₩31,000 U

(2) 수량차이

AQ × SP	SQ × SP
2,900kg × ₩50	1,000개 × 3kg × ₩50
= ₩145,000	= ₩150,000

₩5,000 F

2. 제조간접원가

(1) 변동제조간접원가

AQ × AP	AQ × SP	SQ × SP
8,000h × ₩470	8,000h × ₩500	1,000개 × 7h × ₩500
= ₩3,760,000	= ₩4,000,000	= ₩3,500,000

₩240,000 F　　₩500,000 U

(2) 고정제조간접원가

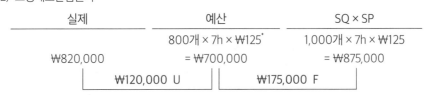

실제	예산	SQ × SP
	800개 × 7h × ₩125*	1,000개 × 7h × ₩125
₩820,000	= ₩700,000	= ₩875,000

₩120,000 U　　₩175,000 F

* ₩700,000 ÷ 800개 ÷ 7h = ₩125

04 ③　① 초변동원가계산의 경우 당기발생 가공원가가 기간비용으로 처리되므로 불필요한 재고를 억제하는 효과가 가장 크다.
　② 변동원가계산은 고정제조간접원가를 기간비용으로 처리한다.
　④ 변동원가계산은 내부관리목적으로 활용된다.
　⑤ 전부원가계산과 변동원가계산의 이익차이는 재고에 포함되어 있는 고정제조간접원가로서 전기와 당기 원가에 따라 이익차이는 달라진다.

05 ④　① R^2은 추정된 회귀분석의 설명력을 나타내는 것으로 0 ~ 1 사이의 값을 갖는데 이 값이 1에 가까울수록 높은 설명력을 가진다.
　② t-value(t값)는 회귀계수를 표준오차로 나누어 계산한다. t값은 독립변수와 종속변수 간 선형관계(관련성)가 존재하는 정도를 나타내며 t값이 클수록 표준오차가 작아 독립변수와 종속변수 간 상관관계가 높다. 또한, 유의도는 회귀계수 값의 t값이 기각영역에 있는가의 여부를 가지고 판단하며 유의미한 것으로 나타난다.
　③ ₩700 - ₩526 - ₩10 = ₩164
　④ ₩296,000 + ₩526 × 2,000개 = ₩1,348,000
　⑤ 고점은 4월이고 저점은 7월이므로 9월과 10월의 제조원가자료는 불필요하다.

06 ⑤ 1. 고저점법에 의한 원가함수
고정제조원가를 a, 단위당 변동제조원가를 b라 한 후 정리하면 다음과 같다.

- ₩1,427,600 = a + b × 2,130개
- ₩850,400 = a + b × 1,020개

⇒ a = ₩320,000, b = ₩520

2. 원가가 같아지는 생산량(Q)

₩296,000 + ₩526Q = ₩320,000 + ₩520Q

∴ Q = 4,000개

07 ①

	A	B	C	합계
매출	₩96,000	?	?	₩400,000
결합원가	(x)	(138,000)	(y)	(220,000)
추가가공원가	-	-	(80,000)	(80,000)
매출총이익	₩24,000	?	?	₩100,000
매출총이익률	25%	25%	25% ⇐	25%

1. A에 배부된 결합원가(x)

₩96,000 × (1 - 0.25) = ₩72,000

2. C+에 배부된 결합원가(y)

₩220,000 - ₩72,000 - ₩138,000 = ₩10,000

08 ③ 1. 보조부문별 배분할 원가
전력부문과 수선부분의 배분 전 원가를 각각 A, B로 설정한다.

	전력	수선	절단	조립
전력	-	0.2	0.5	0.3
수선	0.4	-	0.4	0.2
배분 전 원가	A	B		
	(전력)	₩0.2전력	₩0.5전력	₩0.3전력
	₩0.4수선	(수선)	0.4수선	0.2수선
	-	-	₩7,400	₩4,200

- 0.5전력 + 0.4수선 = ₩7,400
- 0.3전력 + 0.2수선 = ₩4,200

따라서, 전력부문과 수선부문의 배분할 원가는 각각 ₩10,000과 ₩6,000이다.

	전력	수선	절단	조립
전력	-	0.2	0.5	0.3
수선	0.4	-	0.4	0.2
배분 전 원가	A	B		
	₩(10,000)	₩2,000	₩5,000	₩3,000
	2,400	(6,000)	2,400	1,200
	-	-	₩7,400	₩4,200

2. 보조부문별 배분 전 원가

- ₩10,000 = A + 0.4 × ₩6,000
- ₩6,000 = B + 0.2 × ₩10,000

⇒ A = ₩7,600, B = ₩4,000

따라서, 전력부문에서 발생한 부문원가는 ₩7,600이다.

09 ② 1. 품질원가 항목분류

내용	항목	품질원가
불량률을 낮추기 위한 생산직원들의 교육훈련비	예방원가	₩5,400
제조단계에서 발생한 불량품을 폐기하기 위해 지불한 비용	내부실패	₩6,100
공정별 품질검사를 진행하는 직원들의 관리비	평가원가	₩3,200
완성품을 검사하는 기계의 수선유지비	평가원가	₩10,200
고객 제품보증수리센터에서 근무하는 직원의 인건비	외부실패	₩24,700
높은 품질의 부품조달을 위한 우수협력 업체 조달 비용	예방원가	₩2,300
품질검사 과정에서 발견한 불량품 재작업으로 인해 발생한 생산직원의 특근수당	내부실패	₩7,400
제품 리콜로 인해 발생한 미래매출 감소의 기회원가	외부실패	₩9,300

2. 예방원가 확대 전과 후의 총품질원가 비교

	전			후		
예방	₩5,400 + ₩2,300 =	₩7,700		₩7,700 × 150% =	₩11,550
평가	₩3,200 + ₩10,200 =	13,400			13,400
내부실패	₩6,100 + ₩7,400 =	13,500		₩13,500 × 80% =	10,800
외부실패	₩24,700 + ₩9,300 =	34,000		₩34,000 × 90% =	30,600
		₩68,600			₩66,350

10 ② 1. 총공손수량

당기착수완성물량이 4,880개이므로 총완성물량은 4,880개 + 800개 = 5,680개이다. 또한, 물량흐름 파악을 통해 총공손수량은 340개임을 알 수 있다.

재공품			
기초	800 (70%)	완성	800 (30%)
			4,880
		총공손수량	340 (80%)
착수	6,420	기말	1,200 (40%)
	7,220		7,220

2. 정상공손수량과 비정상공손수량

정상공손수량 = 합격품 × 5% = (800개 + 4,880개) × 5% = 284개

재공품			
기초	800 (70%)	완성	800 (30%)
			4,880
		정상공손	284 (80%)
		비정상공손	56 (80%)
착수	6,420	기말	1,200 (40%)
	7,220		7,220

그러므로, 비정상공손은 340개 - 284개 = 56개이다.

정답

01 ③ 02 ③ 03 ① 04 ③ 05 ④ 06 ② 07 ② 08 ⑤ 09 ⑤ 10 ②
11 ① 12 ④ 13 ③ 14 ④ 15 ⑤

해설

01 ③ 1. 완성품환산량 단위당 원가
(1) 재료원가: ₩40,000 ÷ 100단위 = ₩400
(2) 전환원가: ₩70,000 ÷ (60단위 + 40단위 × 0.25) = ₩1,000
2. 기말재공품원가
40단위 × ₩400 + 40단위 × 0.25 × ₩1,000 = ₩26,000

02 ③ 1. 손익구조

단위당 판매가격	₩1,000
단위당 변동원가	600
단위당 공헌이익	₩400

최대생산량	8,000 단위
현재판매량	7,000
여유조업도	1,000 단위

2. 특별주문수락 의사결정

증분수익	매출		2,000단위 × P
증분비용	변동원가	₩600 × 2,000단위 =	₩1,200,000
	기존판매 포기	₩400 × 1,000단위 =	₩400,000
			2,000P − ₩1,600,000 ≥ 0

그러므로, 단위당 최저판매가격은 ₩800이다.

03 ① 1. 예정배부율
₩40,000 ÷ 2,000시간 = ₩20
2. 실제발생액

예정배부	₩42,000 (= ₩20 × 2,100시간)
배부차이	3,000 과대배부
실제발생액	₩39,000

04 ③　1. 활동별 배부율

작업준비　　₩100,000 ÷ 100회 =　　₩1,000
절삭작업　₩600,000 ÷ 3,000시간 =　　₩200
품질검사　　₩90,000 ÷ 150시간 =　　₩600

2. 제품 B의 제조간접원가

작업준비　　　₩1,000 × 50회 =　₩50,000
절삭작업　　₩200 × 1,200시간 =　240,000
품질검사　　　₩600 × 60시간 =　36,000
합계　　　　　　　　　　　　₩326,000

그러므로, 제품 B의 단위당 제조간접원가는 ₩326,000 ÷ 2,000단위 = ₩163이다.

05 ④

	제품 A	제품 B
직접재료원가	₩50,000[*1]	₩25,000[*4]
직접노무원가	43,000[*2]	57,000[*5]
제조간접원가	12,900[*3]	17,100[*6]
합계	₩105,900	₩99,100

[*1]　₩20,000 + ₩40,000 - ₩10,000 = ₩50,000
[*2]　₩45,000 - (₩22,000 - ₩20,000) = ₩43,000
[*3]　$\dfrac{₩43,000}{₩43,000 + ₩57,000} × ₩30,000 = ₩12,900$
[*4]　₩10,000 + ₩30,000 - ₩15,000 = ₩25,000
[*5]　₩60,000 - (₩30,000 - ₩27,000) = ₩57,000
[*6]　$\dfrac{₩57,000}{₩43,000 + ₩57,000} × ₩30,000 = ₩17,100$

06 ②　1. 정상공손수량

(1) 총공손수량: 500단위 + 2,000단위 - 1,800단위 - 400단위 = 300단위
(2) 정상공손수량: (1,800단위 + 400단위) × 0.1 = 220단위

2. 정상공손원가

220단위 × ₩2,000 + 220단위 × 0.5 × ₩500 = ₩495,000

07 ②

	제품 A	제품 B	합계
매출액	?	₩20,000	₩80,000
결합원가	?	x	36,000
분리원가	?	4,000	12,000
영업이익	?	₩8,000	₩32,000
영업이익률	40%	40%　⇐	40%

B에 배부되는 결합원가(x): ₩20,000 × (1 - 0.4) - ₩4,000 = ₩8,000

08 ⑤

구분		보조부문		제조부문	
		유지	동력	금형	조립
배부 비율	유지	-	$\dfrac{200}{1,000}$	$\dfrac{400}{1,000}$	$\dfrac{400}{1,000}$
	동력	-	-	$\dfrac{300}{500}$	$\dfrac{200}{500}$
개별원가		₩120,000	₩80,000	₩200,000	₩300,000
공통원가		20,000	40,000	60,000[1]	80,000
유지 - 배부		(140,000)	28,000	56,000[2]	56,000
동력 - 배부		-	(148,000)	88,800[3]	59,200
합계				₩404,800	₩495,200

[1] $\ \text{₩}200,000 \times \dfrac{30m^2}{100m^2} = \text{₩}60,000$

[2] $\ \text{₩}140,000 \times \dfrac{400시간}{1,000시간} = \text{₩}56,000$

[3] $\ \text{₩}148,000 \times \dfrac{300kwh}{500kwh} = \text{₩}88,800$

09 ⑤ 　1. 손익구조

	변경 전	변경 후
매출액	₩100,000	S
변동매출원가	45,000(0.45)	0.45S
변동판매관리비	18,000(0.18)	0.15S
공헌이익	₩37,000(0.37)	0.4S
고정원가	19,000	₩27,000
영업이익	₩18,000	₩18,000

2. 목표이익분석

$0.4 \times S - \text{₩}27,000 = \text{₩}18,000$

∴ S = ₩112,500

10 ②

	제품 A	제품 B	제품 C
공헌이익	₩30	₩24	₩60
기계시간	÷ 2시간	÷ 1시간	÷ 3시간
시간당 공헌이익	₩15	₩24	₩20
우선순위	3순위	1순위	2순위

특수기계 최대이용가능시간: 9,000시간

1. 제품 B 생산

3,000단위 × 1시간 = 3,000시간

제품 B 최대생산 후 ⇒ 6,000시간 이용 가능

2. 제품 C 생산

6,000시간 ÷ 3시간 = 2,000단위

⇒ 최대 2,000단위 생산 가능

∴ 최대공헌이익: 3,000단위(B) × ₩24 + 2,000단위(C) × ₩60 = ₩192,000

11 ① 1. 20×1년 변동원가계산 영업이익(x)

$$\text{₩800,000} = x + \text{₩600,000} \times \frac{20,000단위}{60,000단위}$$

그러므로, 변동원가계산 영업이익(x)은 ₩600,000이다.

2. 20×3년 전부원가계산 영업이익

$$\text{₩600,000} + \text{₩600,000} \times \frac{20,000단위}{50,000단위} - \text{₩600,000} \times \frac{10,000단위}{30,000단위} = \text{₩640,000}$$

12 ④

AQ × AP	AQ × SP	SQ × SP
	8,000h × ₩10*	3,600단위 × 2h × ₩10*
₩130,000	= ₩80,000	= ₩72,000

₩50,000 불리	₩8,000 불리

* (8,000h - 3,600단위 × 2h) × SP = ₩8,000, SP = ₩10

13 ③ 1. 6월 생산량예산

제품(6월)

기초	400	판매	4,000
생산	4,100	기말	500 (= 5,000단위 × 0.1)
	4,500		4,500

2. 6월의 직접노무원가예산액

4,100단위 × 4h × (₩50 + ₩5 + ₩5) = ₩984,000

14 ④

증분수익	매출	₩180 × 100대 =	₩18,000
증분비용	변동원가	(₩140 + ₩10) × 100대 =	15,000
	디자인비용		1,200
	기존판매 포기	(₩200 - ₩140) × 10대 =	600
증분이익			₩1,200

15 ⑤ 1. 예산평균공헌이익(BACM)

₩60 × 0.25 + ₩45 × 0.75 = ₩48.75

2. 예산점유율(x)

실제규모 × 실제점유율 × BACM	실제규모 × 예산점유율 × BACM
1,050,000대 × 12%* × ₩48.75	1,050,000대 × x% × ₩48.75
= ₩6,142,500	= ₩5,118,750

₩1,023,750 유리

* (37,800대 + 88,200대) ÷ 1,050,000대 × 100 = 12%

예산점유율(x)은 10%(= ₩5,118,750 ÷ ₩48.75 ÷ 1,050,000대 × 100)이다.

3. 예상시장규모(y)

y × 10% = 120,000대

∴ 예상시장규모(y): 1,200,000대

2019년

원가관리회계
기출문제 & 해답

제54회 공인회계사 1차 회계학

제56회 세무사 1차 회계학개론

정답 및 해설

01 (주)대한은 정상개별원가계산을 사용하고 있으며, 제조간접원가 배부기준은 기본원가(prime costs)이다. 20×1년 제조간접원가 예정배부율은 기본원가의 40%이었다. 20×1년도 생산 및 판매 자료는 다음과 같다.

(1) 기초재고자산 중 재공품 및 제품의 작업별 원가는 다음과 같다.

항목	기초재공품		기초제품
	작업 #102	작업 #103	
기본원가	₩4,000	₩3,500	₩5,000
제조간접원가	2,000	1,750	2,500
합계	₩6,000	₩5,250	₩7,500

(2) 당기에 작업 #102와 #103에 소비된 기본원가는 각각 ₩1,500과 ₩1,000이었다.

(3) 당기에 신규로 착수된 작업은 없었고, 작업 #102와 #103은 완성되었다.

(4) 당기에 작업 #101과 #102는 각각 ₩8,300과 ₩10,000에 판매되었다.

(5) 당기에 제조간접원가 실제발생액은 ₩1,250이었다.

(6) (주)대한은 배부차이를 원가요소기준 비례배부법으로 조정한다.

배부차이 조정 후 매출총이익은 얼마인가?

① ₩2,210 ② ₩2,320 ③ ₩2,440
④ ₩2,520 ⑤ ₩2,550

📝 **Key Point**

제조간접원가 예정배부금액은 당기 소비된 기본원가에 40%를 곱하여 계산한다. 원가요소기준 비례배분법이므로 총 배부차이를 #102와 #103에 배부된 예정배부금액을 기준으로 안분한다.

02 (주)대한은 결합공정과 추가공정을 통해 제품을 생산하며, 분리점에서 순실현가능가치를 기준으로 결합원가를 배부한다. 20×1년의 생산 및 원가자료는 다음과 같다.

(1) 제1공정

제1공정에서는 원재료를 투입하여 제품 A 100단위와 제품 B 300단위를 생산하였으며, 결합원가는 총 ₩40,000이었다. 제품 A는 단위당 ₩200에 판매되고, 제품 B는 제2공정에서 추가가공을 거쳐 제품 C로 판매된다.

(2) 제2공정

당기에 제1공정으로부터 대체된 제품 B는 제품 C 280단위로 생산되었으며, 추가가공원가는 총 ₩12,400이었다. 제품 C의 단위당 판매가격은 ₩150이다. 제품 B를 제품 C로 추가가공하는 과정에서 부산물 20단위가 생산되었다. 부산물은 단위당 ₩20에 즉시 판매할 수 있다. 부산물은 생산시점에 순실현가능가치로 인식한다.

제품 C의 총제조원가는 얼마인가? (단, 각 공정의 기초 및 기말재공품은 없다)

① ₩35,600   ② ₩36,000   ③ ₩36,400

④ ₩36,700   ⑤ ₩37,000

📋 **Key Point**

부산물은 제2공정에서 발생하므로 순실현가치만큼 제2공정 결합원가에서 차감한다.

03 (주)대한은 20×1년 초에 설립되었으며 단일제품을 생산한다. 20×1년과 20×2년의 전부원가계산에 의한 영업활동 결과는 다음과 같다.

항목	20×1년	20×2년
생산량	100단위	120단위
판매량	80단위	110단위
매출액	₩24,000	₩33,000
매출원가	17,600	22,400
매출총이익	₩6,400	₩10,600
판매관리비	5,600	6,200
영업이익	₩800	₩4,400

(주)대한은 재공품재고를 보유하지 않으며, 원가흐름가정은 선입선출법이다. 20×2년도 변동원가계산에 의한 영업이익은 얼마인가? (단, 두 기간의 단위당 판매가격, 단위당 변동제조원가, 고정제조간접원가, 단위당 변동판매관리비, 고정판매관리비는 동일하다)

① ₩3,200 ② ₩3,400 ③ ₩3,600
④ ₩3,800 ⑤ ₩4,200

📝 **Key Point**

전부원가계산과 변동원가계산의 이익차이는 고정제조간접원가로 인해 발생한다. 따라서 주어진 매출원가를 변동제조원가와 고정제조간접원가로 구분해야 한다. 두 기간의 단위당 변동제조원가와 고정제조간접원가는 동일하므로 연도별 총제조원가를 계산한 후 고저점법으로 구분할 수 있다. 20×2년 총제조원가는 선입선출법이므로 매출원가 중 전기이월분 20단위를 제외한 당기 생산분을 기준으로 추정해야 한다.

04 (주)대한은 표준종합원가계산을 사용하고 있다. 정상공손이 반영되기 전의 제품 단위당 표준원가는 다음과 같다.

항목	제품 단위당 표준원가
직접재료원가	₩20
전환원가	30
합계	₩50

직접재료는 공정 초에 모두 투입되며, 전환원가는 공정 전반에 걸쳐 평균적으로 발생한다. 당기의 생산활동에 관한 자료는 다음과 같다.

항목	물량	전환원가 완성도
기초재공품	300단위	50%
기말재공품	500	80%
완성품	2,000	
공손품	100	

(주)대한은 공정의 60% 시점에서 품질검사를 실시하며, 당기에 검사를 통과한 합격품의 2%를 정상공손으로 허용한다. 정상공손원가는 합격품원가에 가산하고 비정상공손원가는 기간비용으로 처리한다. 정상공손원가 배부 후 표준원가로 기록된 완성품원가와 기말재공품원가는 각각 얼마인가? (단, 전기와 당기의 단위당 표준원가는 동일하고, 공손품은 전량 폐기된다)

	완성품원가	기말재공품원가
①	₩101,000	₩21,380
②	₩101,000	₩22,000
③	₩101,520	₩21,380
④	₩101,520	₩22,000
⑤	₩101,520	₩22,380

> 📝 **Key Point**
> 재공품이 검사시점을 통과한 합격품이므로 완성품과 동등하게 물량기준으로 정상공손원가를 배부받아야 한다. 표준원가로 기록된 완성품과 재공품원가를 계산한 후 물량의 2%의 정상공손원가를 가산한다.

05 표준원가계산제도를 사용하고 있는 (주)대한은 보급형 스키를 뱃치(batch) 단위로 생산한다. 제품 1 뱃치를 생산할 때마다 새로운 작업준비를 해야 한다. 변동작업준비원가는 모두 작업준비활동으로 인해 발생하는 원가이며, 원가동인은 작업준비시간이다. 20×1년 초에 설정한 연간 예산자료와 20×1년 말에 수집한 실제결과는 다음과 같다.

항목	예산자료	실제결과
생산 및 판매량	10,000단위	11,000단위
뱃치크기(뱃치당 제품수량)	200단위	200단위
뱃치당 작업준비시간	1시간	0.8시간
변동작업준비원가 총액	₩1,500	₩1,100

20×1년도 변동작업준비원가에 대한 소비차이(spending variance)와 능률차이(efficiency variance)는 각각 얼마만큼 유리 또는 불리한가? (단, 기초 및 기말재고자산은 없다)

	소비차이	능률차이
①	₩220 유리	₩330 유리
②	₩220 유리	₩330 불리
③	₩330 불리	₩220 유리
④	₩330 유리	₩220 유리
⑤	₩0	₩550 불리

> 📝 Key Point
> 본 문제에서의 표준수량(SQ)은 뱃치당 작업준비시간이다. 따라서 실제산출량에 허용된 표준수량은 실제산출량에 해당하는 표준뱃치에 뱃치당 예산 작업준비시간을 곱하여 계산한다. 또한, 표준배부율은 예산 변동작업준비원가를 예산뱃치수로 나누어 계산한다.

06 (주)대한은 제품 A를 생산하며, 연간 최대생산능력은 10,000단위이다. (주)대한은 20×1년 초에 제품 A의 예상수요량인 9,500단위를 생산·판매하기로 하고 종합예산을 편성하였다. 제품 A의 단위당 판매가격과 원가예산은 다음과 같다.

항목	단위당 금액
판매가격	₩40
직접재료원가	12
직접노무원가	5
제조간접원가	8
변동판매비	2

단위당 제조간접원가에는 단위당 변동원가 ₩5와 단위당 고정원가 ₩3(10,000단위 기준)이 포함되어 있다. 예산편성 직후에 (주)대한은 (주)민국으로부터 제품 A 1,000단위를 단위당 ₩30에 공급해달라는 특별주문을 받았다. (주)민국의 특별주문량 1,000단위는 전량 수락하거나 거절해야 한다. (주)대한이 (주)민국에 제품 A를 판매할 경우에는 단위당 변동판매비의 50%를 절감할 수 있다. 한편, (주)대한은 (주)만세로부터 제품 A와 동일한 제품을 단위당 ₩25에 필요한 만큼 공급받을 수 있다. (주)대한이 (주)민국의 주문을 수락하면 (주)대한의 예산 영업이익은 얼마나 증가 또는 감소하는가? (단, (주)대한은 이익을 극대화하고자 한다)

① ₩4,000 감소   ② ₩4,000 증가   ③ ₩5,500 감소
④ ₩5,500 증가   ⑤ ₩6,000 증가

📑 **Key Point**

특별주문을 수락하기 위하여 기존판매를 포기하거나 외부로부터 구입 후 판매하는 두 대안 중 선택해야 한다. 외부로부터 구입하는 경우 변동판매비를 추가로 고려해야 한다.

(주)대한은 사업부 A와 B로 구성되어 있고, 각 사업부는 이익중심점으로 운영된다. 사업부 A는 동일한 기계를 이용하여 성능이 다른 두 종류의 제품 X와 Y를 생산하며, 각 제품과 관련된 자료는 다음과 같다.

항목	제품 X	제품 Y
단위당 판매가격	₩40	₩7
단위당 직접재료원가	₩5	₩2
단위당 기타 변동제조원가	(단위당 1시간, 시간당 ₩10) ₩10	(단위당 0.2시간, 시간당 ₩10) ₩2
연간 외부수요량	20,000단위	30,000단위

* 상기 표에서 시간은 기계시간을 의미함

사업부 A의 연간 고정제조간접원가는 ₩200,000이고, 연간 이용 가능한 기계시간은 25,000시간이다. 사업부 B는 제품 Q를 생산한다. 제품 Q 1단위를 생산하기 위해서는 외부업체로부터 특수부품 S 1단위를 단위당 ₩40에 구매해야 한다. 제품 Q와 관련된 자료는 다음과 같다.

항목		제품 Q
단위당 판매가격		₩100
단위당 직접재료원가	특수부품 S	₩40
	일반부품 G	₩10
단위당 기타 변동제조원가		₩20
연간 외부수요량		3,000단위

사업부 B의 연간 고정제조간접원가는 ₩30,000이다. 사업부 B는 외부수요를 충족할 만큼 충분한 생산능력을 갖추고 있다.

최근에 (주)대한의 생산기술부서는 제품 Q를 생산하기 위해 특수부품 S 1단위 대신에 제품 X 1단위를 투입할 수 있으며, 이러한 부품 교체가 제품 Q의 단위당 판매가격, 단위당 일반부품 G의 원가, 단위당 기타 변동제조원가, 외부수요량에 미치는 영향은 없다고 보고하였다. (주)대한은 생산기술부서의 보고를 토대로 특수부품 S를 사업부 A의 제품 X로 교체하는 방안을 고려하고 있다.

07 특수부품 S를 사업부 A의 제품 X로 교체할 경우, 회사 전체의 영업이익은 얼마나 증가 또는 감소하는가?

① ₩30,000 증가
② ₩30,000 감소
③ ₩45,000 증가
④ ₩45,000 감소
⑤ ₩50,000 증가

📋 **Key Point**

회사 전체 관점에서 부품 S 3,000단위에 대한 외부구입과 제품 X 자가제조 의사결정을 한다. 즉, 제품 X를 생산하는 경우 비용 발생과 부품 S의 외부구입비용 절감을 비교한다. 또한, 사업부 A는 기계시간이 제약되므로 제품 X를 생산하기 위한 기회비용 여부를 확인해야 한다.

08 특수부품 S를 사업부 A의 제품 X로 교체할 경우, 사업부 A가 현재의 영업이익을 감소시키지 않기 위해 사업부 B에 제시할 수 있는 제품 X의 단위당 최소판매가격은 얼마인가?

① ₩18   ② ₩20   ③ ₩24

④ ₩27   ⑤ ₩30

📝 **Key Point**

사업부 A의 최소대체가격은 제품 X의 증분원가에 제품 Y 판매 감소로 인한 기회비용을 가산해야 한다. 최소대체가격은 사업부 B로부터 제품 X 3,000단위 특별주문을 수락하기 위한 최소판매가격과 동일하다.

09 (주)대한은 연속된 공정 A와 B를 거쳐서 완제품을 생산한다. 완제품의 단위당 판매가격은 ₩50이다. 직접재료원가 이외의 운영원가는 모두 고정원가로 간주한다. 20×1년의 공정별 생산 및 원가자료는 다음과 같다.

항목	공정 A	공정 B
시간당 생산능력	15단위	10단위
연간 이용가능시간	2,000시간	2,000시간
연간 생산량	20,000단위	20,000단위
단위당 직접재료원가	₩10	₩10
연간 고정운영원가	₩120,000	₩140,000

(주)대한은 공정 B의 종료단계에서 품질검사를 실시한다. 당기 중에 공정 B에서 불량품 100단위가 생산되었다면, 불량품 100단위로 인해 영업이익은 얼마나 감소하는가? (단, (주)대한의 기초 및 기말재고자산은 없으며, 불량품은 전량 폐기된다)

① ₩2,000   ② ₩2,500   ③ ₩3,000

④ ₩4,000   ⑤ ₩5,000

📝 **Key Point**

제약공정은 공정 B이므로 연간 생산량은 20,000단위이다. 공정 B에서 불량이 발생하는 경우 불량에 대한 매출이 감소하며 추가 생산은 불가능하다.

10 (주)대한은 단일제품을 생산하며 20×1년의 판매가격 및 원가자료는 다음과 같다.

항목	단위당 금액
판매가격	₩50
변동제조원가	20
변동판매비	5

고정제조원가와 고정판매비는 각각 ₩20,000과 ₩10,000이다. (주)대한의 경영자는 판매촉진을 위해 인터넷 광고를 하려고 한다. 인터넷 광고물 제작에는 ₩5,000의 고정판매비가 추가로 지출된다. 인터넷 광고를 하지 않을 경우 판매량은 1,200단위와 1,800단위 사이에서 균등분포(uniform distribution)를 이루고, 인터넷 광고를 하면 판매량은 1,500단위와 2,000단위 사이에서 균등하게 분포한다. (주)대한이 인터넷 광고를 함으로써 기대영업이익은 얼마나 증가 또는 감소하는가?

① ₩0
② ₩1,250 증가
③ ₩1,250 감소
④ ₩2,250 증가
⑤ ₩2,250 감소

📝 **Key Point**

광고물 제작을 위한 고정판매비 지출로 기대판매량이 증가하므로 광고 전 기대이익과 광고 후 기대이익을 비교한다.

정답 및 해설 ▶ p.169

01 (주)세무의 기초 및 기말재고자산은 다음과 같다.

구분	기초잔액	기말잔액
원재료	₩27,000	₩9,000
재공품	30,000	15,000
제품	35,000	28,000

원재료의 제조공정 투입금액은 모두 직접재료원가이며 당기 중 매입한 원재료는 ₩83,000이다. 기초원가(prime cost)는 ₩306,000이고, 전환원가(conversion cost)의 50%가 제조간접원가이다. (주)세무의 당기제품제조원가와 당기 매출원가는?

	당기제품제조원가	매출원가
①	₩408,500	₩511,000
②	₩511,000	₩511,000
③	₩511,000	₩526,000
④	₩526,000	₩526,000
⑤	₩526,000	₩533,000

📋 **Key Point**

직접재료원가와 기초원가를 이용하여 직접노무원가를 계산할 수 있고 전환원가의 50%가 제조간접원가이므로 직접노무원가를 이용하여 제조간접원가를 계산할 수 있다.

02 다음은 (주)세무의 당기 및 전기 제조간접원가에 관련된 자료이다. 이 자료에 의할 때 (주)세무의 당기 제조간접원가 발생액은?

구분	당기 지급액	당기 말 잔액		전기 말 잔액	
		선급비용	미지급비용	미지급비용	선급비용
공장관리비	₩250,000	₩150,000	-	₩25,000	-
수도광열비	300,000	-	₩100,000	25,000	-
복리후생비	150,000	-	100,000	-	₩35,000

① ₩615,000   ② ₩735,000   ③ ₩765,000

④ ₩965,000   ⑤ ₩1,065,000

📝 **Key Point**

미지급비용 증가와 선급비용 감소는 현금유출이 없는 비용 증가이므로 현금지급액에 미지급비용과 선급비용을 반영하여 발생금액을 계산할 수 있다.

---

03 (주)세무는 단일제품을 생산하고 있으며, 종합원가계산제도를 채택하고 있다. 재료는 공정이 시작되는 시점에서 전량 투입되며, 전환원가는 공정 전체에 걸쳐 균등하게 발생한다. 재료원가의 경우 평균법에 의한 완성품환산량은 87,000단위이고 선입선출법에 의한 완성품환산량은 47,000단위이다. 또한 전환원가의 경우 평균법에 의한 완성품환산량은 35,000단위이고 선입선출법에 의한 완성품환산량은 25,000단위이다. 기초재공품의 전환원가 완성도는?

① 10%   ② 20%   ③ 25%

④ 75%   ⑤ 80%

📝 **Key Point**

기초재공품이 있는 경우 평균법의 완성품환산량이 선입선출법 완성품환산량보다 재료원가는 기초재공품 수량만큼 가공원가는 기초재공품에 기초진행률을 곱한 만큼 크다.

---

04 (주)세무는 고객별 수익성 분석을 위하여 판매관리비에 대해 활동기준원가계산을 적용한다. 당기 초에 수집한 관련 자료는 다음과 같다.

> (1) 연간 판매관리비 예산: ₩3,000,000
>
> (급여: ₩2,000,000, 기타: ₩1,000,000)
>
> (2) 자원소비 단위(활동)별 판매관리비 배분비율
>
> | 구분 | 고객주문처리 | 고객관계관리 | 계 |
> |---|---|---|---|
> | 급여 | 40% | 60% | 100% |
> | 기타 | 20% | 80% | 100% |
>
> (3) 활동별 원가동인과 연간 활동량
>
> | 활동 | 원가동인 | 활동량 |
> |---|---|---|
> | 고객주문처리 | 고객주문횟수 | 2,000회 |
> | 고객관계관리 | 고객수 | 100명 |

(주)세무는 당기 중 주요 고객인 홍길동이 30회 주문할 것으로 예상하고 있다. 홍길동의 주문 1회당 예상되는 (주)세무의 평균 매출액은 ₩25,000이며 매출원가는 매출액의 60%이다. 활동기준원가계산을 적용하여 판매관리비를 고객별로 배분하는 경우, (주)세무가 당기에 홍길동으로부터 얻을 것으로 예상되는 영업이익은?

① ₩255,000 ② ₩265,000 ③ ₩275,000
④ ₩279,500 ⑤ ₩505,000

📝 **Key Point**

급여와 기타비용은 자원동인에 따라 활동별로 배부하고 활동별 원가는 원가동인으로 나누어 활동별 배부율을 계산할 수 있다. 매출액과 매출원가는 30회를 기준으로 계산한다.

05 (주)세무는 결합공정에서 제품 A, B, C를 생산한다. 당기에 발생된 결합원가 총액은 ₩80,000이며 결합원가는 분리점에서의 상대적 판매가치를 기준으로 제품에 배분되며 관련 자료는 다음과 같다. 추가가공이 유리한 제품만을 모두 고른 것은? (단, 결합공정 및 추가가공과정에서 공손과 감손은 발생하지 않고, 생산량은 모두 판매되며 기초 및 기말재공품은 없다)

제품	분리점에서의 단위당 판매가격	생산량	추가가공원가	추가가공 후 단위당 판매가격
A	₩20	3,000단위	₩10,000	₩23
B	30	2,000단위	15,000	40
C	40	2,000단위	15,000	50

① A   ② A, B   ③ A, C
④ B, C   ⑤ A, B, C

📝 **Key Point**

연산품 추가가공 의사결정은 분리점 판매가치, 최종판매가치 및 추가가공원가를 고려하며 결합원가와 결합원가 배분방법은 고려대상이 아니다.

06 (주)세무는 단일제품을 생산·판매하는데 단위당 변동원가는 ₩225이고 공헌이익률은 40%이다. 당기 예상판매량은 2,000단위부터 6,000단위 사이에서 균등분포(uniform distribution)를 이룬다. 당기 총고정원가가 ₩630,000일 때 ₩120,000 이상의 이익을 얻을 확률은?

① 25% ② 45% ③ 55%

④ 60% ⑤ 75%

07 (주)세무의 기초제품수량은 없고 당기 제품 생산수량은 500단위, 기말제품수량은 100단위이다. 제품 단위당 판매가격은 ₩1,300이며, 당기에 발생한 원가는 다음과 같다. 변동원가계산에 의한 당기 영업이익은? (단, 기초 및 기말재공품은 없다)

• 직접재료원가	₩250,000
• 직접노무원가	80,000
• 변동제조간접원가	160,000
• 변동판매관리비	40,000
• 고정제조간접원가	40,000
• 고정판매관리비	15,000

① ₩13,000 ② ₩23,000 ③ ₩33,000

④ ₩43,000 ⑤ ₩53,000

08 (주)세무는 단일제품을 생산하여 단위당 ₩150에 판매한다. 연간 생산 가능 수량 2,000단위에 근거한 제품 단위당 원가는 다음과 같다.

직접재료원가	₩10
직접노무원가	15
단위수준 활동원가	25
제품수준 활동원가	14
설비수준 활동원가	6
	₩70

위 원가 항목 중 제품수준 활동원가와 설비수준 활동원가는 고정원가로, 나머지는 변동원가로 가정한다. 총고정원가 중 ₩10,000은 세법상 손금(비용)으로 인정되지 않으며, 이 회사에 적용되는 세율은 20%이다. 세후순이익 ₩16,000을 얻기 위한 제품 판매수량은?

① 460단위   ② 520단위   ③ 550단위
④ 600단위   ⑤ 625단위

📑 **Key Point**
고정원가는 수량을 곱하여 총고정원가로 정리한 후, 손금으로 인정되지 않은 부분은 법인세 감세효과가 없으므로 구분하여 처리한다.

09 (주)세무는 제품 A와 제품 B를 생산·판매한다. 각 제품의 단위당 판매가격은 제품 A는 ₩200, 제품 B는 ₩150이며, 공헌이익률은 제품 A는 40%, 제품 B는 50%이다. 제품 A와 제품 B의 매출수량배합은 1 : 2로 일정하고, 당기 총고정원가는 ₩34,500이다. 당기 이익 ₩23,000을 얻기 위한 총 매출액은?

① ₩120,000   ② ₩125,000   ③ ₩128,000
④ ₩132,000   ⑤ ₩138,000

📑 **Key Point**
매출수량배합이 제시되어 있으므로 제품별 단위당 공헌이익을 이용하여 꾸러미당 공헌이익을 분석할 수 있다. 제품별 단위당 공헌이익은 가격에 공헌이익률을 곱하여 계산할 수 있다.

10 (주)세무는 당기에 영업을 개시하였으며 표준원가계산제도를 채택하고 있다. 직접재료와 관련된 자료는 다음과 같다.

> - 제품 단위당 직접재료 표준원가: 3kg × ₩10/kg = ₩30
> - 직접재료 kg당 실제 구입가격: ₩12
> - 직접재료 구입가격차이: ₩12,600(불리)
> - 직접재료 능률차이: ₩4,000(유리)

당기 실제 제품 생산량이 2,000단위일 때 기말 직접재료 재고량은? (단, 기말재공품은 없다)

① 300kg ② 400kg ③ 500kg
④ 600kg ⑤ 700kg

> **📝 Key Point**
> 직접재료 능률차이를 이용하여 직접재료 사용량을 계산할 수 있고 직접재료 구입가격차이를 이용하여 직접재료 구입량을 계산할 수 있다. 당기에 영업을 개시하여 기초재고는 없으므로 구입량에서 사용량을 차감하여 기말재고를 추정할 수 있다.

11 (주)세무는 표준원가계산제도를 채택하고 있으며 기계작업시간을 기준으로 고정제조간접원가를 배부한다. 다음 자료에 의할 경우 기준조업도 기계작업시간은? (단, 기초 및 기말재공품은 없다)

> - 실제 제품 생산량: 700단위
> - 제품 단위당 표준기계작업시간: 2시간
> - 실제발생 고정제조간접원가: ₩12,000
> - 고정제조간접원가 예산차이: ₩2,000(불리)
> - 고정제조간접원가 조업도차이: ₩4,000(유리)

① 600 ② 800 ③ 1,000
④ 1,200 ⑤ 1,400

> **📝 Key Point**
> 실제발생 고정제조간접원가와 원가차이를 이용하여 고정제조간접원가예산과 표준배부액을 계산할 수 있다. 표준배부액을 실제산출량에 허용된 표준수량으로 나누어 표준배부율을 계산할 수 있다.

12 (주)세무의 최대생산능력은 5,000개이다. 정규시장에 1개당 ₩200에 4,000개 판매할 것으로 예상된다. 한 번에 50개씩 묶음(batch) 생산하며, 4,000개를 생산하는 경우 원가는 다음과 같다.

생산량에 따라 변하는 변동원가	₩240,000
묶음수에 따라 변하는 변동원가	80,000
고정원가	400,000
	₩720,000

1개당 ₩130에 1,500개를 구입하겠다는 특별주문을 받았다. 특별주문에 대해서는 100개씩 묶음 생산하며, 특별주문은 전량을 수락하거나 거절해야 한다. 이 특별주문을 수락하는 경우 (주)세무의 이익은 얼마나 증가 또는 감소하는가?

① ₩75,000 증가 ② ₩30,000 증가 ③ ₩20,000 증가
④ ₩20,000 감소 ⑤ ₩75,000 감소

> 📝 **Key Point**
> 여유조업도는 1,000개이므로 1,500개 추가 생산을 위해서는 500개의 기존판매를 포기해야 한다. 또한, 기존 뱃치는 50개이며 특별주문 뱃치는 100개이다.

13 (주)세무의 품질관리 활동원가는 다음과 같다. 품질관리 활동원가 중 예방원가(prevention cost)와 평가원가(appraisal cost)의 계산결과를 비교한 것으로 옳은 것은?

활동	원가(또는 비용)	활동	원가(또는 비용)
원재료검사	₩40	설계엔지니어링	₩20
반품 재작업	10	보증수리원가	70
재공품검사	50	예방적 설비유지	30
납품업체 평가	90	반품 재검사	20
공손품 재작업	10	품질교육훈련	60

① 예방원가가 평가원가보다 ₩110 더 크다.
② 예방원가가 평가원가보다 ₩90 더 크다.
③ 예방원가가 평가원가보다 ₩50 더 작다.
④ 예방원가가 평가원가보다 ₩70 더 작다.
⑤ 예방원가가 평가원가보다 ₩90 더 작다.

14 (주)세무는 공정이 정상인지에 대해 조사 여부를 결정하고자 한다. 공정 조사비용은 ₩20,000이 며, 조사 후 공정이 비정상상태일 때 교정비용은 ₩30,000이다. 공정이 비정상인데 조사하지 않으면 손실 ₩90,000이 발생한다. 공정이 정상일 확률은 60%, 비정상일 확률은 40%이다. 공정 상태에 대해 완전한 예측을 해주는 완전정보시스템이 있다면 그 완전정보를 얻기 위해 지불 가능한 최대금액은?

① ₩4,000 ② ₩12,000 ③ ₩16,000
④ ₩20,000 ⑤ ₩32,000

15 (주)세무는 이익중심점으로 지정된 A, B 두 개의 사업부로 구성되어 있다. A사업부는 부품을 생산하고, B사업부는 부품을 추가가공하여 완제품을 생산하여 판매한다. A사업부의 부품 최대생산능력은 5,000단위이고, 단위당 변동원가는 ₩100이다. A사업부는 부품의 단위당 판매가격을 ₩200으로 책정하여 외부에 3,000단위 판매하거나 단위당 판매가격을 ₩180으로 책정하여 외부에 4,000단위 판매할 수 있을 것으로 기대한다. 다만, A사업부가 외부시장에서 2가지 판매가격을 동시에 사용할 수는 없다. 이 같은 상황에서 B사업부가 A사업부에게 부품 2,000단위를 내부대체해 줄 것을 요청하였다. 2,000단위를 전량 대체하는 경우 A사업부의 단위당 최소대체가격은?

① ₩80   ② ₩100   ③ ₩110

④ ₩120   ⑤ ₩180

📝 **Key Point**

내부대체 2,000단위를 위해서는 4,000단위 판매를 포기하고 3,000단위 판매를 선택해야 한다. 따라서 4,000단위와 3,000단위의 이익차이가 기회비용이다.

정답 및 해설 ▶ p.174

정답 및 해설

제54회 공인회계사 1차 회계학

정답

01 ⑤ **02** ② **03** ④ **04** ⑤ **05** ① **06** ④ **07** ① **08** ⑤ **09** ⑤ **10** ②

해설

01 ⑤ 　1. 배부차이

<table>
<tr><td colspan="4" align="center">재공품</td></tr>
<tr><td>기초</td><td>#102, #103</td><td>완성</td><td>#102, #103 (당기제품제조원가)</td></tr>
<tr><td>착수</td><td>-</td><td>기말</td><td>-</td></tr>
<tr><td></td><td>#102, #103</td><td></td><td>#102, #103</td></tr>
</table>

<table>
<tr><td colspan="4" align="center">제품</td></tr>
<tr><td>기초</td><td>#101</td><td>판매</td><td>#101, #102 (매출원가)</td></tr>
<tr><td>대체</td><td>#102, #103</td><td>기말</td><td>#103 (기말제품)</td></tr>
<tr><td></td><td>#101, #102, #103</td><td></td><td>#101, #102, #103</td></tr>
</table>

실제발생액	₩1,250
예정배부액	1,000 (= ₩2,500 × 40%)
	₩250 과소배부

　2. 당기제품원가

배부차이는 각 작업별 제조간접원가 예정배부금액을 기준으로 배부한다.

	#102	#103
기초	₩6,000	₩5,250
기본원가	1,500	1,000
제조간접원가 배부	600(= ₩1,500 × 40%)	400(= ₩1,000 × 40%)
배부차이	150(= ₩250* × 60%)	100(= ₩250* × 40%)
영업이익	₩8,250	₩6,750

　* ₩1,250 - ₩1,000 = ₩250

　3. 매출총이익(#101, #102)

매출액	₩18,300 (= ₩8,300 + ₩10,000)
매출원가	(15,750) (= ₩7,500 + ₩8,250)
매출총이익	₩2,550

02 ② 1. 결합원가 배분(제1공정)

	판매가격	추가가공원가	순실현가치	배분비율	결합원가 배분
연산품 A	₩20,000	-	₩20,000	0.4	₩16,000
연산품 B	42,400*	₩12,400	30,000	0.6	24,000
			₩50,000	1	₩40,000

* 연산품 B의 최종판매가치

제품 C 판매가치 + 부산물 판매가치

= 280단위 × ₩150 + 20단위 × ₩20 = ₩42,400

2. 제품 C의 총제조원가

부산물은 순실현가치만큼 결합원가에서 차감한다.

₩24,000 + ₩12,400 - 20단위 × ₩20 = **₩36,000**

03 ④

20×1년			
기초	-	판매	80
생산	100	기말	20
	100		100

20×2년			
기초	20	판매	110 (전기이월분 20단위 포함)
생산	120	기말	30
	140		140

1. 연도별 총제조원가

(1) 20×1년: $₩17,600 \times \dfrac{100단위}{80단위} = ₩22,000$

(2) 20×2년: $₩18,000^* \times \dfrac{120단위}{90단위} = ₩24,000$

* 당기 생산분 매출원가(90단위)

$₩22,400 - 20단위 \times \dfrac{₩22,000}{100단위} = ₩18,000$

2. 고정제조간접원가(a) 및 단위당 변동제조원가(b)

• ₩24,000 = a + b × 120단위

• ₩22,000 = a + b × 100단위

⇒ a = ₩12,000, b = ₩100

3. 변동원가계산 영업이익(x)

$₩4,400 = x + 30단위 \times \dfrac{₩12,000}{120단위} - 20단위 \times \dfrac{₩12,000}{100단위}$

∴ 변동원가계산 영업이익(x) = **₩3,800**

04 ⑤

물량흐름 파악

기초	300 (50%)	완성	300 (50%) (합격품)
착수	2,300		1,700 (합격품)
		정상공손	50 (60%) (= 2,500단위 × 2%)
		비정상공손	50 (60%)
		기말	500 (80%) (합격품)
	2,600		2,600

1. 표준원가로 기록된 단위당 원가

전기와 당기의 원가는 동일하므로 완성품원가는 기초와 당기분을 구분할 필요가 없다.

(1) 완성품: ₩20 + ₩30 = ₩50

(2) 재공품: ₩20 + ₩30 × 80% = ₩44

(3) 정상공손: ₩20 + ₩30 × 60% = ₩38

2. 정상공손원가를 포함한 완성품원가

완성품원가 + 정상공손원가

= 2,000단위 × ₩50 + 2,000단위 × 2% × ₩38 = ₩101,520

3. 정상공손원가를 포함한 기말재공품원가

기말재공품원가 + 정상공손원가

= 500단위 × ₩44 + 500단위 × 2% × ₩38 = ₩22,380

05 ①

1. 표준원가표 작성

	SQ	SP
변동제조간접원가	1시간/뱃치	₩30*

* 표준배부율

$$\frac{₩1,500}{10,000단위/200단위} = ₩30$$

2. 실제산출량에 허용된 표준수량

$$\frac{11,000단위}{200단위} × 1시간 = 55시간$$

3. 원가차이분석 – 변동제조간접원가

AQ × AP	AQ × SP	SQ × SP
	11,000단위/200단위 × 0.8시간 × ₩30	11,000단위/200단위 × 1시간 × ₩30
₩1,100	= ₩1,320	= ₩1,650
	₩220 F	₩330 F

06 ④ 1. 기존판매량 500단위 포기

증분수익	특별주문매출	1,000단위 × ₩30 =	₩30,000
증분비용	추가 생산	1,000단위 × (₩22^{*1} + ₩1^{*2}) =	23,000
	기존판매 포기	500단위 × (₩40 - ₩24^{*3}) =	8,000
증분손실			₩(1,000)

^{*1} ₩12 + ₩5 + ₩5 = ₩22

^{*2} ₩2 × 0.5 = ₩1

^{*3} ₩12 + ₩5 + ₩5 + ₩2 = ₩24

2. 외부구입 후 판매

증분수익	특별주문매출	1,000단위 × ₩30 =	₩30,000
증분비용	자가생산	500단위 × (₩22 + ₩1) =	11,500
	외부구입	500단위 × (₩25 + ₩1) =	13,000
증분이익			₩5,500

그러므로, 외부로부터 구입하는 것이 유리하며 이때 증분이익은 ₩5,500이다.

07 ① 1. 사업부 A 제품별 기계소요시간당 공헌이익

	제품 X	제품 Y
단위당 판매가격	₩40	₩7
단위당 변동원가	15	4
단위당 공헌이익	₩25	₩3
단위당 기계소요시간	÷ 1h	÷ 0.2h
기계소요시간당 공헌이익	₩25	₩15
우선순위	1순위	2순위

2. 사업부 A 최적 제품배합

		필요시간	잔여시간
제품 X	20,000단위 × 1.0시간 =	20,000	5,000
제품 Y	25,000단위 × 0.2시간 =	5,000	-

3. 제품 X 추가 생산을 위한 기회비용

특별주문에 필요한 시간은 3,000시간이므로, 제품 Y 15,000단위(= 3,000시간 ÷ 0.2시간)를 감소시켜야 한다.

4. 회사 전체 이익 증감

증분수익	부품 S 구입원가 절감	3,000단위 × ₩40 =	₩120,000
증분비용	제품 X 변동원가	3,000단위 × ₩15 =	₩45,000
	제품 Y 판매 감소	15,000단위 × ₩3 =	₩45,000
증분이익			₩30,000

08 ⑤

증분수익	매출	3,000단위 × ₩P
증분비용	제품 X 변동원가	3,000단위 × ₩15 = ₩45,000
	제품 Y 판매 감소	15,000단위 × ₩3 = ₩45,000
증분이익		₩3,000P - ₩90,000 ≥ 0

그러므로, 단위당 최소판매가격(P)은 ₩30이다.

09 ⑤ 1. 손익구조

단위당 판매가격	₩50
단위당 변동원가	20
단위당 공헌이익	₩30

2. 영업이익의 감소

공헌이익 감소 + 변동원가

= 100단위 × ₩30 + 100단위 × ₩20 = ₩5,000

[별해]

불량품수량 × 단위당 판매가격

= 100단위 × ₩50 = ₩5,000

10 ② 1. 기대판매량

(1) 광고 전: $\dfrac{1,200단위 + 1,800단위}{2}$ = 1,500단위

(2) 광고 후: $\dfrac{1,500단위 + 2,000단위}{2}$ = 1,750단위

2. 손익구조

	광고 전	광고 후
단위당 판매가격	₩50	₩50
단위당 변동원가	25	25
단위당 공헌이익	₩25	₩25
고정원가	₩30,000	₩35,000(= ₩30,000 + ₩5,000)
예상판매량	1,500단위	1,750단위

3. 영업이익 비교

(1) 광고 전 영업이익

1,500단위 × ₩25 - ₩30,000 = ₩7,500

(2) 광고 후 영업이익

1,750단위 × ₩25 - ₩35,000 = ₩8,750

그러므로, 영업이익은 ₩1,250 증가한다.

정답

01 ⑤ 02 ② 03 ③ 04 ② 05 ④ 06 ① 07 ③ 08 ⑤ 09 ② 10 ⑤
11 ③ 12 ② 13 ① 14 ② 15 ③

해설

01 ⑤

원재료			
기초	₩27,000	사용	₩101,000
매입	83,000	기말	9,000
	₩110,000		₩110,000

재공품			
기초	₩30,000	완성	₩x
DM	101,000		
DL	205,000 [*1]		
OH	205,000 [*2]	기말	15,000
	₩541,000		₩541,000

[*1] 직접노무원가(DL)
  ₩306,000 - ₩101,000 = ₩205,000

[*2] 제조간접원가(OH)
  (₩205,000 + OH) × 0.5 = OH

당기제품제조원가(x): ₩30,000 + ₩101,000 + ₩205,000 + ₩205,000 - ₩15,000 = ₩526,000

제품			
기초	₩35,000	판매	₩y
입고	526,000	기말	28,000
	₩561,000		₩561,000

매출원가(y): ₩35,000 + ₩526,000 - ₩28,000 = ₩533,000

02 ②

1. 공장관리비: ₩250,000 - ₩150,000 - ₩25,000 = ₩75,000
2. 수도광열비: ₩300,000 + ₩100,000 - ₩25,000 = ₩375,000
3. 복리후생비: ₩150,000 + ₩100,000 + ₩35,000 = ₩285,000
4. 당기 제조간접원가 발생액: ₩735,000(= ₩75,000 + ₩375,000 + ₩285,000)

[참고]

"발생주의 ⇒ $\dfrac{(+) \text{ 자산 감소, 부채 증가}}{(-) \text{ 자산 증가, 부채 감소}}$ ⇒ 현금주의"

03 ③

	선입선출법	평균법	차이
직접재료원가	47,000	87,000	40,000(기초수량)
전환원가	25,000	35,000	10,000(기초수량 × 기초진행률)

따라서, 기초재공품의 완성도는 25%(= 10,000단위 ÷ 40,000단위 × 100)이다.

04 ②

1. 활동별 배부율

	고객주문처리	고객관계관리
급여	₩800,000[*1]	₩1,200,000[*3]
기타	200,000[*2]	800,000[*4]
소계	₩1,000,000	₩2,000,000
활동량	÷ 2,000회	÷ 100명
배부율	₩500	₩20,000

[*1] ₩2,000,000 × 40% = ₩800,000

[*2] ₩1,000,000 × 20% = ₩200,000

[*3] ₩2,000,000 × 60% = ₩1,200,000

[*4] ₩1,000,000 × 80% = ₩800,000

2. 영업이익

		홍길동
매출액	₩25,000 × 30회 =	₩750,000
매출원가	₩750,000 × 60% =	450,000
매출총이익		₩300,000
고객주문처리	₩500 × 30회 =	15,000
고객관계관리	₩20,000 × 1명 =	20,000
영업이익		₩265,000

05 ④

1. A: 3,000단위 × (₩23 - ₩20) - ₩10,000 = ₩(1,000)
2. B: 2,000단위 × (₩40 - ₩30) - ₩15,000 = ₩5,000
3. C: 2,000단위 × (₩50 - ₩40) - ₩15,000 = ₩5,000

그러므로, 추가가공이 유리한 제품은 B와 C이다.

06 ①

1. 손익구조

단위당 판매가격	₩375 [*2]
단위당 변동원가	225 (0.6)
단위당 공헌이익	₩150 [*1] (0.4)
총고정원가	₩630,000

[*1] ₩225 × 0.4 ÷ 0.6 = ₩150

[*2] ₩150 + ₩225 = ₩375

2. 목표판매량(Q)

₩150 × Q - ₩630,000 = ₩120,000

⇒ Q = 5,000단위

3. 확률

$$\frac{5,000단위 - 6,000단위}{2,000단위 - 6,000단위} \times 100 = 25\%$$

07 ③   1. 손익구조

단위당 판매가격	₩1,300
단위당 변동원가	1,080 [*1]
단위당 공헌이익	₩220
총고정원가	₩55,000 [*2]

[*1] 단위당 변동원가

    (₩250,000 + 80,000 + ₩160,000) ÷ 500단위 + ₩40,000 ÷ 400단위 = ₩1,080

[*2] 총고정원가

    ₩40,000 + ₩15,000 = ₩55,000

2. 변동원가계산에 의한 영업이익

(₩1,300 - ₩1,080) × 400단위 - ₩55,000 = ₩33,000

08 ⑤   1. 손익구조

단위당 판매가격	₩150
단위당 변동원가	50 (= ₩10 + ₩15 + ₩25)
단위당 공헌이익	₩100
총고정원가	₩40,000 (= ₩20[*] × 2,000단위), ₩10,000은 손금불산입

[*] ₩14 + ₩6 = ₩20

2. 세후목표이익분석

(₩100 × Q - ₩30,000) × (1 - 0.2) - ₩10,000 = ₩16,000

∴ 제품 판매수량(Q) = 625단위

09 ②   1. 손익구조

	제품 A	제품 B
단위당 판매가격	₩200	₩150
단위당 변동원가	120	75
단위당 공헌이익	₩80 [*1]	₩75 [*2]
매출수량배합	1	2

[*1] ₩200 × 40% = ₩80

[*2] ₩150 × 50% = ₩75

2. 목표이익분석

(1) 꾸러미당 공헌이익

    ₩80 × 1 + ₩75 × 2 = ₩230

(2) 목표이익 꾸러미수(Q)

    ₩230 × Q - ₩34,500 = ₩23,000

    ⇒ Q = 250단위

(3) 목표이익 판매량

    • A: 250단위 × 1 = 250단위

    • B: 250단위 × 2 = 500단위

(4) 목표이익 매출액

    • A: 250단위 × ₩200 = ₩50,000

    • B: 500단위 × ₩150 = ₩75,000

(5) 총매출액

    ₩50,000 + ₩75,000 = ₩125,000

10 ⑤ 1. 실제 사용량(AQ)

AQ × AP	AQ × SP	SQ × SP
	AQ × ₩10 = ₩56,000	2,000단위 × 3kg × ₩10 = ₩60,000

₩4,000 F

(2,000단위 × 3kg − AQ) × ₩10 = ₩4,000
⇒ AQ = 5,600kg

2. 실제 구입량(AQ′)

AQ′ × AP	AQ′ × SP
AQ′ × ₩12	AQ′ × ₩10

₩12,600 U

AQ′ × (₩12 − ₩10) = ₩12,600
⇒ AQ′ = 6,300kg

3. 기말 직접재료 재고량

원재료

기초	−	사용	5,600
매입	6,300	기말	700
	6,300		6,300

11 ③

실제	예산	SQ × SP
	x × ₩10*	700단위 × 2시간 × ₩10*
₩12,000	= ₩10,000	= ₩14,000

₩2,000 U   ₩4,000 F

* SP: ₩14,000 ÷ 700단위 ÷ 2시간 = ₩10
x × ₩10 = ₩10,000이므로 기준조업도 기계작업시간(x)은 1,000시간이다.

12 ② 1. 변동원가
(1) 단위당 변동원가
    ₩240,000 ÷ 4,000개 = ₩60
(2) 묶음당 변동원가
    ₩80,000 ÷ (4,000개/50개) = ₩1,000

2. 특별주문수락 의사결정

증분수익	매출액	1,500개 × ₩130 =	₩195,000
증분비용	변동원가	1,500개 × ₩60 + 15묶음[1] × ₩1,000 =	105,000
	500개 포기		60,000[2]
증분이익			₩30,000

[1] 특별주문 묶음수
   1,500개 ÷ 100개 = 15묶음
[2] 500개 포기 기회비용
   500개 × ₩200 − 500개 × ₩60 − (500개/50개) × ₩1,000 = ₩60,000

13 ① 1. 예방원가

₩90(납품업체 평가) + ₩20(설계엔지니어링) + ₩30(예방적 설비유지) + ₩60(품질교육훈련) = ₩200

2. 평가원가

₩40(원재료검사) + ₩50(재공품검사) = ₩90

그러므로, 예방원가가 평가원가보다 ₩110만큼 더 크다.

14 ② 1. 최적 대안 선택

	정상(0.6)	비정상(0.4)	기대비용
조사(O)	₩20,000	₩20,000 + ₩30,000	₩32,000(*)
조사(×)	-	₩90,000	₩36,000

2. 완전정보하의 기대비용

₩0 × 0.6 + ₩50,000 × 0.4 = ₩20,000

3. 완전정보 기대가치

₩32,000 - ₩20,000 = ₩12,000

15 ③ 1. 대체하지 않는 경우 최적 판매량

(1) 3,000단위: 3,000단위 × (₩200 - ₩100) = ₩300,000

(2) 4,000단위: 4,000단위 × (₩180 - ₩100) = ₩320,000

그러므로, 대체하지 않는 경우 최적 판매량은 4,000단위이다.

2. 대체 시 기회비용

대체 시 외부판매가능량은 3,000단위이므로 기회비용은 4,000단위와 3,000단위 이익차이인 ₩20,000[*]이다.

* (₩200 - ₩180) × (4,000단위 - 3,000단위) = ₩20,000

3. A사업부의 단위당 최소대체가격

$₩100 + \dfrac{₩20,000}{2,000단위} = ₩110$

cpa.Hackers.com

회계사 · 세무사 · 경영지도사 단번에 합격!
해커스 경영아카데미 cpa.Hackers.com

2018년

원가관리회계
기출문제 & 해답

제53회   공인회계사 1차 회계학

제55회   세무사 1차 회계학개론

정답 및 해설

01 (주)대한은 20×1년 1월 1일에 처음으로 생산을 시작하였고, 20×1년과 20×2년의 영업활동 결과는 다음과 같다.

구분	20×1년	20×2년
생산량	1,000단위	1,400단위
판매량	800단위	1,500단위
고정제조간접원가	?	?
전부원가계산에 의한 영업이익	₩8,000	₩8,500
변동원가계산에 의한 영업이익	₩4,000	₩10,000

(주)대한은 재공품재고를 보유하지 않으며, 재고자산 평가방법은 선입선출법이다. 20×1년과 20×2년에 발생한 고정제조간접원가는 각각 얼마인가? (단, 두 기간의 단위당 판매가격, 단위당 변동제조원가와 판매관리비는 동일하였다)

	20×1년	20×2년
①	₩20,000	₩35,000
②	₩20,000	₩37,500
③	₩20,000	₩38,000
④	₩27,600	₩35,000
⑤	₩27,600	₩42,000

📝 **Key Point**

전부원가계산과 변동원가계산의 이익차이를 이용하여 고정제조간접원가를 추정할 수 있다.

02 (주)대한은 20×1년 1월 1일에 처음으로 생산을 시작하며, 종합원가계산을 적용한다. 직접재료는 공정 초에 전량 투입되고, 전환원가는 공정 전반에 걸쳐 균등하게 발생한다. 20×1년의 생산활동 및 완성품환산량 단위당 원가는 다음과 같이 예상된다.

구분	물량 단위	완성품환산량/원가	
		재료원가	전환원가
완성품	900개	900개	900개
비정상공손품	100	100	100
기말재공품	300	300	100
합계	1,300개	1,300개	1,100개
당기투입원가		₩104,000	₩115,500
완성품환산량 단위당 원가		₩80	₩105

20×1년도 완성품은 단위당 ₩250에 전량 판매된다. 비정상공손품은 모두 폐기되고, 비정상공손원가는 당기비용으로 처리된다. 품질관리팀에서는 공정의 50% 시점에서 검사를 실시하여 공손품 발생요인을 통제하면, 비정상공손품 100단위는 모두 품질기준을 충족하는 완성품이 되어 단위당 ₩250에 판매할 수 있다고 한다. 품질검사를 현재의 시점에서 공정의 50% 시점으로 옮긴다면, (주)대한의 당기순이익은 얼마나 증가하는가? (단, 검사원가는 검사시점에 관계없이 동일하고, 공손품 발생요인을 통제하기 위해 추가되는 원가는 없으며 검사시점 변경으로 인한 전환원가는 고려하지 않는다)

① ₩6,500   ② ₩12,500   ③ ₩23,000
④ ₩24,500   ⑤ ₩25,000

📑 **Key Point**

공손이 정상이 되면 정상품으로서의 판매가치만큼 이익이 증가한다. 또한, 공손의 완성도(검사시점)가 작아져 일부 전환원가가 감소할 수 있으나 본문에서 "검사시점 변경으로 인한 전환원가는 고려하지 않는다."고 제시되어 있어 고려할 필요가 없다.

03 (주)대한은 20×2년 초에 작업공정을 개선하였다. 두 회계기간 동안 생산량, 직접재료원가와 직접노무원가는 다음과 같다.

구분	20×1년	20×2년
생산량	100단위	150단위
직접재료원가	1,000kg × ₩15 = ₩15,000	1,200kg × ₩20 = ₩24,000
직접노무원가	2,000시간 × ₩5 = ₩10,000	2,500시간 × ₩8 = ₩20,000

20×1년을 기준으로, 20×2년에 생산성변동으로 인한 직접재료원가 및 직접노무원가 변화는 총 얼마만큼 유리(또는 불리)한가? (단, 가격변동효과를 제거하기 위해 생산성변동효과는 20×2년도 가격으로 평가한다)

① ₩3,000 유리
② ₩4,800 불리
③ ₩5,000 불리
④ ₩8,200 유리
⑤ ₩10,000 유리

📝 **Key Point**

생산성요인(productivity component)은 생산성의 변화에 대한 영업이익의 변화를 의미한다. 즉, 분석연도의 투입량과 생산성중립수량과의 차이를 분석연도의 가격을 사용하여 계산한다. 생산성중립수량(PNQ)은 "기준연도 투입량 × $\dfrac{\text{분석연도의 생산량}}{\text{기준연도의 생산량}}$"이다.

04 (주)대한은 A형-학습모형(누적평균시간모형)이 적용되는 '제품 X'를 개발하고, 최초 4단위를 생산하여 국내 거래처에 모두 판매하였다. 이후 외국의 신규 거래처로부터 제품 X의 성능이 대폭 개선된 '제품 X-plus'를 4단위 공급해달라는 주문을 받았다. 제품 X-plus를 생산하기 위해서는 설계를 변경하고 새로운 작업자를 고용해야 한다. 또한 제품 X-plus의 생산에는 B형-학습모형(증분단위시간모형)이 적용되는 것으로 분석되었다.

누적 생산량	A형-학습모형이 적용될 경우 누적평균 노무시간	B형-학습모형이 적용될 경우 증분단위 노무시간
1	120.00	120.00
2	102.00	108.00
3	92.75	101.52
4	86.70	97.20
5	82.28	93.96
6	78.83	91.39
7	76.03	89.27
8	73.69	87.48

(주)대한이 제품 X-plus 4단위를 생산한다면, 제품 X 4단위를 추가로 생산하는 경우와 비교하여 총노무시간은 얼마나 증가(또는 감소)하는가?

① 102.00시간 감소　　② 146.08시간 증가　　③ 184.00시간 증가
④ 248.60시간 증가　　⑤ 388.80시간 감소

> **Key Point**
> 기존제품을 추가 생산하는 경우 기존 누적평균 노무시간을 계속 적용하지만 새로운 제품의 경우 증분단위시간모형을 처음부터 적용해야 한다.

05 (주)대한은 제품 A와 제품 B 중 어느 것을 생산·판매할 것인지 결정하기 위해 외부경제연구소로부터 시장 상황에 대한 예측정보를 얻으려고 한다.

> (1) (주)대한은 미래의 시장 상황을 호황과 불황으로 나누고, 외부경제연구소의 예측정보를 얻기 전에 각 상황에 대한 확률과 영업이익을 다음과 같이 예상하였다.
>
> | 대안 | 시장 상황 | |
> |---|---|---|
> | | 호황(확률: 60%) | 불황(확률: 40%) |
> | 제품 A | ₩1,200 | ₩900 |
> | 제품 B | ₩850 | ₩1,100 |
>
> (2) 외부경제연구소는 시장 상황에 대해 호황이라고 예측하는 정보(R1) 또는 불황이라고 예측하는 정보(R2)를 제공한다.
>
> (3) (주)대한은 시장 상황에 대해 사전에 예상한 확률과 외부경제연구소의 예측정확도를 고려하여 각 정보(R1과 R2)가 제공될 확률을 계산하였다. 각각의 정보가 제공될 확률, 정보가 주어졌을 때의 최적 대안 및 최적 대안의 기대영업이익은 다음과 같다.
>
> | 구분 | R1 | R2 |
> |---|---|---|
> | 정보가 제공될 확률 | 56% | 44% |
> | 최적 대안 | 제품 A | 제품 B |
> | 최적 대안의 기대영업이익 | ₩1,157 | ₩1,032 |

(주)대한이 외부경제연구소의 예측정보에 대해 지불할 수 있는 최대금액은 얼마인가?

① ₩10   ② ₩12   ③ ₩22
④ ₩55   ⑤ ₩80

📝 Key Point

정보에 대해 지불할 수 있는 최대금액은 정보의 가치이며 불완전정보의 가치는 불완전정보하의 기대이익에서 기존정보하의 기대이익을 차감하여 계산한다. 불완전정보하의 기대이익은 정보별 확률에 정보별 기대이익을 곱하여 계산한다.

06 (주)대한은 20×1년도 고정예산과 실제결과를 비교하기 위해 다음과 같은 손익계산서를 작성하였다.

구분	고정예산	실제결과
판매량	10,000단위	12,000단위
매출액	₩500,000	₩624,000
변동원가		
제조원가	₩250,000	₩360,000
판매관리비	50,000	84,000
공헌이익	₩200,000	₩180,000
고정원가		
제조원가	₩15,000	₩19,000
판매관리비	25,000	25,000
영업이익	₩160,000	₩136,000

(주)대한의 경영자는 20×1년도 실제 판매량이 고정예산 판매량보다 20% 증가하였으나, 영업이익은 오히려 15% 감소한 원인을 파악하고자 한다. 다음 설명 중 옳지 않은 것은? (단, (주)대한은 20×1년도에 12,000단위를 생산·판매할 수 있는 용량(capacity)을 확보하고 있다)

① 매출조업도차이(sales-volume variance)는 ₩40,000만큼 유리하다.
② 변동예산차이(flexible-budget variance)는 ₩84,000만큼 불리하다.
③ 매출가격차이(selling-price variance)는 ₩24,000만큼 유리하다.
④ 고정원가 소비차이(fixed overhead spending variance)는 ₩4,000만큼 불리하다.
⑤ 고정예산차이(static-budget variance)는 ₩24,000만큼 불리하다.

📝 **Key Point**

매출차이분석은 실제매출과 고정예산상 매출을 비교하며 원가차이분석은 실제원가와 변동예산상 원가를 비교한다. 매출차이분석에서 표준변동원가(SV)에는 변동판매관리비를 포함한다.

07 (주)대한은 연속된 공정 A와 B를 거쳐서 완제품을 생산한다. (주)대한은 매년 500단위의 제품을 생산하여 기존시장에서 단위당 ₩3,000에 전부 판매한다. 당기에 (주)대한은 새로운 거래처인 (주)민국으로부터 완제품 150단위를 단위당 ₩2,500에 공급해달라는 주문을 받았다. 이 주문은 완제품 150단위를 모두 수락하거나 거절해야 한다. 공정별 연간 생산능력, 연간 생산량 및 단위당 변동원가는 다음과 같다.

구분	공정 A	공정 B
연간 생산능력	550단위	600단위
연간 생산량	500단위	500단위
단위당 변동원가	₩700	₩1,000

(주)대한은 외부 공급업체로부터 공정 A에서 생산된 것과 동일한 부품을 단위당 ₩1,500에 필요한 만큼 공급받을 수 있다. (주)대한이 (주)민국의 주문을 수락하면 (주)대한의 당기순이익은 얼마나 증가(또는 감소)하는가? (단, (주)대한은 상기 주문과 관련된 기회원가를 최소화하고자 한다)

① ₩5,000 증가 ② ₩8,000 감소 ③ ₩10,000 감소
④ ₩15,000 증가 ⑤ ₩80,000 증가

📝 **Key Point**

공정 A와 공정 B 모두 제약공정이지만 공정 A의 부품은 외부로부터 구입할 수 있어 공정 B만 제약공정이다. 공정 B의 여유능력은 100단위이므로 150단위를 추가로 생산하기 위해서 기존 50단위 판매를 포기해야 한다. 또한, 공정 A의 부품을 외부로부터 구입하는 경우 구입원가를 별도로 고려해야 한다.

08 (주)대한은 20×1년도 예산을 다음과 같이 편성하였다.

구분	제품 A	제품 B	회사 전체
매출액	₩125,000	₩375,000	₩500,000
변동원가	75,000	150,000	225,000
공헌이익			₩275,000
고정원가			220,000
세전이익			₩55,000
법인세비용			11,000
세후이익			₩44,000

경영자는 예산을 검토하는 과정에서 20×1년에 제품 C의 판매를 추가하기로 하였다. 20×1년도 제품 C의 예상매출액은 ₩125,000이고 변동원가율은 30%이다. (주)대한의 고정원가는 회사 전체 매출액 구간별로 다음과 같은 행태를 갖는다.

회사 전체 매출액	고정원가
₩0 ~ ₩500,000	₩220,000
₩500,001 ~ ₩1,000,000	₩300,000

상기 예산손익계산서에 제품 C를 추가함으로써 나타나는 변화에 대한 설명으로 옳은 것은? (단, (주)대한에 적용되는 법인세율은 20%이다)

① 회사 전체 평균공헌이익률은 55%에서 60%로 높아진다.
② 제품 C의 매출액이 회사 전체 매출액에서 차지하는 비중은 25%이다.
③ 손익분기점에 도달하기 위한 회사 전체 매출액은 ₩100,000만큼 증가한다.
④ 회사 전체의 영업레버리지도(degree of operating leverage)는 5에서 5.8로 높아진다.
⑤ 회사 전체 세후이익은 ₩8,000만큼 증가한다.

📝 **Key Point**

제품 C를 추가하면 회사 전체 매출액과 공헌이익률 등이 달라지며 고정원가도 상승한다.

09 (주)대한은 20×1년 1월 1일에 처음으로 생산을 시작하였으며, 실제원가에 의한 개별원가계산을 적용하고 있다. 제조간접원가는 기계시간을 기준으로 이중배분율(dual rate)에 의해 제품에 배부된다. 회사의 정상조업도 수준의 기계시간은 20시간이다. 20×1년의 생산 및 원가자료는 다음과 같다.

> (1) 당기에 작업 #101과 #102를 착수하여 #102는 완성하였고, #101은 기말 현재 생산 중이다. 작업 #102는 당기 중 ₩1,000에 판매되었다.
> (2) 원재료 구입액은 ₩700이고, 원재료 기말재고액은 ₩100이다.
> (3) 노무원가는 ₩1,000이고, 제조경비는 ₩750이다. 제조경비는 전액 제조간접원가이다.
> (4) 작업별 실제원가 및 실제기계시간은 다음과 같다.
>
> | 구분 | #101 | #102 | 합계 |
> |---|---|---|---|
> | 직접재료원가 | ₩350 | ₩150 | ₩500 |
> | 직접노무원가 | ₩520 | ₩330 | ₩850 |
> | 실제기계시간 | 10시간 | 5시간 | 15시간 |
>
> (5) 제조간접원가의 30%는 변동원가이고, 나머지는 고정원가이다.
> (6) 회사는 배부되지 않은 제조간접원가를 전액 당기비용으로 처리한다.

(주)대한의 20×1년 당기순이익은 얼마인가?

① ₩70   ② ₩120   ③ ₩175

④ ₩210   ⑤ ₩245

📝 **Key Point**

이중배분율이므로 변동제조간접원가는 실제조업도, 고정제조간접원가는 정상조업도를 기준으로 배부율을 각각 설정한 후 실제조업도에 배부한다. 재료원가와 노무원가는 간접재료원가와 간접노무원가 여부를 확인해야 한다.

10 (주)대한은 변동제조간접원가를 통제할 목적으로 활동별 표준원가를 이용하고 있다. 20×1년 표준원가는 다음과 같다.

활동	원가동인	원가동인당 표준가격	제품 단위당 원가동인 소요량	제품 단위당 표준원가
재료처리	재료길이	1m당 ₩10	5m	₩50
품질검사	검사횟수	1회당 ₩200	2회	₩400

20×1년 제품의 실제생산량은 1,000단위이고, 실제로 발생한 활동소비량과 활동원가는 다음과 같다.

활동	실제 활동소비량	실제 활동원가
재료처리	6,000m	₩50,000
품질검사	2,200회	₩450,000

재료처리와 품질검사 활동에서 발생한 총가격차이와 총수량차이(또는 총능률차이)는 각각 얼마인가?

	총가격차이	총수량차이(또는 총능률차이)
①	₩0	₩30,000 불리
②	₩0	₩50,000 불리
③	₩10,000 불리	₩30,000 유리
④	₩20,000 유리	₩40,000 유리
⑤	₩20,000 불리	₩50,000 불리

📋 Key Point
표준수량(SQ)의 조업도가 제품 단위이므로 표준원가는 한 단위당 표준원가이며 실제산출량은 1,000단위이다.

정답 및 해설 ▶ p.203

01 (주)세무는 20×1년 초에 영업을 개시하였다. 20×1년에는 4,000단위를 생산하였고, 20×2년에는 전부원가계산에 의한 영업이익이 변동원가계산에 의한 영업이익보다 ₩25,000 많았다. 20×2년의 생산 및 원가자료는 다음과 같다.

항목		수량/금액
기초제품수량		( )단위
생산량		4,000단위
기말제품수량		1,200단위
제품 단위당	판매가격	₩250
	직접재료원가	80
	직접노무원가	40
	변동제조간접원가	30
	변동판매관리비	10
고정제조간접원가(총액)		₩200,000
고정판매관리비(총액)		100,000

(주)세무의 20×2년도 기초제품수량은? (단, 20×1년과 20×2년의 제품 단위당 판매가격과 원가구조는 동일하고, 기초 및 기말재공품은 없다)

① 500단위
② 650단위
③ 700단위
④ 950단위
⑤ 1,700단위

📝 **Key Point**

재공품재고는 없고 전부원가계산과 변동원가계산의 이익차이가 제시되어 있으므로 고정제조간접원가를 이용하여 기초제품수량을 추정할 수 있다.

02 (주)세무는 정상원가계산을 적용하고 있으며, 제조간접원가는 기본원가(prime costs)의 50%를 예정배부한다. (주)세무는 제조간접원가 배부차이를 원가요소기준 비례배부법으로 조정한다. 9월의 기본원가, 매출액과 배부차이 조정 후 기말재고자산은 다음과 같다.

기본원가	₩750,000	매출액	₩1,000,000
기말재공품	120,000	기말제품	180,000

9월의 배부차이 조정 후 매출원가율이 80%일 때, 배부차이는? (단, 기초재고자산은 없다)

① ₩10,000 과대배부 ② ₩15,000 과소배부 ③ ₩15,000 과대배부
④ ₩25,000 과소배부 ⑤ ₩25,000 과대배부

📑 Key Point
배부차이 조정 후 금액이 제시되어 있으므로 제품계정과 재공품계정을 이용하여 실제 제조간접원가를 역산한 후, 예정배부액과 비교하여 배부차이를 계산할 수 있다.

03 (주)세무는 원가행태를 추정하기 위해 고저점법을 적용한다. (주)세무의 경영자는 추정된 원가함수를 토대로 7월의 목표이익을 ₩167,500으로 설정하였다. 목표이익을 달성하기 위한 추정 목표매출액은? (단, 당월 생산된 제품은 당월에 전량 판매되고, 추정 목표매출액은 관련 범위 내에 있다)

월	총원가	총매출액
3월	₩887,000	₩980,000
4월	791,000	855,000
5월	985,500	1,100,000
6월	980,000	1,125,000

① ₩1,160,000 ② ₩1,165,000 ③ ₩1,170,000
④ ₩1,180,000 ⑤ ₩1,200,000

📑 Key Point
총원가를 추정하기 위한 조업도는 매출액이며 고점은 6월이고 저점은 4월이다. 고저점법을 이용하여 총고정원가와 매출액대비 변동원가율을 계산할 수 있다.

04 (주)세무는 가중평균법에 의한 종합원가계산제도를 채택하고 있다. 직접재료는 공정 초기에 전량 투입되고, 전환원가(conversion costs)는 공정 전반에 걸쳐 균등하게 발생한다. 20×1년 직접재료원가에 대한 총완성품환산량은 20,000단위, 전환원가에 대한 총완성품환산량은 18,000단위, 완성품수량은 15,000단위이다. 20×1년 기말재공품의 전환원가 완성도는?

① 50%　　　　　　　　② 60%　　　　　　　　③ 75%

④ 80%　　　　　　　　⑤ 90%

> 📑 **Key Point**
>
> 가중평균법을 적용한 직접재료원가에 대한 완성품환산량은 20,000단위이고 완성품수량이 15,000단위이므로 기말재공품수량은 5,000단위이다. 전환원가의 완성품환산량을 이용하여 완성도를 추정할 수 있다.

05 (주)세무는 20×1년 초에 영업을 개시하였다. (주)세무는 전부원가계산을 적용하고 있으며, 재고자산의 원가흐름가정은 선입선출법이다. 20×1년과 20×2년의 생산 및 원가자료는 다음과 같다.

항목	20×1년	20×2년
제품 생산량	1,500단위	1,750단위
제품 판매량	1,200단위	(　　)단위
기말제품수량	(　　)단위	150단위
제품 단위당 변동제조원가	₩38	₩40
고정제조간접원가	₩48,000	₩70,000

(주)세무의 20×2년도 매출원가는? (단, 기초 및 기말재공품은 없다)

① ₩147,000　　　　　② ₩148,000　　　　　③ ₩148,600

④ ₩149,000　　　　　⑤ ₩149,400

> 📑 **Key Point**
>
> 물량흐름을 이용하여 20×2년 판매량을 추정한 후 선입선출법이므로 전기이월분과 당기 생산분을 구분한다. 전기와 당기의 단위당 고정제조간접원가는 고정제조간접원가를 연도별 생산량으로 나누어 계산할 수 있다.

06 (주)세무는 보조부문 A, B와 제조부문 P, Q를 운영하고 있으며, 각 부문의 용역수수관계와 각 보조부문에서 발생한 원가는 다음과 같다.

사용부문 제공부문	보조부문		제조부문		용역생산량
	A	B	P	Q	
A	10%	40%	20%	30%	1,000단위
B	20%	10%	40%	30%	2,000단위

- 보조부문 A의 원가: ₩50,000 + ₩70 × 1,000단위
- 보조부문 B의 원가: ₩30,000 + ₩150 × 2,000단위

(주)세무는 현재 운영하고 있는 보조부문을 폐쇄하는 방안을 고려하던 중, (주)한국으로부터 보조부문 A가 생산하던 용역을 단위당 ₩150에, (주)대한으로부터는 보조부문 B가 생산하던 용역을 단위당 ₩200에 공급하겠다는 제의를 받았다. (주)세무가 보조부문의 용역을 외부에서 구입하더라도 각 보조부문에서 발생하는 고정원가를 회피할 수 없다. 다음 설명 중 옳은 것은?

① (주)세무는 보조부문 A와 B를 계속해서 유지하는 것이 유리하다.
② (주)세무가 보조부문 A를 폐쇄하고 (주)한국의 제의를 수락할 경우, 영업이익이 ₩7,000 증가한다.
③ (주)세무가 보조부문 B를 폐쇄하고 (주)대한의 제의를 수락할 경우, 영업이익이 ₩20,000 감소한다.
④ (주)세무가 보조부문 A의 용역을 외부로부터 구입할 경우, 지불할 수 있는 최대가격은 단위당 ₩120이다.
⑤ (주)세무가 보조부문 B의 용역을 외부로부터 구입할 경우, 지불할 수 있는 최대가격은 단위당 ₩170이다.

📋 Key Point
상호용역수수관계가 있는 보조부문 폐쇄의 경우 외부구입용역량의 일부를 줄일 수 있고 잔존하는 보조부문의 변동원가 일부를 회피할 수 있다.

07 (주)세무는 주산품 A, B와 부산품 S를 생산한다. 당기 중 발생한 결합원가는 ₩9,500이다. 결합원가는 분리점에서 순실현가능가치(NRV)를 기준으로 각 제품에 배부하며, 당기의 생산 및 원가자료는 다음과 같다.

제품	분리점 이후 추가가공원가(총액)	추가가공 후 단위당 판매가격	생산량	판매량
A	₩2,000	₩40	200단위	180단위
B	1,000	20	250	200
S	500	15	100	90

주산품 B의 매출총이익은? (단, 기초재고자산은 없으며, 부산품 S는 생산시점에서 순실현가능가치로 인식한다)

① ₩480   ② ₩560   ③ ₩580

④ ₩750   ⑤ ₩810

📝 **Key Point**
부산물의 순실현가치만큼을 차감한 결합원가를 주산품의 순실현가치를 기준으로 연산품에 배분한다.

08 (주)세무는 20×1년 초에 영업을 개시하였다. 20×2년도 기초제품수량은 100단위, 생산량은 2,000단위, 판매량은 1,800단위이다. 20×2년의 제품 판매가격 및 원가자료는 다음과 같다.

항목		금액
제품 단위당	판매가격	₩250
	직접재료원가	30
	직접노무원가	50
	변동제조간접원가	60
	변동판매관리비	15
고정제조간접원가(총액)		₩50,000
고정판매관리비(총액)		10,000

20×2년도 변동원가계산에 의한 영업이익과 초변동원가계산(throughput costing)에 의한 영업이익의 차이금액은? (단, 20×1년과 20×2년의 제품 단위당 판매가격과 원가구조는 동일하고, 기초 및 기말재공품은 없다)

① ₩10,000   ② ₩11,000   ③ ₩20,000
④ ₩22,000   ⑤ ₩33,000

📝 **Key Point**

변동원가계산과 초변동원가계산의 이익차이는 재고에 포함되어 있는 변동가공원가차이이다. 재공품재고는 없으므로 제품계정을 이용하여 제품재고만 고려하면 된다.

09 (주)세무는 직접재료를 투입하여 두 개의 공정을 거쳐 제품을 생산하고 있다. 제1공정에서는 직접재료 1톤을 투입하여 제품 A 400kg과 중간제품 M 600kg을 생산하며, 제2공정에서는 중간제품 M을 가공하여 제품 B 600kg을 생산한다. 직접재료는 제1공정 초기에 전량 투입되고, 전환원가는 공정 전반에 걸쳐 균등하게 발생하며, 모든 공정에서 공손 및 감손은 발생하지 않는다. 제1공정에서는 변동전환원가가 ₩200/톤, 고정원가는 ₩70,000이 발생하였으며, 제2공정에서는 변동전환원가가 ₩1,200/톤, 고정원가는 ₩58,000이 발생하였다. 직접재료 구입원가는 ₩2,000/톤이며, 제품 A와 B의 판매가격은 각각 ₩3,000/톤, ₩5,000/톤이다. 생산된 모든 제품이 전량 판매된다고 가정할 경우, 각 제품의 손익분기점 판매량은?

	제품 A	제품 B
①	40톤	60톤
②	48톤	72톤
③	50톤	75톤
④	60톤	90톤
⑤	80톤	120톤

📋 **Key Point**

직접재료 투입(t)을 조업도로 하여 변동원가와 고정원가 등 손익구조를 결정해야 한다. 중간제품 M은 직접재료의 60%이므로 제2공정에서 변동전환원가는 중간제품의 생산비율인 60%를 곱하여 계산해야 한다. 또한, 직접재료 투입량을 기준으로 한 매출은 각 제품의 판매가격에 생산비율을 곱하여 계산한다.

10 (주)세무는 두 종류의 제품 A와 B를 생산·판매한다. 두 제품의 월간 예상 판매 및 원가자료는 다음과 같다.

항목		제품 A	제품 B
제품 단위당	판매가격	₩50	₩45
	변동제조원가	32	25
	고정제조간접원가	5	7
	변동판매관리비	8	5
	고정판매관리비	2	2
기계시간당 생산량		4단위	2단위
월간 예상수요량		120단위	80단위

(주)세무의 월간 최대 사용 가능한 기계시간은 50시간이다. (주)세무가 영업이익을 극대화할 수 있는 월 최적 제품배합은? (단, 월간 고정원가 총액은 일정하다)

	제품 A	제품 B
①	40단위	80단위
②	60단위	70단위
③	80단위	60단위
④	100단위	50단위
⑤	120단위	40단위

📑 **Key Point**
단위당 기계시간은 기계시간당 생산량으로 나누어 계산할 수 있다. 기계시간이 제약자원이므로 기계시간당 공헌이익을 계산한 후 우선순위 순으로 제품별 예상수요량만큼 순차적으로 생산한다.

11 (주)세무는 20×1년에 제품 A를 5,000단위 생산하여 전량 국내시장에 판매할 계획이다. 제품 A의 단위당 판매가격은 ₩10,000, 단위당 변동제조원가는 ₩7,000, 단위당 변동판매관리비는 ₩1,000이다. (주)세무는 20×1년 초에 해외 거래처로부터 제품 A 3,000단위를 단위당 ₩8,000에 구입하겠다는 특별주문을 받았다. 해외 거래처의 주문을 수락하기 위해서는 제품 A 1단위당 부품 B(단위당 외부구입가격: ₩500) 1단위를 추가로 투입해야 하고, 20×1년도 국내시장 판매량을 350단위 감소시켜야 한다. 특별주문과 관련된 판매관리비는 주문수량에 관계없이 ₩300,000 발생한다. (주)세무가 특별주문을 수락할 경우, 20×1년도 예산이익의 증가(또는 감소) 금액은? (단, 특별주문은 전량 수락하든지 기각해야 한다)

① ₩300,000 증가   ② ₩420,000 증가   ③ ₩500,000 증가
④ ₩550,000 감소   ⑤ ₩800,000 감소

> **📝 Key Point**
>
> 전량 국내시장에 판매할 계획이지만 자료에서 국내시장 판매 감소량은 350단위로 제시되어 있으므로 기회원가는 350단위에 해당하는 공헌이익이다.

12 (주)세무는 20×1년 초에 설립되어 인공지능을 이용한 스피커를 생산하고 있다. 스피커의 단위당 변동원가는 ₩6,000이며 연간 고정원가 총액은 ₩1,500,000이다. (주)세무는 당기에 국내시장에서 스피커 300단위를 판매하고, 국내시장에서 판매하고 남는 스피커는 해외시장에 판매할 계획이다. 스피커의 국내 판매가격은 단위당 ₩10,000이며, 해외 판매가격은 단위당 ₩9,000이다. 해외시장에 판매하더라도 원가구조에는 변함이 없으며, 국내시장에 미치는 영향은 없다. 법인세율이 20%일 경우 손익분기점 판매량은?

① 350단위   ② 375단위   ③ 400단위
④ 450단위   ⑤ 500단위

> **📝 Key Point**
>
> 300단위를 기준으로 한 판매가격이 비선형인 CVP분석이다. 손익분기점 분석으로 법인세율은 고려할 필요가 없다.

13 (주)세무는 세 개의 제조부문(P1, P2, P3)과 두 개의 보조부문(S1, S2)을 운영하고 있으며, 보조부문 원가를 상호배분법에 의해 제조부문에 배분하고 있다. 각 부문의 용역수수관계는 다음과 같다.

사용부문 제공부문	제조부문			보조부문	
	P1	P2	P3	S1	S2
S1	40%	20%	20%	-	20%
S2	30%	30%	30%	10%	-

두 개의 보조부문(S1, S2)으로부터 제조부문 P1, P2, P3에 배분된 금액이 각각 ₩150,000, ₩120,000, ₩120,000일 경우, 보조부문원가를 배분하기 이전의 각 보조부문 S1과 S2에 집계된 원가는?

	S1	S2
①	₩100,000	₩290,000
②	₩120,000	₩270,000
③	₩150,000	₩300,000
④	₩270,000	₩120,000
⑤	₩300,000	₩150,000

📝 **Key Point**

제조부문에 집계된 보조부문원가와 용역제공비율을 이용하여 보조부문별 배부할 원가를 추정한 후 보조부문 상호용역제공비율을 이용하여 보조부문별 배분 전 원가를 역산한다.

14 (주)세무는 표준원가계산제도를 도입하고 있다. 20×1년의 변동제조간접원가예산은 ₩300,000이고, 고정제조간접원가예산은 ₩800,000이다. (주)세무는 제조간접원가 배부기준으로 직접노무시간을 사용하고 있다. 기준조업도는 직접노무시간 1,000시간이고, 20×1년에 실제로 투입된 직접노무시간은 850시간이다. 20×1년의 고정제조간접원가 조업도차이가 ₩80,000(불리)일 경우 변동제조간접원가 능률차이는?

① ₩15,000 유리   ② ₩45,000 유리   ③ ₩10,000 불리
④ ₩15,000 불리   ⑤ ₩45,000 불리

📝 **Key Point**

제조간접원가예산을 기준조업도로 나누어 변동제조간접원가와 고정제조간접원가 표준배부율을 각각 계산하고, 고정제조간접원가 조업도차이를 이용하여 실제산출량에 허용된 표준수량을 계산한다.

제55회 세무사 1차 회계학개론 **201**

해커스 **세무사 允원가관리회계 1차 기출문제집**

2018년

15 (주)세무는 직접재료를 가공하여 제품을 생산하고 있다. 직접재료는 공정 초기에 전량 투입되며, 전환원가는 공정 전반에 걸쳐 균등하게 발생한다. 직접재료의 20%가 제조과정에서 증발되는데, 이러한 증발은 정상적이며 제조과정에서 평균적으로 발생한다. 완성품 1단위에는 직접재료 0.1kg이 포함되어 있고, 당기에 2,000단위가 완성되었다. 당기에 투입된 직접재료는 190kg, 기말재공품(전환원가 완성도 25%)은 38kg, 기초재공품은 90kg이었다. 기초재공품의 전환원가 완성도는? (단, 공손은 발생하지 않는다)

① 25%　　　　　　　② 30%　　　　　　　③ 40%

④ 50%　　　　　　　⑤ 60%

📝 **Key Point**

감손원가계산은 직접재료에 감손이 발생하므로 모든 물량을 감손 전 직접재료물량으로 환산한 후 원가계산을 진행한다. 감손은 제조과정에서 평균적으로 발생하므로 완성도는 감손 전 물량, 감손 후 물량 및 감손율을 이용하여 계산할 수 있다.

정답 및 해설 ▶ p.208

정답 및 해설

제53회 공인회계사 1차 회계학

정답

01 ① **02** ⑤ **03** ⑤ **04** ③ **05** ③ **06** ② **07** ④ **08** ④ **09** ① **10** ②

해설

01 ①

	20×1년		
기초	–	판매	800
생산	1,000	기말	200
	1,000		1,000

	20×2년		
기초	200	판매	1,500
생산	1,400	기말	100
	1,600		1,600

1. 20×1년 고정제조간접원가

단위당 고정제조간접원가를 @FOH라 한 후 식을 정리하면 다음과 같다.

전부원가이익 = 변동원가이익 + 기말재고 × 단위당 고정제조간접원가 − 기초재고 × 단위당 고정제조간접원가

₩8,000 = ₩4,000 + 200단위 × @FOH

⇒ @FOH = ₩20

따라서 20×1년 고정제조간접원가는 ₩20 × 1,000단위 = ₩20,000이다.

2. 20×2년 고정제조간접원가

단위당 고정제조간접원가를 @FOH라 한 후 식을 정리하면 다음과 같다.

₩8,500 = ₩10,000 + 100단위 × @FOH − 200단위 × ₩20

⇒ @FOH = ₩25

따라서 20×2년 고정제조간접원가는 ₩25 × 1,400단위 = ₩35,000이다.

02 ⑤ 비정상공손품이 정상품으로 판매되므로 100단위 × ₩250 = ₩25,000만큼의 이익이 증가한다.

03 ⑤ 1. 직접재료원가

생산성중립수량: $1,000kg \times \dfrac{150단위}{100단위} = 1,500kg$

기준연도성과	성장요소반영성과	가격요소반영성과	분석연도성과
1,000kg × ₩15	1,500kg × ₩15	1,500kg × ₩20	1,200kg × ₩20
= ₩15,000	= ₩22,500	= ₩30,000	= ₩24,000

$$₩7,500 \ U \qquad ₩7,500 \ U \qquad ₩6,000 \ F$$

2. 직접노무원가

생산성중립수량: $2,000시간 \times \dfrac{150단위}{100단위} = 3,000시간$

기준연도성과	성장요소반영성과	가격요소반영성과	분석연도성과
2,000시간 × ₩5	3,000시간 × ₩5	3,000시간 × ₩8	2,500시간 × ₩8
= ₩10,000	= ₩15,000	= ₩24,000	= ₩20,000

$$₩5,000 \ U \qquad ₩9,000 \ U \qquad ₩4,000 \ F$$

3. 생산성효과
(1) 직접재료원가: (1,200kg - 1,500kg) × ₩20 = ₩6,000 F
(2) 직접노무원가: (2,500시간 - 3,000시간) × ₩8 = ₩4,000 F
따라서 생산성변동으로 인한 직접재료원가 및 직접노무원가 변화는 총 ₩10,000만큼 유리하다.

04 ③ 1. 누적평균시간모형을 계속 적용할 경우 추가 생산 시 총노무시간
73.69시간 × 8단위 - 86.7시간 × 4단위 = 242.72시간

2. 증분단위시간모형을 처음부터 적용할 경우 제품 X-plus 4단위 생산 시 총노무시간
120.00 + 108.00 + 101.52 + 97.20 = 426.72
그러므로, 총노무시간은 184.00시간 증가한다.

05 ③ 1. 불완전정보하의 기대이익
₩1,157 × 0.56 + ₩1,032 × 0.44 = ₩1,102

2. 기존정보하의 기대이익

	호황(60%)	불황(40%)	기대이익
A	₩1,200	₩900	₩1,080(= ₩1,200 × 0.6 + ₩900 × 0.4)
B	850	1,100	950(= ₩850 × 0.6 + ₩1,100 × 0.4)

3. 불완전정보의 가치(예측정보에 대해 지불할 수 있는 최대금액)
₩1,102 - ₩1,080 = ₩22

06 ② ① 매출조업도차이

AQ × (BP − SV)	BQ × (BP − SV)
12,000단위 × (₩50 − ₩30)	10,000단위 × (₩50 − ₩30)
= ₩240,000	= ₩200,000

$$\text{₩40,000 F}$$

② 변동예산차이

실제 판매량인 12,000단위에 근거한 변동예산을 설정해야 하며 고정원가의 경우 고정예산과 변동예산은 동일하다.

	실제결과	변동예산
판매량	12,000단위	12,000단위
매출액	₩624,000(= ₩52 × 12,000단위)	₩600,000(= ₩50 × 12,000단위)
변동원가	(444,000)(= ₩360,000 + ₩84,000)	(360,000)(= ₩30 × 12,000단위)
공헌이익	₩180,000	₩240,000
고정원가	(44,000)(= ₩19,000 + ₩25,000)	(40,000)(= ₩15,000 + ₩25,000)
영업이익	₩136,000	₩200,000

그러므로, 변동예산차이는 ₩64,000 U이다.

③ 매출가격차이

AQ × (AP − SV)	AQ × (BP − SV)
12,000단위 × (₩52 − ₩30)	12,000단위 × (₩50 − ₩30)
= ₩264,000	= ₩240,000

$$\text{₩24,000 F}$$

④ 고정원가 소비차이

고정원가예산과 실제발생금액의 차이를 말한다.

₩44,000 − ₩40,000 = ₩4,000 U

⑤ 고정예산차이

₩160,000 − ₩136,000 = ₩24,000 U

07 ④

증분수익	매출 증가	₩2,500 × 150단위 = ₩375,000	
	기존판매 감소	(₩3,000 − ₩700 − ₩1,000) × 50단위 = (65,000)	₩310,000
증분비용	변동원가 증가(자가생산)	(₩700 + ₩1,000) × 100단위 = 170,000	
	변동원가 증가(외부구입)	(₩1,500 + ₩1,000) × 50단위 = 125,000	295,000
증분이익			₩15,000

08 ④

	제품 A	제품 B	제품 C	회사 전체
매출액	₩125,000	₩375,000	₩125,000	₩625,000
변동원가	75,000	150,000	37,500*	262,500
공헌이익	₩50,000	₩225,000	₩87,500	₩362,500
공헌이익률	40%	60%	70%	58%

* ₩125,000 × 30% = ₩37,500

① 평균공헌이익률

55%에서 58%(= ₩362,500/₩625,000)로 높아진다.

② 제품 C의 매출액 비중

20%(= ₩125,000/₩625,000)

③ 손익분기점 매출액
- 추가 전: ₩220,000/0.55 = ₩400,000
- 추가 후: ₩0 ~ ₩500,000: ₩220,000/0.58 = ₩379,310

  ₩500,001 ~ ₩1,000,000: ₩300,000/0.58 = ₩517,241

따라서 손익분기점에 도달하기 위한 회사 전체 매출액은 ₩379,310, ₩517,241이다.

④ 영업레버리지도
- 추가 전: ₩275,000/₩55,000 = 5
- 추가 후: ₩362,500/₩62,500* = 5.8

* ₩362,500 - ₩300,000 = ₩62,500

따라서 회사 전체 영업레버리지도는 5에서 5.8로 높아진다.

⑤ 세후이익
- 추가 전: ₩44,000
- 추가 후: ₩50,000(= ₩62,500 - ₩62,500 × 20%)

따라서 회사 전체 세후이익은 ₩6,000만큼 증가한다.

09 ①

1. 제조간접원가

간접재료원가 + 간접노무원가 + 제조경비

= ₩100[*1] + ₩150[*2] + ₩750 = ₩1,000

[*1] ₩700 - ₩500 - ₩100 = ₩100

[*2] ₩1,000 - ₩850 = ₩150

2. 제조간접원가 배부율

(1) 변동제조간접원가: $\dfrac{₩1,000 \times 30\%}{(10시간 + 5시간)} = ₩20$

(2) 고정제조간접원가: $\dfrac{₩1,000 \times 70\%}{20시간} = ₩35$

3. 제조원가 배부

		#101	#102	합계
제조간접원가	변동원가	₩20 × 10시간 = ₩200	₩20 × 5시간 = ₩100	₩300
	고정원가	₩35 × 10시간 = 350	₩35 × 5시간 = 175	525
총제조원가		₩550	₩275	₩825

4. 제조간접원가 배부차이

(1) 변동제조간접원가: ₩1,000 × 30% – ₩300 = ₩0

(2) 고정제조간접원가: ₩1,000 × 70% – ₩525 = ₩175 과소배부

5. #102 총제조원가

	#102
직접재료원가	₩150
직접노무원가	330
제조간접원가 ┌ 변동원가	100
└ 고정원가	175
총제조원가	₩755

6. 당기순이익

매출액	₩1,000
매출원가	(755)
매출총이익	₩245
배부차이	(175)
당기순이익	₩70

10 ② 1. 재료처리

AQ × AP	AQ × SP	SQ × SP
6,000m × ₩?	6,000m × ₩10	1,000단위 × 5m × ₩10
= ₩50,000	= ₩60,000	= ₩50,000

2. 품질검사

AQ × AP	AQ × SP	SQ × SP
2,200회 × ₩?	2,200회 × ₩200	1,000단위 × 2회 × ₩200
= ₩450,000	= ₩440,000	= ₩400,000
₩500,000	₩500,000	₩450,000

₩0   ₩50,000 U

정답

01 ③ 02 ⑤ 03 ⑤ 04 ② 05 ④ 06 ② 07 ① 08 ④ 09 ① 10 ⑤
11 ③ 12 ③ 13 ② 14 ① 15 ④

해설

01 ③ "전부원가이익 = 변동원가이익 + 기말재고 × 단위당 고정제조간접원가 - 기초재고 × 단위당 고정제조간접
원가"이므로, 기초제품수량을 k라 한 후 식을 정리하면 다음과 같다.

$$₩25,000 = 1,200단위 × \frac{₩200,000}{4,000단위} - k × \frac{₩200,000}{4,000단위}$$

따라서, 기초제품수량(k)은 700단위이다.

02 ⑤ 1. 예정배부액
₩750,000 × 50% = ₩375,000

2. 배부차이 조정 후 제품계정 및 재공품계정

제품

기초	-	판매	₩800,000 (= ₩1,000,000 × 80%)
입고	₩980,000	기말	180,000
	₩980,000		₩980,000

재공품

기초	-	사용	₩980,000
DM			
DL	₩750,000		
OH	x	기말	120,000
	₩1,100,000		₩1,100,000

제조간접원가(x): ₩980,000 + ₩120,000 - ₩750,000 = ₩350,000

3. 제조간접원가 배부차이
실제발생액 - 예정배부액
= ₩350,000 - ₩375,000 = ₩(25,000)
그러므로, 배부차이는 ₩25,000 과대배부이다.

03 ⑤   1. 총고정원가(a) 및 변동원가율(b)

- 최대조업도: ₩980,000 = a + b × ₩1,125,000
- 최저조업도: ₩791,000 = a + b × ₩855,000

∴ b = 0.7(그러므로, 공헌이익률은 0.3), a = ₩192,500

2. 목표매출액(k)

0.3k − ₩192,500 = ₩167,500

∴ 목표매출액(k) = ₩1,200,000

04 ②   기말재공품의 진행률을 a라 한 후 정리하면 다음과 같다.

전환원가의 총완성품환산량 18,000단위 = 15,000단위 + 5,000단위 × a

∴ 기말재공품의 전환원가 완성도(a) = 60%

05 ④   1. 재고현황

20×1년

기초	–	판매	1,200
생산	1,500	기말	300
	1,500		1,500

20×2년

기초	300	판매	1,900
생산	1,750	기말	150
	2,050		2,050

2. 20×2년 매출원가

전기이월분(300단위) = 300단위 × $(₩38 + \dfrac{₩48,000}{1,500단위})$ = ₩21,000

당기 생산분(1,600단위) = 1,600단위 × $(₩40 + \dfrac{₩70,000}{1,750단위})$ = ₩128,000

그러므로, 20×2년 매출원가는 ₩21,000 + ₩128,000 = ₩149,000이다.

06 ② 1. 보조부문 A 폐쇄

증분수익			–
증분비용	변동원가 절감	₩70,000 + ₩300,000 × 0.2 =	₩(130,000)
	외부구입비용	820단위[*1] × ₩150 =	123,000
증분이익			₩7,000

[*1] 기존필요량 - 자가소비량 - 상호용역수수량

= 1,000단위 - 1,000단위 × 0.1 - 1,000단위 × 0.4 × 0.2 = 820단위

그러므로, 최대지불가능금액은 단위당 $\dfrac{₩130,000}{820단위}$ = ₩158이다.

2. 보조부문 B 폐쇄

증분수익			–
증분비용	변동원가 절감	₩300,000 + ₩70,000 × 0.4 =	₩(328,000)
	외부구입비용	1,640단위[*2] × ₩200 =	328,000
증분이익			–

[*2] 기존필요량 - 자가소비량 - 상호용역수수량

= 2,000단위 - 2,000단위 × 0.1 - 2,000단위 × 0.2 × 0.4 = 1,640단위

그러므로, 단위당 최대지불가능금액은 $\dfrac{₩328,000}{1,640단위}$ = ₩200이다.

07 ①

	주산품 B	
매출	200단위 × ₩20 =	₩4,000
매출원가	200단위 × ₩17.6[*1] =	(3,520)
매출총이익		₩480

[*1] 단위당 매출원가

= (결합원가 + 추가원가) ÷ 250단위

= (₩8,500 × $\dfrac{₩4,000}{₩6,000^{*2} + ₩4,000}$ + ₩1,000) ÷ 250단위 = ₩17.6

[*2] 200단위 × ₩40 - ₩2,000 = ₩6,000

08 ④ "변동원가이익 = 초변동원가이익 + 기말재고 × 변동가공원가 - 기초재고 × 변동가공원가"이므로,
영업이익 차이를 k라 한 후 식을 정리하면 다음과 같다.
k = 300단위 × (₩50 + ₩60) - 100단위 × (₩50 + ₩60) = ₩22,000
따라서 변동원가계산에 의한 영업이익과 초변동원가계산에 의한 영업이익의 차이금액(k)은 ₩22,000이다.

09 ① 1. 톤당 공헌이익

매출	₩3,000 × 0.4 + ₩5,000 × 0.6 =	₩4,200
변동원가	₩2,000 + ₩200 + ₩1,200 × 0.6 =	(2,920)
공헌이익		₩1,280

2. 손익분기 총톤수

$$\frac{₩70,000 + ₩58,000}{₩1,280} = 100톤$$

3. 제품별 손익분기점 판매량

- 제품 A: $100톤 × \dfrac{400kg}{400kg + 600kg} = 40톤$

- 제품 B: $100톤 × \dfrac{600kg}{400kg + 600kg} = 60톤$

따라서, 각 제품의 손익분기점 판매량은 **40톤**, **60톤**이다.

10 ⑤

	제품 A	제품 B
단위당 판매가격	₩50	₩45
단위당 변동원가	40	30
단위당 공헌이익	₩10	₩15
기계시간	÷ 0.25시간	÷ 0.5시간
기계시간당 공헌이익	₩40	₩30
우선순위	1순위	2순위

1순위인 제품 A 120단위 생산에 필요한 시간은 "0.25시간 × 120단위 = 30시간"이므로,
잔여시간인 20시간으로 제품 B 40단위(= 20시간 ÷ 0.5시간)를 생산할 수 있다.
즉, 제품 A 120단위와 제품 B 40단위를 생산할 수 있다.

11 ③ 1. 국내시장 단위당 공헌이익

₩10,000 - (₩7,000 + ₩1,000) = ₩2,000

2. 특별주문수락 의사결정

증분수익	매출 증가	₩8,000 × 3,000단위 =	₩24,000,000
증분비용	변동원가 증가	(₩7,000 + ₩500) × 3,000단위 =	22,500,000
	고정원가 증가		300,000
	기회원가	₩2,000 × 350단위 =	700,000
증분이익			₩500,000

12 ③ 손익분기점 판매량을 Q라 한 후 정리하면 다음과 같다.

(₩10,000 - ₩6,000) × 300단위 + (₩9,000 - ₩6,000) × (Q - 300단위) - ₩1,500,000 = 0

∴ 손익분기점 판매량(Q) = 400단위

13 ② 1. 타 보조부문으로부터 받은 금액을 가산한 보조부문에 배부할 원가
- P1: $0.4S1 + 0.3S2 = ₩150,000$
- P2: $0.2S1 + 0.3S2 = ₩120,000$

S1, S2는 각각 ₩150,000, ₩300,000이다.

2. 보조부문원가를 배분하기 전의 보조부문원가
- S1: $₩150,000 = S1 + 0.1 × ₩300,000$
- S2: $₩300,000 = S2 + 0.2 × ₩150,000$

S1, S2는 각각 ₩120,000, ₩270,000이다.

14 ① 1. 변동제조간접원가 배부율

$$\frac{₩300,000}{1,000시간} = ₩300$$

2. 고정제조간접원가 배부율

$$\frac{₩800,000}{1,000시간} = ₩800$$

3. 실제산출량에 허용된 표준수량

실제	예산	SQ × SP
	$1,000시간 × ₩800$	$x × ₩800$
	$= ₩800,000$	$= ₩720,000$

$₩80,000$ U

$(₩800,000 - ₩80,000) ÷ ₩800 = 900$

$⇒ x = 900시간$

4. 변동제조간접원가 능률차이

실제	AQ × SP	SQ × SP
	$850시간 × ₩300$	$900시간 × ₩300$
	$= ₩255,000$	$= ₩270,000$

$₩15,000$ F

15 ④ 1. 감손 전 물량(k)
(1) 완성품: $200kg^* = k × (1 - 0.2 × 100\%)$

　　$k = 250kg$

　　　* 2,000단위 × 0.1kg = 200kg
(2) 기말재공품: $38kg = k × (1 - 0.2 × 25\%)$

　　$k = 40kg$

그러므로, 감손 전 기초재공품물량은 100kg(= 250kg + 40kg - 190kg)이다.

2. 기초재공품의 완성도(a)

$90kg = 100kg × (1 - 0.2 × a)$

그러므로, 기초재공품의 전환원가 완성도는 50%이다.

cpa.Hackers.com

2017년

원가관리회계
기출문제 & 해답

제52회   공인회계사 1차 회계학

제54회   세무사 1차 회계학개론

정답 및 해설

01 분권화된 조직에서의 책임회계제도, 책임중심점, 사내대체가격, 성과평가에 대하여 옳은 설명은?

① 책임회계제도에서는 공통고정원가가 통제가능성의 원칙에 따라 각 책임중심점에 배부된다.

② 책임중심점의 하나인 원가중심점에 속하는 예로 생산부문, 판매부문, 인력관리부문, 재무부문 등이 있다.

③ 기업 외부의 시장이 매우 경쟁적이고 기업 내부의 사업부서 간에 상호의존도가 적을 경우 원가에 기초하여 사내대체가격을 결정하는 것이 합리적이다.

④ 절대평가는 기업 내부 또는 외부의 벤치마크와 비교하여 성과평가를 하는 것이므로 상대평가에 비해 성과에 영향을 미치는 통제불가능한 요소를 제거하는 데 유용하다.

⑤ 투자수익률이 투자중심점 경영자의 성과평가목적으로 사용될 경우에 준최적화현상이 발생할 수 있는데, 이와 같은 투자수익률의 문제점을 보완하기 위해 잔여이익이 사용될 수 있다.

> 📝 **Key Point**
> 외부시장이 매우 경쟁적이고 거래되는 가격을 쉽게 확인할 수 있다면 시장가격은 가장 이상적인 대체가격이다. 또한, 회사 전체 목표와 개별 사업부 목표가 불일치하는 상황을 준최적화현상이라고 한다.

02 전략적 원가관리 및 성과평가에 관한 옳지 않은 설명은?

① 제약이론을 원가관리에 적용한 재료처리량 공헌이익(throughput contribution)은 매출액에서 직접재료원가를 차감하여 계산한다.

② 목표원가계산은 제품개발 및 설계단계에서의 원가 절감에 초점을 맞추는 반면, 카이젠원가계산은 제조단계에서의 원가 절감을 강조한다.

③ 적시생산시스템하의 제조작업은 제조 셀(manufacturing cell)을 중심으로 이루어지며, 역류원가계산을 사용하여 제품원가를 계산한다.

④ 수명주기원가계산은 활동분석과 원가동인분석을 통하여 파악된 정보를 토대로 활동과 프로세스를 개선하여 기업 전체의 성과를 개선하는 데 초점을 두고 있다.

⑤ 균형성과표는 조직의 비전과 전략을 성과평가지표로 구체화함으로써 조직의 전략수행을 지원한다.

> **📝 Key Point**
>
> 균형성과표는 성과지표를 통해 전략을 구체화하고 각 성과지표들 간의 관계를 명확하게 하여 성과지표로부터 재무성과까지의 인과관계를 확인할 수 있다. 또한, 비전과 전략에 대한 공유, 참여, 학습을 통하여 원활한 의사소통이 가능하다.

03 (주)한국은 결합생산공정을 통해 결합제품 A와 B를 생산하고 있으며, 균등매출총이익률법을 적용하여 결합원가를 배부한다. 각 결합제품은 분리점에서 즉시 판매될 수도 있으며, 필요하다면 추가가공한 후 판매될 수도 있다. 추가가공원가는 각 제품별로 추적가능하고 모두 변동원가이다. (주)한국은 20×1년에 결합제품 A와 B를 모두 추가가공하여 전량 판매하였으며 20×1년 중 발생한 결합원가는 ₩300,000이다. (주)한국의 20×1년 생산 및 판매 관련 자료는 다음과 같다.

구분	A	B
생산·판매량	3,000단위	5,000단위
분리점에서의 총판매가치	₩250,000	₩330,000
추가가공원가	₩45,000	₩60,000
추가가공 후 매출액	₩300,000	₩375,000

(주)한국의 20×1년도 생산 및 판매와 관련하여 옳은 설명은?

① 회사 전체의 매출총이익은 ₩250,000이다.

② 회사 전체의 매출총이익률은 35%이다.

③ A의 단위당 원가는 B의 단위당 원가보다 크다.

④ A에 배부되는 결합원가 금액은 B에 배부되는 결합원가 금액보다 크다.

⑤ 회사가 B를 추가가공하지 않고 분리점에서 즉시 판매하였다면, 이익은 ₩5,000 증가하였을 것이다.

📝 **Key Point**

분리점에서의 판매가치와 추가가공 후 판매가치가 제시되어 있으나 모두 추가가공하여 판매하므로 추가가공 후 매출액을 기준으로 매출총이익을 계산한다.

04 (주)한국은 20×1년 1월 초에 영업을 개시하였다. 회사는 정상개별원가계산을 사용하고 있으며, 제조간접원가 배부기준은 직접노무시간이다. 회사는 당기 초에 연간 제조간접원가를 ₩640,000으로, 직접노무시간을 80,000시간으로 예상하였다. (주)한국의 20×1년 1월의 생산 및 판매 관련 자료는 다음과 같다.

> (1) 1월 중 작업 #101, #102, #103을 착수하였는데, 당월 중 작업별 실제 발생한 제조직접원가와 실제 사용된 직접노무시간은 다음과 같다.
>
> | 구분 | #101 | #102 | #103 | 합계 |
> |---|---|---|---|---|
> | 직접재료원가 | ₩34,000 | ₩39,000 | ₩13,000 | ₩86,000 |
> | 직접노무원가 | ₩16,000 | ₩20,600 | ₩1,800 | ₩38,400 |
> | 직접노무시간 | 2,750시간 | 3,800시간 | 400시간 | 6,950시간 |
>
> (2) 1월 중 실제발생한 제조간접원가는 총 ₩51,600이다.
> (3) 1월 중 작업 #101과 #102는 완성되었으나, 작업 #103은 1월 말 현재 작업 중이다.
> (4) 작업 #101은 1월 중에 판매되었으나, 작업 #102는 1월 말 현재 판매되지 않았다.

총원가기준 비례배부법으로 배부차이 조정 후 20×1년 1월 말 재공품 및 제품, 그리고 20×1년 1월 매출원가는?

	재공품	제품	매출원가
①	₩17,600	₩86,000	₩72,400
②	₩17,600	₩88,000	₩70,400
③	₩17,600	₩92,000	₩66,400
④	₩18,400	₩92,000	₩73,600
⑤	₩18,400	₩85,200	₩72,400

> 📑 **Key Point**
> 예정배부율을 각 작업별 실제 직접노무시간을 곱하여 예정배부한 후, 배부차이를 총원가를 기준으로 안분하여 배분한다. 과소배부는 가산조정하고 과대배부는 차감조정한다.

05 (주)한국은 사업부 A와 사업부 B를 운영하는 유통기업이다. (주)한국의 회계담당자는 20×1년도 회사 전체 손익계산서와 각 사업부의 부문별 손익계산서를 다음과 같이 작성하였다.

구분	회사 전체	사업부 A	사업부 B
매출액	₩200,000	₩80,000	₩120,000
매출원가	₩130,000	₩40,000	₩90,000
매출총이익	₩70,000	₩40,000	₩30,000
판매관리비	₩62,000	₩24,800	₩37,200
영업이익(손실)	₩8,000	₩15,200	₩(7,200)

위의 주어진 자료를 이용하여, (주)한국은 경영관리 의사결정목적으로 원가행태에 입각한 공헌이익 접근법에 따라 회사 전체 손익계산서와 각 사업부에 대한 부문 손익계산서를 작성하고자 한다. 이를 위해 (주)한국이 추가로 수집한 자료는 다음과 같다. (주)한국의 20×1년도 매출원가는 변동원가이며, 판매관리비에 포함된 판매수수료는 매출액의 10%에 해당하며 변동원가이다. 나머지 원가 및 비용항목은 모두 고정원가이다. 다음은 20×1년도 고정원가의 구성내역이다.

사업부 A 혹은 사업부 B의 운영을 중단하더라도 계속해서 발생할 것으로 예상되는 원가	₩14,000
사업부 A의 운영을 중단하게 되면 회피가능한 원가	₩22,000
사업부 B의 운영을 중단하게 되면 회피가능한 원가	₩6,000
계	₩42,000

다음 중 옳지 않은 설명은?

① 사업부 A의 부문이익(segment margin)은 ₩10,000이다.
② 사업부 B의 부문이익(segment margin)은 ₩12,000이다.
③ 회사 전체의 공헌이익률은 25%이며 손익분기매출액은 ₩168,000이다.
④ 사업부 A의 공헌이익률은 40%이며 손익분기매출액은 ₩42,000이다.
⑤ 사업부 B의 공헌이익률은 15%이며 손익분기매출액은 ₩40,000이다.

> 📝 **Key Point**
> 경영관리 의사결정목적의 사업부문 손익계산서는 사업부문별 매출, 변동원가 및 회피가능 고정원가를 기준으로 작성한다.

06 (주)한국연수원은 다양한 강좌를 개설하여 운영하고 있다. 이와 관련하여 연수원 관리자는 연수원 운영에 대한 월별 예산편성과 성과보고서 작성을 위해 다음 두 가지 원가동인을 식별하였다.

> (1) 매월 개설된 강좌 수
> (2) 매월 개설된 모든 강좌에 등록된 학생의 수

(주)한국연수원에서 매월 예상하는 원가 및 비용 관련 자료는 다음과 같다.

구분	강좌당 변동원가	학생당 변동원가	월 고정원가
강사료	₩3,000	-	-
강의실 소모품비	-	₩260	-
임차료와 보험료	-	-	₩6,300
기타일반관리비	₩145	₩4	₩4,100

20×1년 2월 초 3개의 강좌가 개설되며 총 45명의 학생이 등록할 것으로 예상된다. 또한 각 강좌에 등록한 학생 1인당 평균 ₩800의 수익이 예상된다. 20×1년 2월에 실제로 3개의 강좌가 개설되었으나, 3개의 강좌에 실제로 등록한 학생 수는 총 42명이었다. (주)한국연수원의 20×1년 2월 실제 운영결과는 다음과 같다.

구분	실제결과
총수익	₩32,400
강사료	₩9,000
강의실 소모품비	₩8,500
임차료와 보험료	₩6,000
기타일반관리비	₩5,300

(주)한국연수원 관리자가 20×1년 2월 말 작성한 성과보고서에 포함되는 영업이익 변동예산차이는?

① ₩685 유리   ② ₩685 불리   ③ ₩923 유리

④ ₩1,608 유리   ⑤ ₩1,668 불리

📝 **Key Point**

변동예산은 실제조업도에 근거하여 사후에 설정하는 예산으로 실제조업도는 강좌 3개와 학생 수 42명이다.

07 (주)한국은 최근에 신제품 A의 개발을 완료하고 시험적으로 500단위를 생산하였다. 회사가 처음 500단위의 신제품 A를 생산하는 데 소요된 총직접노무시간은 1,000시간이고 직접노무시간당 임률은 ₩300이었다. 신제품 A의 생산에 소요되는 단위당 직접재료원가는 ₩450이고, 단위당 제조간접원가는 ₩400이다. (주)한국은 과거 경험에 의하여 이 제품을 추가로 생산하는 경우 80%의 누적평균직접노무시간 학습모형이 적용될 것으로 추정하고 있으며, 당분간 직접노무시간당 임률의 변동은 없을 것으로 예상하고 있다.

신제품 A를 추가로 1,500단위 더 생산한다면, 총생산량 2,000단위에 대한 신제품 A의 단위당 예상원가는?

① ₩1,234 　　　　　② ₩1,245 　　　　　③ ₩1,257
④ ₩1,263 　　　　　⑤ ₩1,272

📝 **Key Point**

첫 500단위 생산에 투입된 직접노무시간 1,000시간을 기준으로 학습률을 곱한 후 이배수법을 적용하여 누적평균시간을 계산할 수 있다. 또한, 제조간접원가는 학습효과의 영향을 받지 않는다.

08 (주)한국은 제품 A와 제품 B를 생산·판매하고 있다. 제품 A와 제품 B 각각에 대한 연간최대조업도 100,000단위의 활동수준에서 예상되는 20×1년도 생산 및 판매와 관련된 자료는 다음과 같다.

구분	제품 A	제품 B
단위당 판매가격	₩120	₩80
단위당 변동원가		
직접재료원가	₩30	₩12
직접노무원가	₩20	₩15
변동제조간접원가	₩7	₩5
변동판매관리비	₩12	₩8
단위당 고정원가		
추적가능 고정제조간접원가	₩16	₩18
공통고정원가	₩15	₩10
단위당 총원가	₩100	₩68
연간최대생산능력	100,000단위	100,000단위

제품별 추적가능 고정제조간접원가는 해당 제품의 생산을 중단하면 회피가능하나, 공통고정원가는 제품 A 혹은 제품 B의 생산을 중단해도 계속해서 발생한다. (주)한국은 20×1년 초에 향후 1년 동안 제품 A 80,000단위와 제품 B 60,000단위를 생산·판매하기로 계획하였다. 그런데 (주)한국이 기존의 계획을 변경하여 20×1년에 제품 B를 생산하지 않기로 한다면, 제품 A의 20×1년도 연간 판매량은 원래 계획한 수량보다 15,000단위 증가할 것으로 예측된다.

(주)한국이 20×1년에 제품 B의 생산을 전면 중단할 경우, 이익에 미치는 영향은?

① ₩165,000 감소　　② ₩165,000 증가　　③ ₩240,000 증가
④ ₩265,000 감소　　⑤ ₩265,000 증가

> 📝 **Key Point**
> 제품 B의 생산을 중단한다면 제품 B 60,000단위에 대한 공헌이익이 감소한다. 단위당 고정원가는 최대조업도인 100,000단위를 기준으로 설정되므로 100,000단위에 대한 회피가능한 고정원가가 감소한다.

09 단일의 제품을 생산·판매하고 있는 (주)한국은 20×1년 초에 영업을 개시하였으며 표준원가계산제도를 채택하고 있다. 표준은 연초에 수립되어 향후 1년 동안 그대로 유지된다. (주)한국은 활동기준원가계산을 이용하여 변동제조간접원가예산을 설정한다. 변동제조간접원가는 전부 기계작업준비활동으로 인해 발생하는 원가이며, 원가동인은 기계작업준비시간이다. 기계작업준비활동과 관련하여 20×1년 초 설정한 연간 예산자료와 20×1년 말 수집한 실제결과는 다음과 같다.

구분	예산자료	실제결과
생산량(단위수)	144,000단위	138,000단위
뱃치규모(뱃치당 단위수)	60단위	50단위
뱃치당 기계작업준비시간	5시간	4시간
기계작업준비시간당 변동제조간접원가	₩50	₩55

(주)한국의 20×1년도 변동제조간접원가에 대해서 옳은 설명은?

① 변동제조간접원가 고정예산은 ₩575,000이다.
② 투입량기준 변동제조간접원가예산은 ₩542,000이다.
③ 변동제조간접원가 소비차이는 ₩45,200 불리하다.
④ 변동제조간접원가 능률차이는 ₩21,000 유리하다.
⑤ 변동제조간접원가 배부차이(총차이)는 ₩32,200 불리하다.

📝 Key Point

본 문제에서의 표준수량(SQ)은 뱃치당 기계작업준비시간이다. 따라서, 실제산출량에 허용된 표준수량은 실제산출량에 해당하는 표준뱃치에 뱃치당 예산 기계작업시간을 곱하여 계산한다.

10 (주)한국은 종합원가계산을 적용하여 제품원가를 계산하고 있다. 직접재료는 공정 초에 전량 투입되며, 전환원가는 공정 전반에 걸쳐 균등하게 발생한다. 20×1년 2월 1일에 처음으로 생산을 시작한 (주)한국의 당월 중 완성품수량은 9,000단위이다. (주)한국은 20×1년 2월 말 재공품의 각 원가요소를 다음과 같이 보고하였다.

원가요소	금액	완성도	완성품환산량
직접재료원가	₩75,000	100%	5,000단위
전환원가	₩40,000	50%	2,500단위

(주)한국의 외부감사인은 위의 자료를 검토하였는데, 20×1년 2월 말 재공품의 직접재료원가 관련 항목들은 모두 올바른 것으로 파악하였다. 그러나 외부감사인은 20×1년 2월 말 재공품의 전환원가 완성도가 50%로 과다하게 추정되었음을 발견하고, 추가로 검토하였는데 실제는 20%인 것으로 확인하였다. 게다가 위의 전환원가 ₩40,000은 완성도 50%에서는 올바르게 배부된 금액이었지만, 실제로 파악된 완성도 20%에서는 적절하게 수정되어야 한다.

(주)한국이 20×1년 2월 말 재공품의 전환원가 금액 및 완성품환산량을 올바르게 수정하는 경우, 20×1년 2월 말 재공품원가와 20×1년 2월 완성품원가는? (단, 공손이나 감손은 없다고 가정한다)

	재공품원가	완성품원가
①	₩93,400	₩300,600
②	₩93,400	₩302,600
③	₩94,600	₩300,600
④	₩94,600	₩301,400
⑤	₩94,600	₩302,600

📝 **Key Point**

월말재공품 원가요소별 금액을 원가요소별 완성품환산량으로 나누어 완성품환산량 단위당 원가를 계산할 수 있고, 원가요소별 완성품환산량 단위당 원가에 완성품환산량을 곱하면 당기발생원가를 계산할 수 있다.

정답 및 해설 ▶ p.236

01 (주)세무의 지난 6개월간 기계가동시간과 기계수선비에 대한 자료는 다음과 같다. (주)세무가 고저점법을 사용하여 7월의 기계수선비를 ₩2,019,800으로 추정하였다면, 예상 기계가동시간은? (단, 기계수선비의 원가동인은 기계가동시간이다)

월	기계가동시간	기계수선비
1	3,410 시간	₩2,241,000
2	2,430	1,741,000
3	3,150	1,827,000
4	3,630	2,149,000
5	2,800	2,192,500
6	2,480	1,870,000

① 2,800시간   ② 3,140시간   ③ 3,250시간
④ 3,500시간   ⑤ 3,720시간

📝 **Key Point**

조업도가 기계가동시간이므로 고점인 4월과 저점인 2월을 이용하여 기계가동시간당 배부율과 고정원가를 계산한 후 추정된 총원가를 이용하여 기계가동시간을 추정할 수 있다.

02 (주)세무는 주문을 받고 생산하여 판매하는 기업이다. 단위당 직접재료원가 ₩6,200, 단위당 변동 가공원가(전환원가) ₩11,800이며 연간 고정제조간접원가는 ₩4,200,000이다. 20×0년도에 280 개를 주문받아 판매하였으며, 매출총이익률은 25%였다. 판매가격과 원가구조가 20×0년과 동일하다면 20×1년도에 ₩1,000,000 이상의 매출총이익을 얻기 위한 최소판매량은?

① 160개   ② 170개   ③ 180개

④ 190개   ⑤ 200개

📝 **Key Point**

재고가 없으므로 변동원가계산과 전부원가계산의 매출총이익은 동일하다. 20×0년의 매출총이익률을 이용하여 판매가격을 구한 후 20×1년 목표이익분석을 진행한다.

---

03 (주)세무는 결합원가 ₩15,000으로 제품 A와 제품 B를 생산한다. 제품 A와 제품 B는 각각 ₩7,000과 ₩3,000의 추가가공원가(전환원가)를 투입하여 판매된다. 순실현가치법을 사용하여 결합원가를 배분하면 제품 B의 총제조원가는 ₩6,000이며 매출총이익률은 20%이다. 제품 A의 매출총이익률은?

① 23%   ② 24%   ③ 25%

④ 26%   ⑤ 27%

📝 **Key Point**

결합제품 B의 총제조원가와 매출총이익률을 이용하여 결합제품 B의 매출액을 계산할 수 있다. 또한, 결합제품 B의 총제조원가에서 추가원가를 차감하여 결합원가 배분금액을 계산하고 결합제품 B와 결합제품 A의 순실현가치를 추정할 수 있다.

해커스 允원가관리회계 1차 기출문제집

2017년

제54회 세무사 1차 회계학개론 **227**

04 표준원가를 사용하는 (주)세무의 20×1년 직접노무원가에 대한 자료가 다음과 같을 때, 20×1년 예상 제품 생산량은?

직접노무원가 고정예산	₩896,400
직접노무원가 실제발생액	₩1,166,400
단위당 표준 직접노무시간	83시간
단위당 실제 직접노무시간	81시간
실제 제품 생산량	300개
임률차이	₩437,400(불리)

① 300개   ② 350개   ③ 360개
④ 400개   ⑤ 450개

📑 **Key Point**

실제발생액, 실제 노무시간 및 실제 제품 생산량을 이용하여 AP를 계산할 수 있고 임률차이를 이용하여 SP를 계산할 수 있다. 고정예산과 SQ, SP를 이용하여 예상생산량을 추정할 수 있다.

05 다음은 (주)세무의 공헌이익 손익계산서와 전부원가 손익계산서이다. 고정판매관리비가 ₩94,000 이고 제품의 판매가격이 단위당 ₩1,500일 때, 전부원가계산에 의한 기말제품재고는? (단, 기초 및 기말재공품, 기초제품은 없다)

공헌이익 손익계산서		전부원가 손익계산서	
매출액	₩1,200,000	매출액	₩1,200,000
변동원가	456,000	매출원가	937,600
공헌이익	744,000	매출총이익	262,400
고정원가	766,000	판매관리비	150,000
영업이익(손실)	(22,000)	영업이익(손실)	112,400

① ₩154,000   ② ₩171,300   ③ ₩192,000

④ ₩214,500   ⑤ ₩234,400

📝 Key Point

매출액과 판매가격을 이용하여 판매량을 계산한 후 전부원가 손익계산서 판매관리비 중 총변동판매관리비를 판매량으로 나누어 단위당 변동판매관리비를 계산할 수 있다. 또한, 공헌이익 손익계산서 변동원가를 이용하여 단위당 변동제조간접원가를 계산한 후 전부원가 손익계산서 매출원가를 이용하여 단위당 고정제조간접원가를 계산할 수 있다. 공헌이익 손익계산서 고정원가는 당기발생금액 모두 기간비용으로 처리되므로 고정판매관리비를 차감한 고정제조간접원가에서 단위당 고정제조간접원가를 나누어 총생산량을 계산할 수 있다.

06 (주)세무는 가공부문(도색 및 조립)과 보조부문(수선 및 동력)으로 구성된다. 다음의 서비스 공급량 자료를 이용하여 상호배부법으로 보조부문의 원가를 가공부문에 배부한다.

구분	보조부문		가공부문	
	수선	동력	도색	조립
수선		75시간	45시간	30시간
동력	200kw		100kw	200kw

수선부문과 동력부문에 각각 집계된 원가는 ₩300,000과 ₩200,000이다. 가공부문에 배부된 원가는 도색 횟수와 조립시간에 비례하여 각각 제품 A와 제품 B에 전액 배부된다. 제품 A와 제품 B에 사용된 도색 횟수와 조립시간이 다음과 같을 때, 제품 B에 배부되는 보조부문의 총원가는?

구분	제품 A	제품 B
도색 횟수	10회	13회
조립시간	200시간	100시간

① ₩210,000 ② ₩220,000 ③ ₩240,000
④ ₩250,000 ⑤ ₩280,000

> 📝 **Key Point**
> 상호배부법으로 보조부문원가를 제조부문에 배부한 후 제조부문별 원가동인 배부율을 계산한다.

07 (주)세무는 기존제품에 추가하여 새로운 제품 F(단위당 변동제조원가 ₩34)를 생산·판매하려고 한다. 이 경우 기존제품의 총공헌이익이 연간 ₩80,000 감소할 것으로 예상된다. 제품 F를 생산하면, 연간 총고정제조간접원가 중 ₩55,000이 제품 F에 배부되며, 기존에 납부하던 연간 유휴토지 부담금 ₩25,000이 전액 면제된다. 제품 F를 판매할 경우, 판매대리점에 지급하는 기존제품에 대한 연간 고정판매비를 ₩35,000만큼 줄이는 대신에 제품 F의 판매비를 단위당 ₩4씩 지급하게 된다. 제품 F의 연간 판매량이 4,000단위로 예상될 때, (주)세무의 연간 총손익에 변화가 없으려면 제품 F의 단위당 판매가격은?

① ₩13 ② ₩23 ③ ₩35
④ ₩43 ⑤ ₩55

> 📝 **Key Point**
> 제품 F의 추가는 특별주문수락 의사결정으로 접근하면 된다. 연간 총고정제조간접원가 중 제품 F에 배부된 금액은 기존 고정원가를 배부하는 것으로 비관련원가이므로 고려대상이 아니다.

08 (주)세무는 흠집이 있는 제품 C를 5개 보유하고 있다. 흠집이 없는 정상적 제품 C의 판매가격은 ₩300이다. 제품 C의 생산에는 단위당 변동제조원가 ₩80과 단위당 고정제조원가 ₩20이 투입되었다. 흠집이 있는 제품 C를 외부에 단위당 ₩150에 처분하려면 단위당 판매관리비가 ₩12이 소요될 것으로 추정된다. 이 의사결정에 고려될 관련 항목은?

① 단위당 판매관리비 ₩12
② 단위당 변동제조원가 ₩80
③ 단위당 고정제조원가 ₩20
④ 단위당 제조원가 ₩100
⑤ 정상 판매가격 ₩300

📝 **Key Point**
의사결정대상은 흠집이 있는 제품 C이므로 고려할 사항은 흠집이 있는 제품 C의 처분가치와 판매관리비이다.

09 (주)세무는 가중평균법을 적용한 종합원가계산으로 제품원가를 계산한다. 기말재공품의 물량은 8,000단위이고, 직접재료원가 완성도는 70%이며 가공원가(전환원가) 완성도는 75%이다. 기말재공품의 원가가 ₩220,000이고 완성품환산량 단위당 직접재료원가가 ₩20이라면, 완성품환산량 단위당 가공원가(전환원가)는?

① ₩18   ② ₩19   ③ ₩20
④ ₩21   ⑤ ₩22

📝 **Key Point**
기말재공품물량에 직접재료원가 완성도를 곱한 직접재료원가 완성품환산량에 완성품환산량 단위당 원가를 곱하여 직접재료원가를 계산할 수 있다. 나머지 총가공원가를 가공원가 완성품환산량으로 나누어 가공원가 완성품환산량 단위당 원가를 추정할 수 있다.

10 (주)세무는 제품 A, 제품 B 및 제품 C를 생산하여 판매한다. 이 세 제품에 공통으로 필요한 재료 K를 품귀현상으로 더 이상 구입할 수 없게 되었다. (주)세무의 재료 K 보유량은 3,000kg이며, 재료 K가 소진되면 제품 A, 제품 B 및 제품 C는 더 이상 생산할 수 없다. (수)세무는 각 제품의 사선계약 물량을 의무적으로 생산하여야 하며, 사전계약 물량과 별도로 추가 최대수요량까지 각 제품을 판매할 수 있다. (주)세무의 관련 자료가 다음과 같을 때, 최대의 공헌이익 총액(사전계약 물량 포함)은?

구분	제품 A	제품 B	제품 C
사전계약 물량	100단위	100단위	300단위
추가 최대수요량	400단위	100단위	1,500단위
단위당 판매가격	₩100	₩80	₩20
공헌이익률	24%	25%	60%
단위당 재료 K 사용량	3kg	5kg	2kg

① ₩19,000 ② ₩19,500 ③ ₩20,000
④ ₩20,500 ⑤ ₩21,000

📝 **Key Point**

판매가격과 공헌이익률을 이용하여 단위당 공헌이익을 계산한다. 재료 K당 공헌이익을 계산하여 우선순위를 결정한 후, 사전계약 물량은 우선적으로 생산하며 우선순위 순으로 추가 최대수요량만큼 순차적으로 생산한다.

11 단일제품을 제조·판매하는 (주)세무의 20×1년 관련 자료는 다음과 같다. (주)세무가 고정제조간접원가 표준배부율을 계산할 때 사용한 연간 예산 고정제조간접원가는?

실제 제품 생산량	45,000단위
제품 단위당 표준직접노무시간	2시간
예상 총직접노무시간(기준조업도)	72,000시간
실제발생 고정제조간접원가	₩66,000
조업도차이	₩16,200(유리)

① ₩62,600　　　　② ₩64,800　　　　③ ₩66,000

④ ₩68,400　　　　⑤ ₩70,200

📝 **Key Point**

예산 고정제조간접원가는 기준조업도와 표준배부율을 곱하여 계산하므로 고정제조간접원가의 표준배부율(SP)을 계산해야 한다. SP는 조업도차이와 기준조업도 및 실제생산량에 허용된 표준수량의 관계를 이용하여 계산할 수 있다.

12 (주)세무는 단일제품을 생산하며 개별정상원가계산을 사용한다. 제조간접원가는 직접노무시간당 ₩6을 예정배부한다. 재료계정의 기초금액은 ₩10,000이며, 기말금액은 ₩15,000이다. 재료는 모두 직접재료로 사용되고 간접재료로 사용되지 않는다. 당기총제조원가는 ₩650,000이며 당기제품제조원가는 ₩640,000이다. 직접노무원가는 ₩250,000이며, 실제발생한 직접노무시간은 20,000시간이다. (주)세무가 당기에 매입한 재료금액은?

① ₩270,000　　　　② ₩275,000　　　　③ ₩280,000

④ ₩285,000　　　　⑤ ₩290,000

📝 **Key Point**

당기총제조원가에서 직접노무원가 및 제조간접원가 예정배부액을 차감하여 직접재료원가 투입금액을 계산한 후 직접재료계정을 이용하여 매입액을 추정할 수 있다.

13 3월에 (주)세무의 매출액은 ₩700,000이고 공헌이익률은 54%이며 영업레버리지도는 3이다. 4월에 고정원가인 광고비를 3월보다 ₩30,000 증가시키면 매출이 3월보다 10% 증가하며 공헌이익률의 변화는 없다. (수)세무가 광고비를 ₩30,000 증가시킬 때, 4월의 영업이익은?

① ₩98,000　　　　　② ₩102,100　　　　　③ ₩115,800
④ ₩128,500　　　　　⑤ ₩133,800

📝 **Key Point**
매출액에 공헌이익률을 곱하면 총공헌이익을 계산할 수 있고 영업레버리지도는 공헌이익을 영업이익으로 나누어 계산하므로 고정원가를 추정할 수 있다.

14 (주)세무의 외상매출대금은 판매 당월(첫째 달)에 60%, 둘째 달에 35%, 셋째 달에 5% 회수된다. 20×1년 12월 31일 재무상태표의 매출채권 잔액은 ₩70,000이며, 이 중 ₩60,000은 20×1년 12월 판매분이고, ₩10,000은 20×1년 11월 판매분이다. 20×2년 1월에 현금매출 ₩80,000과 외상매출 ₩350,000이 예상될 때, 매출과 관련된 20×2년 1월의 현금유입액과 1월 말 매출채권 잔액은?

	현금유입액	매출채권 잔액
①	₩335,000	₩145,000
②	₩345,000	₩145,000
③	₩345,000	₩147,500
④	₩352,500	₩145,000
⑤	₩352,500	₩147,500

📝 **Key Point**
외상매출 회수는 당월분 60%, 전월분 35% 및 전전월분 5%이며 전월분 및 전전월분 매출은 매출채권 잔액을 이용하여 역산할 수 있다. 또한, 매출채권 잔액은 당월분 40%와 전월분 5%이다.

15 활동기준원가계산에 관한 설명으로 옳지 않은 것은?

① 간접원가의 비중이 높을수록 활동기준원가계산의 도입효과가 크다.

② 전통적인 간접원가 배부방법에 비해 다양한 배부기준이 사용된다.

③ 판매관리비에는 활동기준원가계산을 적용하지 않는다.

④ 활동원가의 계층구조 중 뱃치(묶음)수준원가는 뱃치 수나 활동시간 등을 원가동인으로 사용한다.

⑤ 전통적인 간접원가 배부방법에 비해 인과관계를 반영하는 배부기준을 찾아내는 데 많은 노력을 들인다.

📝 **Key Point**

활동기준원가계산은 조업도기준 이외의 다양한 원가동인을 사용하여 제품수명주기 전단계 원가를 각 제품에 배부하는 데에 사용하여 고객수익성 분석 및 공급업자선정에 활용한다.

정답 및 해설 ▶ p.241

정답 및 해설

제52회 공인회계사 1차 회계학

정답

01 ⑤	02 ④	03 ③	04 ②	05 ④	06 ③	07 ①	08 ②	09 ⑤	10 ①

해설

01 ⑤ ① 공통고정원가는 통제불능원가로써 각 책임중심점에 배부되어서는 안 된다.
② 판매부문은 대표적인 수익중심점이다.
③ 기업 외부의 시장이 매우 경쟁적이고 기업 내부의 사업부서 간에 상호의존도가 적을 경우 시장가격을 기초로 사내대체가격을 결정하는 것이 합리적이다.
④ 상대평가는 기업 내부 또는 외부의 벤치마크와 비교하여 평가하는 것이다.

02 ④ 활동기준경영(ABM)은 활동분석과 원가동인분석을 통하여 파악된 정보를 토대로 활동과 프로세스를 개선하여 기업 전체의 성과를 개선하는 데 초점을 두고 있다.

03 ③ 1. 결합원가 배분

	제품 A	제품 B	합계
매출	₩300,000	₩375,000	₩675,000
결합원가	135,000	165,000	300,000
추가원가	45,000	60,000	105,000
매출총이익	₩120,000	₩150,000	₩270,000
매출총이익률	40%	40% ⇐	40%[*1]
생산량	3,000단위	5,000단위	
단위당 원가	@60[*2]	@45[*3]	

[*1] $\dfrac{₩270,000}{₩675,000} = 40\%$

[*2] (₩135,000 + ₩45,000) ÷ 3,000단위 = @60

[*3] (₩165,000 + ₩60,000) ÷ 5,000단위 = @45

2. 추가가공 의사결정

증분수익	매출	₩375,000
증분비용	추가원가	60,000
	분리점 판매가치	330,000
증분손실		₩(15,000) ≤ ₩0

즉, 회사가 B를 추가가공하지 않고 분리점에서 즉시 판매하였다면, 이익은 ₩15,000 증가하였을 것이다.

회계사 · 세무사 · 경영지도사 단번에 합격! 해커스 경영아카데미 cpa.Hackers.com

04 ② **1. 재고현황**

재공품

월초		-	완성	#101, #102
착수	#101, #102, #103		월말	#103 (월말재공품)
	#101, #102, #103			#101, #102, #103

제품

월초		-	판매	#101 (매출원가)
대체	#101, #102		월말	#102 (월말제품)
	#101, #102			#101, #102

2. 예정배부율

₩640,000 ÷ 80,000시간 = @8/시간

3. 작업별 원가

	#101	#102	#103
직접재료원가	₩34,000	₩39,000	₩13,000
직접노무원가	16,000	20,600	1,800
제조간접원가 예정배부액	22,000[*1]	30,400[*1]	3,200[*1]
차이 조정 전 총제조원가	₩72,000	₩90,000	₩18,000
배부차이 조정	(1,600)[*2]	(2,000)[*2]	(400)[*2]
차이 조정 후 총제조원가	₩70,400	₩88,000	₩17,600
	(매출원가)	(월말제품)	(월말재공품)

[*1] 예정배부액

- #101: @8 × 2,750시간 = ₩22,000
- #102: @8 × 3,800시간 = ₩30,400
- #103: @8 × 400시간 = ₩3,200

[*2] 배부차이 조정

- #101: $\dfrac{₩72,000}{₩72,000 + ₩90,000 + ₩18,000} × ₩4,000^{*3} = ₩1,600$

- #102: $\dfrac{₩90,000}{₩72,000 + ₩90,000 + ₩18,000} × ₩4,000^{*3} = ₩2,000$

- #103: $\dfrac{₩18,000}{₩72,000 + ₩90,000 + ₩18,000} × ₩4,000^{*3} = ₩400$

[*3] 배부차이

예정배부	₩55,600 (= ₩8 × 6,950시간)
실제배부	51,600
배부차이	₩4,000 (과대배부)

해커스 允원가관리회계 1차 기출문제집

2017년

05 ④ 1. 회사 전체 변동원가

₩130,000 + ₩200,000 × 10% = ₩150,000

2. 회사 전체 고정원가

₩62,000 – ₩200,000 × 10% = ₩42,000

3. 회사 전체 및 각 사업부 손익계산서

	회사 전체	사업부 A	사업부 B
매출액	₩200,000	₩80,000	₩120,000
변동원가	(150,000)	(48,000)[*1]	(102,000)[*1]
공헌이익	₩50,000	₩32,000	₩18,000
고정원가	(42,000)	(22,000)[*2]	(6,000)[*2]
영업이익	₩8,000	₩10,000	₩12,000

[*1] 변동원가

   A: ₩40,000 + ₩80,000 × 10% = ₩48,000

   B: ₩90,000 + ₩120,000 × 10% = ₩102,000

[*2] 부문고정원가

   사업부별 회피가능고정원가

4. 사업부 A의 공헌이익률과 손익분기매출액

(1) 공헌이익률

   ₩32,000 ÷ ₩80,000 = 40%

(2) 손익분기매출액

$$\frac{\text{고정원가}}{\text{공헌이익률}} = \frac{₩22,000}{0.4} = ₩55,000$$

06 ③

	실제결과	변동예산
총수익	₩32,400	₩33,600(= ₩800 × 42명)
강사료	(9,000)	(9,000)(= ₩3,000 × 3개)
강의실 소모품비	(8,500)	(10,920)(= ₩260 × 42명)
임차료와 보험료	(6,000)	(6,300)
기타일반관리비	(5,300)	(4,703)(= ₩145 × 3개 + ₩4 × 42명 + ₩4,100)
영업이익	₩3,600	₩2,677

그러므로, 영업이익 변동예산차이는 ₩3,600 – ₩2,677 = ₩923(유리)이다.

07 ① **1. 누적평균시간**

누적생산량(x)		누적평균시간(y)	총누적시간($x \times y$)
1	(500단위)	1,000시간	1,000시간
2	(1,000단위)	800[*1]	1,600
3	(1,500단위)	?	?
4	(2,000단위)	640[*2]	2,560[*3]
⋮		⋮	⋮

[*1] 1,000시간 × 80% = 800시간
[*2] 800시간 × 80% = 640시간
[*3] 4 × 640시간 = 2,560시간

2. 단위당 원가

직접재료원가	₩900,000(= ₩450 × 2,000단위)
직접노무원가	768,000(= ₩300 × 2,560시간)
제조간접원가	800,000(= ₩400 × 2,000단위)
소계	₩2,468,000
생산량	÷ 2,000단위
단위당 원가	@1,234

08 ② **1. 제품별 손익자료**

	제품 A	제품 B
단위당 판매가격	₩120	₩80
단위당 변동원가	69	40
단위당 공헌이익	₩51	₩40
추적가능 고정원가	₩16	₩18

2. 증분손익

증분수익	제품 B 변동원가 절감	₩40 × 60,000단위 =	₩2,400,000	
	제품 B 고정원가 절감	₩18 × 100,000단위 =	1,800,000	
	제품 A 판매 증가	₩51 × 15,000단위 =	765,000	₩4,965,000
증분비용	제품 B 매출 감소	₩80 × 60,000단위 =		4,800,000
증분이익				₩165,000

그러므로, 제품 B 생산 중단 시 증분이익은 ₩165,000이다.

09 ⑤

AQ × AP	AQ × SP	SQ × SP
138,000단위/50단위 × 4h × ₩55	138,000단위/50단위 × 4h × ₩50	138,000단위/60단위 × 5h × ₩50
= ₩607,200	= ₩552,000	= ₩575,000

$$\underbrace{\hspace{4cm}}_{\text{₩55,200 U}} \quad \underbrace{\hspace{4cm}}_{\text{₩23,000 F}}$$

$$\underbrace{\hspace{9cm}}_{\text{₩32,200 U}}$$

① 변동제조간접원가 고정예산

$$\frac{144,000단위}{60단위} \times 5시간 \times ₩50 = ₩600,000$$

② 투입량기준 변동제조간접원가예산

$$\frac{138,000단위}{50단위} \times 4시간 \times ₩50 = ₩552,000$$

③ 변동제조간접원가 소비차이는 ₩55,200 불리하다.

④ 변동제조간접원가 능률차이는 ₩23,000 유리하다.

10 ①

1. 원가요소별 단위당 발생원가

(1) 직접재료원가: ₩75,000 ÷ 5,000단위 = @15

(2) 전환원가: ₩40,000 ÷ 2,500단위 = @16

2. 원가요소별 총원가

(1) 직접재료원가: @15 × (9,000단위 + 5,000단위) = ₩210,000

(2) 전환원가: @16 × (9,000단위 + 2,500단위) = ₩184,000

3. 수정 후 원가

① 물량흐름 파악

재공품			
기초	-	완성	9,000
착수	14,000	기말	5,000 (0.2)
	14,000		14,000

② 완성품환산량

	재료원가	가공원가
	9,000	9,000
	5,000	1,000
	14,000	10,000

③ 원가

재료원가	가공원가
₩210,000	₩184,000

④ 환산량 단위당 원가(= ③ ÷ ②)

재료원가	가공원가
₩15	₩18.4

⑤ 원가 배분

완성품	9,000단위 × ₩15 + 9,000단위 × ₩18.4 =	₩300,600
재공품	5,000단위 × ₩15 + 1,000단위 × ₩18.4 =	₩93,400

정답

| 01 | ③ | 02 | ⑤ | 03 | ② | 04 | ③ | 05 | ⑤ | 06 | ② | 07 | ④ | 08 | ① | 09 | ① | 10 | ③ |
| 11 | ② | 12 | ④ | 13 | ⑤ | 14 | ⑤ | 15 | ③ | | | | | | | | | | |

해설

01 ③ 고정제조원가를 a, 단위당 변동제조원가를 b라 한 후 정리하면 다음과 같다.
- 최고조업도: ₩2,149,000 = a + b × 3,630시간
- 최저조업도: ₩1,741,000 = a + b × 2,430시간
⇒ a = ₩914,800, b = ₩340
예상가동시간을 h라 한 후 정리하면 다음과 같다.
₩2,019,800 = ₩914,800 + ₩340 × h
∴ 예상 기계가동시간(h) = 3,250

02 ⑤ 1. 손익구조

가격	₩P
변동원가	18,000 (= ₩6,200 + ₩11,800)
공헌이익	₩P - ₩18,000
고정원가	₩4,200,000

2. 단위당 판매가격(P)
280P - 280개 × ₩18,000 - ₩4,200,000 = 280P × 0.25
⇒ 단위당 판매가격(P) = ₩44,000

3. 최소판매량(Q)
(₩44,000 - ₩18,000) × Q - ₩4,200,000 ≥ ₩1,000,000
∴ 최소판매량(Q) ≥ 200개

03 ② 1. 순실현가치비율
- A: ₩12,000[*2] ÷ ₩15,000 = 80%
- B: ₩3,000[*1] ÷ ₩15,000 = 20%

[*1] ₩6,000 - ₩3,000 = ₩3,000
[*2] ₩15,000 - ₩3,000 = ₩12,000

2. 제품 B 매출액(S)

$S - (₩3,000 + ₩3,000) = 0.2S$

$S = ₩7,500$

즉, B의 순실현가치는 ₩7,500 - ₩3,000 = ₩4,500이다.

3. 제품 A 매출액(S)

₩4,500/20% × 80% = ₩18,000

$S - ₩7,000 = ₩18,000$, $S = ₩25,000$

4. 제품 A 매출총이익

₩25,000 - ₩7,000 - ₩12,000 = ₩6,000

5. 제품 A 매출총이익률

₩6,000 ÷ ₩25,000 × 100 = 24%

04 ③

AQ × AP	AQ × SP	SQ × SP
300개 × 81h × ₩?	300개 × 81h × SP	300개 × 83h × SP
= ₩1,166,400	= ₩729,000	

₩437,400 U

⇒ SP = (₩1,166,400 - ₩437,400) ÷ 300개 ÷ 81h = ₩30

예상 제품 생산량을 Q라 한 후 정리하면 다음과 같다.

₩896,400 = Q × 83h × ₩30

∴ 예상 제품 생산량(Q) = 360개

05 ⑤ 1. 판매량

₩1,200,000 ÷ ₩1,500 = 800개

2. 단위당 변동판매관리비

(₩150,000 - ₩94,000) ÷ 800개 = ₩70

3. 단위당 변동제조간접원가

₩456,000 ÷ 800개 - ₩70 = ₩500

4. 단위당 고정제조간접원가

₩937,600 ÷ 800개 - ₩500 = ₩672

5. 총생산량

(₩766,000 - ₩94,000) ÷ ₩672 = 1,000개

6. 기말재고수량

1,000개 - 800개 = 200개

7. 전부원가계산하의 기말제품재고

200개 × (₩500 + ₩672) = ₩234,400

06 ②

	수선부문	동력부문	도색부문	조립부문
수선부문	-	0.5	0.3	0.2
동력부문	0.4	-	0.2	0.4
	₩300,000	₩200,000		
	(475,000)*	237,500	142,500	95,000
	175,000	(437,500)*	87,500	175,000
			₩230,000	₩270,000
			÷ 23회	÷ 300시간
			₩10,000/회	₩900/시간

* 상호배분법

A = ₩300,000 + 0.4B

B = ₩200,000 + 0.5A

⇒ A = ₩475,000, B = ₩437,500

제품 B에 배부되는 보조부문원가: 13회 × ₩10,000 + 100시간 × ₩900 = ₩220,000

07 ④ 제품 F의 판매가격을 P라 한 후 정리하면 다음과 같다.

증분수익	제품 F 매출		₩4,000P	
	토지부담금 면제		25,000	
	고정판매비 절감		35,000	₩4,000P + ₩60,000
증분비용	변동원가 증가	4,000단위 × ₩34 =	₩136,000	
	공헌이익 감소		80,000	
	판매비 증가	4,000단위 × ₩4 =	16,000	232,000
증분이익				₩4,000P - ₩172,000 ≥ 0

그러므로, 제품 F의 단위당 판매가격(P)은 ₩43이다.

08 ① 관련 항목은 단위당 판매관리비이다.

09 ① 완성품환산량 단위당 가공원가를 C라 한 후 정리하면 다음과 같다.

재료원가	₩20 × 8,000단위 × 0.70 =	₩112,000
가공원가	C × 8,000단위 × 0.75 =	108,000 (= ₩220,000 - ₩112,000)
		₩220,000

그러므로, 단위당 가공원가(C)는 ₩18이다.

10 ③

	제품 A	제품 B	제품 C	재료소요량
단위당 판매가격	₩100	₩80	₩20	
공헌이익률	24%	25%	60%	
단위당 공헌이익	₩24	₩20	₩12	
재료사용량	3kg	5kg	2kg	
재료당 공헌이익	8/kg	4/kg	6/kg	
우선순위	1순위	3순위	2순위	
사전계약 물량	100단위	100단위	300단위	1,400kg
추가 생산	400단위	-	200단위	1,600kg
총생산량	500단위	100단위	500단위	3,000kg

그러므로, 최대공헌이익은 다음과 같다.

500단위 × ₩24 + 100단위 × ₩20 + 500단위 × ₩12 = ₩20,000

11 ②

실제	예산	SQ × SP
₩66,000	72,000h × ₩0.9*	45,000단위 × 2h × ₩0.9*
	= ₩64,800	= ₩81,000

16,200 F

* (90,000h - 72,000h) × SP = ₩16,200, SP = ₩0.9

12 ④

1. 직접재료원가

₩650,000 - (₩250,000 + 20,000h × ₩6) = ₩280,000

2. 재료구입액

₩280,000 + ₩15,000 - ₩10,000 = ₩285,000

13 ⑤

1. 고정원가

$$영업레버리지도(3) = \frac{공헌이익}{영업이익} = \frac{₩700,000 × 54\%}{₩700,000 × 54\% - 고정원가}$$

⇒ 고정원가 = ₩252,000

2. 손익구조

매출액	₩700,000
변동원가	322,000(= ₩700,000 × 0.46)
공헌이익	₩378,000(= ₩700,000 × 0.54)
고정원가	₩252,000

3. 광고비 증가 후 영업이익

₩700,000 × 1.1 × 0.54 - (₩252,000 + ₩30,000) = ₩133,800

14 ⑤

1. 1월 현금유입액

당월분	현금매출	₩80,000
	외상매출	210,000 (= ₩350,000 × 0.6)
전월분	외상매출	52,500 (= ₩60,000 ÷ 0.4 × 0.35)
전전월분	외상매출	10,000 (= ₩10,000 ÷ 0.05 × 0.05)
		₩352,500

2. 1월 말 매출채권 잔액

당월분	외상매출	₩140,000 (= ₩350,000 × 0.4)
전월분	외상매출	7,500 (= ₩60,000 ÷ 0.4 × 0.05)
		₩147,500

15 ③ 활동기준원가계산은 제조원가뿐만 아니라 제조 이전과 제조 이후에 발생한 원가도 해당 원가동인을 기준으로 각 원가대상에 배부할 수 있으므로, 판매관리비에도 활동기준원가계산을 적용한다.

cpa.Hackers.com

2016년

원가관리회계
기출문제 & 해답

제51회   공인회계사 1차 회계학

제53회   세무사 1차 회계학개론

정답 및 해설

01 예산에 관한 다음 설명 중 옳지 않은 것은?

① 고정예산(정태예산)은 단 하나의 조업도수준에 근거하여 작성되므로 성과평가목적으로 적합한 것이 아니다.

② 변동예산은 일정범위의 조업도수준에 관한 예산이며 성과평가목적을 위해 실제원가를 실제 조업도수준에 있어서의 예산원가와 비교한다.

③ 원점기준예산이란 과거의 예산에 일정비율만큼 증가 또는 감소한 예산을 수립하는 것이 아니라 예산을 원점에서 새로이 수립하는 방법이다.

④ 예산과 관련된 종업원들이 예산편성과정에 참여하는 참여예산의 문제점 중 하나는 예산슬랙(budgetary slack)이 발생할 가능성이 높다는 것이다.

⑤ 종합예산은 조직의 각 부문활동에 대한 예산이 종합된 조직 전체의 예산이며 변동예산의 일종이다.

📑 **Key Point**

고정예산은 연초 예산판매량에 근거하여 설정된 예산이며, 변동예산은 좀 더 의미있는 성과평가를 위해 사후 실제생산량에 근거하여 설정된 예산이다.

02 전략적 원가관리에 관한 다음 설명 중 옳은 것은?

① 품질원가계산(quality costing)에서 품질관리계획수립, 품질관리보고서의 작성, 품질관리기술개발, 품질개선을 위한 토의원가 등은 품질원가 중 평가원가에 해당한다.

② 활동기준경영(ABM; Activity-Based Management)은 활동분석을 통하여 파악된 정보를 토대로 활동과 프로세스의 개선을 통한 가치창출능력 증대에 초점을 두고 있다.

③ 카이젠원가계산(kaizen costing)은 제조 이전의 전방단계에서의 지속적인 원가 절감을 강조한다.

④ 적시재고시스템(JIT; Just-In-Time inventory system)은 공장 내에 재고가 거의 없기 때문에 원재료계정을 별도로 철저하게 기록·관리해야 한다.

⑤ 제품수명주기원가계산(product life-cycle costing)은 제조 이후 단계에서 대부분의 제품원가가 결정된다는 인식을 토대로 생산단계와 마케팅단계에서의 원가 절감을 강조한다.

📝 **Key Point**

적시생산시스템(JIT)은 재공품계정을 별도로 사용하지 않고 원재료를 구입한 직후 투입되어 완성되므로 원재료와 재공품을 합한 재공원재료(materials in process)계정을 사용한다.

03 20×1년 초에 영업을 개시한 (주)한국은 단일제품 X를 생산하여 지역 A와 지역 B에 판매하고 있다. 회사는 20×1년 중 제품 X를 40,000단위 생산하여 그 중 35,000단위를 판매하였으며, 20×1년 말 현재 직접재료 및 재공품재고는 없다. 20×1년 중 제품 X의 단위당 판매가격과 생산·판매 관련 단위당 변동원가와 연간 고정원가는 다음과 같다.

단위당 판매가격	₩80
단위당 직접재료원가	₩24
단위당 직접노무원가	₩14
단위당 변동제조간접원가	₩2
단위당 변동판매관리비	₩4
연간 고정제조간접원가	₩800,000
연간 고정판매관리비	₩496,000

회사는 20×1년 판매량 35,000단위 중 지역 A와 지역 B에 각각 25,000단위와 10,000단위를 판매하였다. 20×1년 고정제조간접원가 ₩800,000은 각 지역별로 추적이 불가능한 공통원가이고, 20×1년 고정판매관리비 ₩496,000 중 지역 A와 지역 B에 추적가능한 금액은 각각 ₩150,000과 ₩250,000이며 나머지 ₩96,000은 각 지역별로 추적이 불가능한 공통원가이다. 다음 설명 중 옳은 것은?

① 변동원가계산에 의한 (주)한국의 20×1년 단위당 제품원가는 ₩60이다.
② 변동원가계산에 의한 (주)한국의 20×1년 영업손실은 ₩30,000이다.
③ 전부원가계산에 의한 (주)한국의 20×1년 기말제품재고 금액은 ₩200,000이다.
④ 전부원가계산에 의한 (주)한국의 20×1년 영업이익은 ₩60,000이다.
⑤ (주)한국의 20×1년 지역별 부문 손익계산서에 의하면, 지역 A의 부문이익(segment margin)은 ₩750,000이다.

📝 **Key Point**
지역별 손익에 반영되는 원가는 변동원가와 추적가능한 원가이다.

04 (주)한국의 투자중심점인 A사업부의 지난 해 영업과 관련된 자료는 다음과 같다.

매출액	₩1,000,000
총변동원가	₩300,000
공헌이익	₩700,000
총고정원가	₩500,000
영업이익	₩200,000
평균영업자산	₩625,000

A사업부가 새로운 투자기회를 고려하지 않는다면, A사업부의 당기 성과와 평균영업자산은 지난 해와 동일한 수준을 유지할 것이다. 그러나 당기에 A사업부가 고려 중인 투자안에 연간 평균 ₩120,000만큼 투자하게 되면, 이 새로운 투자안으로부터 예상되는 연간 수익, 원가 및 공헌이익률 관련 자료는 다음과 같다.

매출액	₩200,000
총고정원가	₩90,000
공헌이익률	60%

투자안의 채택 여부를 결정할 때 회사 전체와 각 사업부에 적용되는 최저필수수익률은 15%이다. 만약 A사업부가 새로운 투자안을 채택한다면, A사업부의 올해 예상되는 잔여이익(residual income)은 얼마인가?

① ₩106,250 ② ₩110,450 ③ ₩118,250

④ ₩121,450 ⑤ ₩124,450

📝 **Key Point**

투자 전 잔여이익과 새로운 투자안을 가산한 투자 후 잔여이익을 계산한다.

05 (주)스키리조트는 매년 11월 중순부터 다음 해 3월 말까지 총 20주 동안만 객실을 임대하고, 나머지 기간 중에는 임대를 하지 않고 있다. (주)스키리조트는 각 객실의 하루 임대료가 ₩400인 100개의 객실을 구비하고 있다. 이 회사는 회계연도가 매년 4월 1일에 시작하여 다음 해 3월 31일에 종료되며, 회계기간 동안 연간 관리자급여와 감가상각비는 ₩1,370,000이다. 임대가능기간인 총 20주 동안만 채용되는 관리보조원 1명의 주당 급여는 ₩2,500이다. 임대가능기간 중 100개의 객실 각각에 대한 보수유지 및 관리비는 하루에 ₩125씩 발생한다. 총 객실 중 고객에게 임대한 객실은 청소 및 소모품비로 객실당 하루에 ₩30이 추가로 발생한다. (주)스키리조트가 동 회계연도 동안 손익분기점에 도달하기 위해 임대가능기간인 총 20주 동안의 객실임대율은 얼마인가? (단, 임대율(%)은 가장 근사치를 선택한다)

① 59.8%
② 60.5%
③ 61.2%
④ 63.4%
⑤ 65.3%

📝 **Key Point**

조업도는 각 객실의 하루 임대이므로 하루 임대에 대한 공헌이익을 먼저 계산하고 해당 기간의 나머지 원가는 고정원가로 처리한다.

06 (주)한국화학은 20×1년 2월 초 영업을 개시하여 당월에 제1공정에서 원재료 R을 가공하여 결합제품 A와 B를 생산한다. 제품 A는 제2공정에서 추가가공을 거쳐 판매되고, 제품 B는 제3공정에서 결합제품 C와 D로 분리된 후 각각 제4공정과 제5공정에서 추가가공을 거쳐 판매된다. 20×1년 2월의 각 공정에서 발생한 원가자료는 다음과 같다.

• 제1공정: 제품 A, B의 결합원가	₩100,000
• 제2공정: 제품 A의 개별원가(분리원가)	₩15,000
• 제3공정: 제품 C, D의 결합원가	₩70,000
• 제4공정: 제품 C의 개별원가(분리원가)	₩50,000
• 제5공정: 제품 D의 개별원가(분리원가)	₩20,000

20×1년 2월 (주)한국화학의 제품별 생산량과 kg당 판매가격은 다음과 같다.

제품	생산량	kg당 판매가격
A	500kg	₩120
C	1,000kg	₩200
D	800kg	₩150

(주)한국화학이 순실현가능가치를 기준으로 결합원가를 배부하는 경우, 20×1년 2월 제품 D의 총제조원가는 얼마인가?

① ₩60,000 ② ₩70,000 ③ ₩80,000
④ ₩90,000 ⑤ ₩100,000

📝 **Key Point**
결합공정은 제1공정과 제3공정이며 제1공정의 결합원가를 제품 A와 제품 B에 배분한 후 제품 B에 배분된 원가는 제3공정의 결합원가와 합하여 제품 C와 제품 D에 배분한다.

07 (주)한국이 판매부문의 20×1년도 성과평가목적으로 작성한 예산과 실적치를 대비한 자료는 다음과 같다.

구분	고정예산	실적치
판매량	25,000단위	27,500단위
매출액	₩250,000	₩253,000
변동원가		
제조원가	148,500	153,450
판매관리비	39,000	44,550
공헌이익	₩62,500	₩55,000
고정원가		
제조원가	12,500	15,000
판매관리비	27,500	30,000
영업이익	₩22,500	₩10,000

(주)한국의 CEO는 20×1년도 실제판매량이 목표판매량보다 10% 증가하였는데도 불구하고 영업이익은 오히려 감소한 원인을 파악하고자 한다. 이를 위해 매출가격차이(sales price variance)와 매출수량차이(매출조업도차이: sales volume variance)를 계산하면 각각 얼마인가? (단, U는 불리한 차이, F는 유리한 차이를 의미한다)

	매출가격차이	매출수량차이
①	₩22,000 U	₩6,250 F
②	₩22,000 U	₩6,500 F
③	₩22,000 U	₩6,750 F
④	₩20,000 U	₩6,500 F
⑤	₩20,000 U	₩6,750 F

📝 **Key Point**

고정예산과 실적치를 이용하여 BQ, AQ, BP, AP, SV를 정리한다.

08 (주)한국은 단일공정에서 단일의 제품 X를 생산·판매하고 있다. 회사는 실제원가에 의한 종합원가계산을 적용하고 있으며, 재공품 평가방법은 선입선출법이다. 제품 생산을 위해 직접재료는 공정 초에 전량 투입되며, 전환원가(가공원가: conversion costs)는 공정 전반에 걸쳐 균등하게 발생한다. 20×1년 2월 중 (주)한국의 완성품수량은 7,000단위이며, 생산 및 원가자료는 다음과 같다. 단, 괄호 안의 숫자는 전환원가의 완성도를 의미하고, 공손품은 발생하지 않는다.

구분	물량 단위	직접재료원가	전환원가
월초재공품	2,000단위(30%)	₩42,500	₩22,900
당월 착수 및 투입	?	₩216,000	₩276,000
월말재공품	4,000단위(70%)	?	?

(주)한국이 20×1년 2월 중 완성한 제품을 제품계정으로 대체하는 월말 분개로 옳은 것은?

① (차) 재공품　377,800 (대) 제품　377,800
② (차) 재공품　378,000 (대) 제품　378,000
③ (차) 제품　377,400 (대) 재공품　377,400
④ (차) 제품　377,800 (대) 재공품　377,800
⑤ (차) 제품　378,000 (대) 재공품　378,000

📝 **Key Point**
원가계산은 재공품계정에서 이루어지며 재공품에서 전출되는 원가는 완성품, 비정상공손원가 및 공손품(처분가치가 있는 경우 공손품의 순실현가치)이다.

09 (주)한국은 소매업체들을 대상으로 판매촉진 관련 지원서비스를 제공하고 있다. (주)한국은 적절한 이익을 창출하고자 각 고객별 주문과 관련하여 발생한 재료원가에 100%의 이윤폭(markup)을 가산하여 각 고객에 대한 지원서비스 청구액(= 재료원가 × 200%)을 결정하여 왔다. 최근 들어 (주)한국은 새로운 고객관계관리 소프트웨어를 사용하여 활동분석을 수행한 결과 활동, 활동원가동인 및 활동원가동인당 배부율을 다음과 같이 파악하였다.

활동	활동원가동인	활동원가동인당 배부율
정규주문처리	정규주문처리건수	정규주문처리 건당 ₩5
긴급주문처리	긴급주문처리건수	긴급주문처리 건당 ₩15
고객이 요구한 특별서비스처리	특별서비스처리건수	특별서비스처리 건당 ₩50
고객관계관리	연간 고객수	고객당 ₩100

고객관계관리 소프트웨어를 이용하여 20×1년 한 해 동안 이 회사의 고객들에 관한 데이터를 수집하였으며, 총 고객 60명 중 2명의 고객 A, B에 대한 자료와 회사 전체의 자료는 다음과 같다.

구분	고객 A	고객 B	회사 전체
매출액(지원서비스 청구액)	₩1,400	₩750	₩60,000
정규주문처리건수	25건	8건	1,000건
긴급주문처리건수	10건	8건	500건
특별서비스처리건수	4건	7건	200건
고객수	1명	1명	60명

위에 주어진 활동분석 자료에 입각하여 20×1년 한 해 동안 고객 A, B 각각으로부터 창출된 이익(손실)을 계산하면 얼마인가?

	고객 A	고객 B
①	₩175	₩(235)
②	₩175	₩(300)
③	₩175	₩(325)
④	₩125	₩(235)
⑤	₩125	₩(325)

📝 **Key Point**

재료원가에 100%를 가산하여 청구액을 결정하므로 청구액에 대한 재료원가율은 50%이다.

10 (주)한국은 동일한 직접재료 M을 사용하여 세 가지 제품 A, B, C를 생산·판매한다. 다음은 (주)한국이 생산·판매하고 있는 각 제품의 단위당 판매가격, 변동원가 및 공헌이익에 관한 자료이다.

구분	제품 A	제품 B	제품 C
단위당 판매가격	₩900	₩1,350	₩1,200
단위당 변동원가			
직접재료원가	160	320	200
기타변동원가	480	590	700
계	640	910	900
단위당 공헌이익	₩260	₩440	₩300

(주)한국은 공급업체로부터 직접재료 M을 매월 최대 4,000kg까지 구입가능하며, 직접재료 M의 구입가격은 kg당 ₩40이다. (주)한국의 각 제품에 대한 매월 최대 시장수요량은 400단위이다. (주)한국이 이익을 최대화하기 위해 각 제품을 매월 몇 단위씩 생산·판매하여야 하는가?

	제품 A	제품 B	제품 C
①	400단위	50단위	400단위
②	400단위	300단위	0단위
③	200단위	400단위	0단위
④	0단위	400단위	160단위
⑤	0단위	250단위	400단위

📝 Key Point
직접재료 M을 4,000kg만큼 사용할 수 있으므로 제품별 직접재료 M당 공헌이익을 계산하여 우선순위를 결정한다.

정답 및 해설 ▶ p.269

01 (주)세무는 단일제품 A를 생산·판매하며, 관련 범위 내 연간 최대생산능력은 10,000단위이다. (주)세무는 현재 제품 A 7,500단위를 생산하여 단위당 판매가격 ₩400으로 정규시장에 모두 판매한다. 최근 (주)세무는 (주)한국으로부터 단위당 가격 ₩350에 제품 A 3,000단위를 구입하겠다는 특별주문을 받았다. (주)한국의 특별주문은 전량 수락하든지 기각하여야 하며, 특별주문수락 시 정규시장 판매를 일부 포기하여야 한다. 제품 A의 단위당 직접재료원가는 ₩80, 단위당 직접노무원가는 ₩120, 단위당 변동판매관리비는 ₩0이며, 조업도수준에 따른 총제조간접원가는 다음과 같다.

조업도수준	총제조간접원가
최대생산능력의 55%	₩1,755,000
최대생산능력의 65%	1,865,000
최대생산능력의 75%	1,975,000
최대생산능력의 80%	2,030,000

(주)세무가 (주)한국의 특별주문을 수락한다면, 증가 또는 감소할 영업이익은? (단, 변동제조간접원가의 추정은 고저점법을 이용한다)

① ₩30,000 감소   ② ₩45,000 감소   ③ ₩75,000 증가
④ ₩90,000 증가   ⑤ ₩120,000 증가

> 📑 **Key Point**
> 관련원가분석은 변동원가와 고정원가의 구분이 선행되어야 하며, 총제조간접원가는 고저점법을 이용하여 변동제조간접원가를 구분할 수 있다.

02 (주)세무는 제품 A(공헌이익률 50%)와 제품 B(공헌이익률 30%) 두 제품만을 생산·판매하는데, 두 제품 간 매출액의 상대적 비율은 일정하게 유지된다. (주)세무의 20×1년 매출액 총액은 ₩7,000,000, 총고정원가는 ₩1,750,000으로 예측하고 있으며, 예상 영업이익은 ₩700,000으로 설정하였다. (주)세무가 20×1년의 예상 영업이익을 달성하기 위한 제품 A와 제품 B의 매출액은?

	제품 A	제품 B
①	₩700,000	₩6,300,000
②	₩840,000	₩6,160,000
③	₩1,750,000	₩5,250,000
④	₩2,800,000	₩4,200,000
⑤	₩3,150,000	₩3,850,000

> 📝 **Key Point**
> 가중평균공헌이익률은 제품별 공헌이익률을 매출액 배합비율을 기준으로 가중평균한 금액으로, 목표이익을 이용하여 가중평균공헌이익률을 산출한 후 제품별 매출액 배합비율을 추정할 수 있다.

03 (주)세무는 20×1년에 제품 A를 생산하기로 결정하였다. 제품 A의 20×1년 생산량과 판매량은 일치하며, 기초 및 기말재공품은 없다. 제품 A는 노동집약적 방법 또는 자본집약적 방법으로 생산 가능하며, 생산방법에 따라 품질과 판매가격의 차이는 없다. 각 생산방법에 의한 예상제조원가는 다음과 같다.

구분	노동집약적 생산방법	자본집약적 생산방법
단위당 변동제조원가	₩300	₩250
연간 고정제조간접원가	₩2,100,000	₩3,100,000

(주)세무는 제품 A 판매가격을 단위당 ₩600으로 책정하고, 제조원가 외에 단위당 변동판매관리비 ₩50과 연간 고정판매관리비 ₩1,400,000이 발생될 것으로 예상하였다. (주)세무가 20×1년에 노동집약적 생산방법을 택할 경우 손익분기점 판매량(A)과 두 생산방법 간에 영업이익의 차이가 발생하지 않는 판매량(B)은 각각 얼마인가?

	(A)	(B)
①	8,400단위	20,000단위
②	10,000단위	15,000단위
③	10,000단위	20,000단위
④	14,000단위	15,000단위
⑤	14,000단위	20,000단위

> 📝 **Key Point**
>
> 각 생산방법별 변동원가와 고정원가를 구분한 다음 이익함수를 결정한 후 손익분기점과 이익이 같아지는 판매량 등을 계산할 수 있다. 또한, 자본집약적 생산방법은 고정원가 비중이 상대적으로 높아 레버리지효과로 매출액 변화율에 대한 영업이익 변화율이 확대되는 효과가 커질 것이다.

04 (주)세무는 전부원가계산방법을 채택하여 단일제품 A를 생산·판매하며, 재고자산 계산은 선입선출법을 적용한다. 20×1년 제품 A의 생산·판매와 관련된 자료는 다음과 같다.

구분	수량	재고금액
기초제품	1,500단위	₩100,000(고정제조간접원가 ₩45,000 포함)
당기완성품	24,000단위	
당기판매	23,500단위	
기말제품	2,000단위	₩150,000(고정제조간접원가 포함)

20×1년 재공품의 기초와 기말재고는 없으며, 고정제조간접원가는 ₩840,000, 고정판매관리비는 ₩675,000이다. (주)세무의 20×1년 전부원가계산에 의한 영업이익이 ₩745,000일 경우, 변동원가계산에 의한 영업이익과 기말제품재고액은?

	영업이익	기말제품재고액
①	₩710,000	₩80,000
②	₩710,000	₩90,000
③	₩720,000	₩80,000
④	₩720,000	₩90,000
⑤	₩730,000	₩90,000

📝 **Key Point**

선입선출법이므로 기말제품의 고정제조간접원가는 당기 고정제조간접원가를 생산량으로 나누어 산출할 수 있다. 재공품이 있다면 재공품의 고정제조간접원가도 반영해야 한다.

05 (주)세무는 단일제품 A를 생산하는데 연간 최대생산능력은 70,000단위이며, 20×1년에 제품 A를 45,000단위 판매할 계획이다. 원재료는 공정 초에 전량 투입(제품 A 1단위 생산에 4kg 투입)되며, 제조과정에서 공손과 감손 등으로 인한 물량 손실은 발생하지 않는다. 20×1년 초 실제재고와 20×1년 말 목표재고는 다음과 같다.

구분	20×1년 초	20×1년 말
원재료	4,000kg	5,000kg
재공품	1,500단위(완성도 60%)	1,800단위(완성도 30%)
제품	1,200단위	1,400단위

재공품 계산에 선입선출법을 적용할 경우, (주)세무가 20×1년에 구입해야 하는 원재료(kg)는?

① 180,000kg   ② 182,000kg   ③ 183,000kg

④ 184,000kg   ⑤ 185,600kg

📝 **Key Point**

예상판매량을 기준으로 예상생산량과 예상투입량을 순차적으로 추정할 수 있다. 또한, 재료는 공정 초기에 전량 투입되므로 재공품의 진행률은 필요 없는 자료이며 재료 예상투입량은 당기 착수량인 필요한 재료수량이다.

06 원가-조업도-이익분석과 관련된 설명으로 옳지 않은 것은? (단, 답지항에서 변동되는 조건 외의 다른 조건은 일정하다고 가정한다)

① 계단원가(준고정원가)가 존재하면 손익분기점은 반드시 계단 수(구간 수)만큼 존재한다.

② 법인세율이 증가하면 같은 세후목표이익을 달성하기 위한 판매량이 많아진다.

③ 단위당 변동원가가 작아지면 손익분기점이 낮아진다.

④ 공헌이익률이 증가하면 목표이익을 달성하기 위한 매출액이 작아진다.

⑤ 법인세율이 증가해도 손익분기점은 바뀌지 않는다.

📝 **Key Point**

비선형함수의 손익분기점 분석은 선형이 유지되는 구간을 구분하여 구간별 분석을 진행한 후 도출된 결과의 적정성을 판단한다.

07 (주)세무는 기계시간 기준으로 제조간접원가를 예정배부하는 정상원가계산방법을 적용한다. 20×1년에 실제 제조간접원가는 ₩787,500이 발생되었고, 기계시간당 ₩25으로 제조간접원가를 예정배부한 결과 ₩37,500만큼 과대배부되었다. 20×1년 실제조업도가 예정조업도의 110%인 경우, (주)세무의 제조간접원가예산액은?

① ₩715,000 ② ₩725,000 ③ ₩750,000
④ ₩800,000 ⑤ ₩825,000

📝 **Key Point**
배부차이와 실제 제조간접원가를 이용하여 예정배부금액을 계산한 후 예정배부율을 나누어 실제조업도를 추정할 수 있다.

08 (주)세무의 20×1년 5월 중 자료는 다음과 같다.

구분	5월 1일	5월 31일
재공품	₩30,000	₩25,000
제품	20,000	10,000

5월 중 기초원가(prime cost)는 ₩325,000이고, 가공원가(conversion cost)가 직접재료원가의 40%이며, 제조간접원가는 ₩25,000이다. (주)세무의 5월 매출원가는?

① ₩320,000 ② ₩345,000 ③ ₩350,000
④ ₩360,000 ⑤ ₩365,000

📝 **Key Point**
기초원가와 제조간접원가의 합은 당기총제조원가이므로 재공품계정과 제품계정을 이용하여 매출원가를 계산할 수 있다. '가공원가가 직접재료원가의 40%'는 불필요한 자료이다.

09 (주)세무는 제품 A와 제품 B를 생산·판매하고 있으며, 두 제품의 단위당 연간 자료는 다음과 같다. 변동제조간접원가는 제품 생산에 소요되는 기계시간을 기준으로 계산한다.

구분	제품 A	제품 B
판매가격	₩200,000	₩240,000
직접재료원가	85,000	95,000
직접노무원가	10,000	10,000
변동제조간접원가(기계시간당 ₩5,000)	20,000	30,000
변동판매관리비	5,000	15,000
고정제조간접원가	15,000	25,000
고정판매관리비	30,000	20,000
단위당 원가 계	165,000	195,000

(주)세무가 제품 A와 제품 B의 생산에 사용할 수 있는 최대 기계시간은 연간 3,700시간이다. (주)세무가 제품을 외부로 판매할 경우 시장의 제한은 없으나, 연간 외부 최대수요량은 제품 A 700개, 제품 B 400개이다. (주)세무가 영업이익을 최대화할 수 있는 제품배합은?

	제품 A	제품 B
①	700개	100개
②	700개	150개
③	700개	400개
④	250개	400개
⑤	325개	400개

📝 **Key Point**

변동제조간접원가는 기계시간을 기준으로 배부하므로 제품별 변동제조간접원가와 기계시간당 배부율을 이용하여 제품별 기계시간을 산출할 수 있다. 또한, 기계시간당 공헌이익을 기준으로 우선순위를 결정하고 제품별 최대수요량만큼 우선순위 순으로 순차적으로 생산한다.

10 (주)세무는 단일제품 C를 생산하며, 변동원가계산을 적용한다. 20×2년 제품 C의 생산량과 판매량은 1,000개로 동일하고, 기초 및 기말재공품은 없다. 20×2년 제품 C의 생산 및 판매와 관련된 자료는 다음과 같다. 감가상각비를 제외하고, 수익발생과 현금유입시점은 동일하며 원가(비용)발생과 현금유출시점도 동일하다.

• 단위당 판매가격	₩6,000
• 단위당 변동제조원가	3,200
• 단위당 변동판매관리비	1,600
• 연간 고정제조간접원가	242,000 (기계 감가상각비 ₩72,000 포함)
• 연간 고정판매관리비	206,800 (매장건물 감가상각비 ₩64,800 포함)
• 법인세율	25%
• 기계와 매장건물은 20×0년에 취득하였다.	

(주)세무의 세후현금흐름분기점 판매량(A)과 판매량이 1,000개인 경우의 세후영업이익(B)은?

	(A)	(B)
①	222단위	₩563,400
②	444단위	₩563,400
③	222단위	₩666,000
④	444단위	₩666,000
⑤	666단위	₩666,000

11 (주)세무는 개별원가계산방법을 적용한다. 제조지시서 #1은 전기부터 작업이 시작되었고, 제조지시서 #2와 #3은 당기 초에 착수되었다. 당기 중 제조지시서 #1과 #2는 완성되었으나, 당기 말 현재 제조지시서 #3은 미완성이다. 당기 제조간접원가는 직접노무원가에 근거하여 배부한다. 당기에 제조지시서 #1 제품은 전량 판매되었고, 제조지시서 #2 제품은 전량 재고로 남아있다. 다음 자료와 관련된 설명으로 옳지 않은 것은?

구분	#1	#2	#3	합계
기초금액	₩450	–	–	
[당기투입액]				
직접재료원가	₩6,000	₩2,500	₩( )	₩10,000
직접노무원가	500	( )	( )	1,000
제조간접원가	( )	1,000	( )	4,000

① 당기제품제조원가는 ₩12,250이다.
② 당기총제조원가는 ₩15,000이다.
③ 기초재공품은 ₩450이다.
④ 기말재공품은 ₩2,750이다.
⑤ 당기매출원가는 ₩8,950이다.

📑 Key Point

#1의 기초금액은 당기총제조원가에 포함하지 않고 제조간접원가의 배부기준이 직접노무원가이므로 제조간접원가 배부율을 이용하여 제품별 직접노무원가와 제조간접원가를 계산할 수 있다. #1과 #2는 당기제품제조원가이며 #3은 기말재공품이다.

12 (주)세무는 분권화된 A사업부와 B사업부가 있다. A사업부는 반제품 M을 최대 3,000단위 생산할 수 있으며, 현재 단위당 판매가격 ₩600으로 2,850단위를 외부에 판매하고 있다. B사업부는 A사업부에 반제품 M 300단위를 요청하였다. A사업부 반제품 M의 단위당 변동원가는 ₩300(변동판매관리비는 ₩0)이며, 사내대체를 하여도 외부판매가격과 단위당 변동원가는 변하지 않는다. A사업부는 사내대체를 전량 수락하든지 기각하여야 하며, 사내대체 수락 시 외부시장 판매를 일부 포기하여야 한다. A사업부가 사내대체 전 이익을 감소시키지 않기 위해 제시할 수 있는 최소 사내대체가격은?

① ₩350   ② ₩400   ③ ₩450

④ ₩500   ⑤ ₩550

> **📝 Key Point**
> 사내대체 시 변동원가는 변하지 않으므로 단위당 변동원가에 판매 포기에 대한 기회원가를 반영하여 계산한다.

13 부문별 원가계산에 관한 설명으로 옳지 않은 것은?

① 단계배부법은 보조부문의 배부순서가 달라져도 배부금액은 차이가 나지 않는다.

② 단계배부법은 보조부문 간의 서비스 제공을 한 방향만 고려하여 그 방향에 따라 보조부문의 원가를 단계적으로 배부한다.

③ 상호배부법은 보조부문 간의 상호배부를 모든 방향으로 반영한다.

④ 단계배부법은 한 번 배부된 보조부문의 원가는 원래 배부한 보조부문에는 다시 배부하지 않고 다른 보조부문과 제조부문에 배부한다.

⑤ 직접배부법은 보조부문 간에 주고받는 서비스 수수관계를 전부 무시한다.

> **📝 Key Point**
> 단계배부법은 보조부문의 우선순위에 따라 배부금액이 달라지므로 항상 직접배부법 결과보다 정확하다고 할 수는 없다.

14 (주)세무는 단일제품 A를 대량생산하고 있으며, 종합원가계산방법(선입선출법 적용)을 사용한다. 직접재료는 공정 초에 전량 투입되고, 가공원가는 공정 전반에 걸쳐 균등하게 발생된다. 제품 A의 관련 자료가 다음과 같을 때, (주)세무의 제품 A 완성품 단위당 원가는? (단, 생산과정 중 감손이나 공손 등 물량 손실은 없다)

구분	물량(완성도)	구분	직접재료원가	가공원가
기초재공품	100개 (30%)	기초재공품	₩28,000	₩25,000
당기착수품	2,100개	당기발생원가	630,000	205,000
당기완성품	( )개	계	₩658,000	₩230,000
기말재공품	200개 (40%)			

① ₩384　　　　　② ₩390　　　　　③ ₩404

④ ₩410　　　　　⑤ ₩420

📑 **Key Point**
감손이나 공손이 없으므로 물량흐름을 통하여 총완성품수량을 결정한 후 선입선출법을 이용하여 완성품 원가를 계산할 수 있다.

15 결합원가계산에 관한 설명으로 옳지 않은 것은?

① 물량기준법은 모든 연산품의 물량 단위당 결합원가 배부액이 같아진다.
② 분리점 판매가치법(상대적 판매가치법)은 분리점에서 모든 연산품의 매출총이익률을 같게 만든다.
③ 균등이익률법은 추가가공 후 모든 연산품의 매출총이익률을 같게 만든다.
④ 순실현가치법은 추가가공 후 모든 연산품의 매출총이익률을 같게 만든다.
⑤ 균등이익률법과 순실현가치법은 추가가공을 고려한 방법이다.

📑 **Key Point**
순실현가치법은 제품별 순실현가치를 기준으로 결합원가를 배분하므로 제품별 추가가공원가 여부에 따라 매출총이익률이 달라질 수 있다.

정답 및 해설 ▶ p.273

정답 및 해설

제51회 공인회계사 1차 회계학

정답

01 ⑤   **02** ②   **03** ⑤   **04** ③   **05** ③   **06** ③   **07** ①   **08** ③   **09** ④   **10** ①

해설

01 ⑤ 종합예산(master budget)이란 기업 전체의 공식적인 행동계획을 화폐로 측정한 것으로 판매예산, 구매예산, 판매관리비예산, 현금예산 등을 기초로 하여 예산손익계산서와 예산재무상태표를 유기적으로 수립한 예산이다. 따라서 좀 더 의미있는 비교를 위해서 사후에 설정되는 변동예산과는 그 의미가 다르다.

02 ② ① 품질관리계획수립 등은 통제원가 중 예방원가에 해당한다.
③ 카이젠원가계산은 제조단계에서의 지속적이고 점진적인 원가 절감을 강조한다.
④ 적시생산시스템은 무재고시스템으로 원재료계정의 중요성이 낮아 원재료계정을 사용하지 않거나 원재료계정과 재공품계정을 통합한 재공원재료계정을 사용할 수 있다.
⑤ 제품수명주기원가계산은 총원가의 상당부분이 연구·개발단계에서 확정되므로 제조 이전 단계에서의 원가 절감을 강조한다.

03 ⑤ ① ₩24 + ₩14 + ₩2 = ₩40
② (₩80 - ₩24 - ₩14 - ₩2 - ₩4) × 35,000단위 - (₩800,000 + ₩496,000) = ₩(36,000)
③ 단위당 고정제조원가는 $\dfrac{₩800,000}{40,000단위}$ = ₩20이므로, 기말제품재고 금액은
5,000단위 × (₩40 + ₩20) = ₩300,000이다.
④ "전부원가이익 = 변동원가이익 + 기말재고 × 단위당 고정제조원가"이므로,
₩(36,000) + 5,000단위 × ₩20 = ₩64,000이다.
⑤ 25,000단위 × (₩80 - ₩24 - ₩14 - ₩2 - ₩4) - 150,000 = ₩750,000

04 ③

	영업이익	평균영업자산
채택 전	₩200,000	₩625,000
신투자	30,000[*]	120,000
채택 후	₩230,000	₩745,000

[*] ₩200,000 × 60% - ₩90,000 = ₩30,000
그러므로, 잔여이익은 ₩230,000 - ₩745,000 × 15% = ₩118,250이다.

05 ③ **1. 객실당 하루 임대 공헌이익**

₩400 - ₩30 = ₩370

2. 기타원가

• 보수유지 및 관리비: 객실당 하루 ₩125

• 관리보조원 급여: 주당 ₩2,500

• 관리자급여와 감가상각비: 연간 ₩1,370,000

3. 연간 손익분기 임대객실

임대객실을 Q라 한 후 정리하면 다음과 같다.

370Q - ₩125 × 100개 × 7일 × 20주 - ₩2,500 × 20주 - ₩1,370,000 = ₩0

⇒ 임대객실(Q) = 8,567.567개

4. 일 손익분기 임대객실

$$\frac{8,567.567개}{20주 \times 7일} ≒ 61.2개$$

그러므로, 객실임대율은 $\frac{61.2개}{100개} \times 100$ = 61.2%이다.

[별해]

1. 주당 수익과 비용

주당 임대객실을 Q라 한 후 정리하면 다음과 같다.

• 주당 공헌이익: (₩400 - ₩30) × Q × 7일 = 2,590Q

• 주당 비용: ₩125 × 100개 × 7일 + ₩2,500 = ₩90,000

2. 손익분기 임대객실

(2,590Q - ₩90,000) × 20주 - ₩1,370,000 = ₩0

그러므로, Q는 61.2개이다.

06 ③ **1. 제1공정 결합원가 배분**

	순실현가치	배분비율	배분액
A	₩45,000[*1]	20%	₩20,000
B	180,000[*2]	80%	80,000
	₩225,000	100%	₩100,000

[*1] 500kg × ₩120 - ₩15,000 = ₩45,000

[*2] (1,000kg × ₩200 - ₩50,000) + (800kg × ₩150 - ₩20,000) - ₩70,000 = ₩180,000

2. 제3공정 결합원가 배분

	순실현가치	배분비율	배분액
C	₩150,000[*3]	60%	₩90,000
D	100,000[*4]	40%	60,000
	₩250,000	100%	₩150,000[*5]

[*3] 1,000kg × ₩200 - ₩50,000 = ₩150,000

[*4] 800kg × ₩150 - ₩20,000 = ₩100,000

[*5] ₩80,000 + ₩70,000 = ₩150,000

3. 제품 D의 총제조원가

₩60,000 + ₩20,000 = ₩80,000

07 ① 1. 자료정리

AQ	AP - SV	BP - SV	BQ
27,500단위	₩9.2 - ₩7.5 = ₩1.7	₩10 - ₩7.5 = ₩2.5	25,000단위

- BP(예산판매가격): ₩250,000 ÷ 25,000단위 = ₩10
- AP(실제판매가격): ₩253,000 ÷ 27,500단위 = ₩9.2
- SV(표준변동원가): ₩187,500 ÷ 25,000단위 = ₩7.5

2. 매출차이분석

AQ × (AP - SV)	AQ × (BP - SV)	BQ × (BP - SV)
27,500단위 × (₩9.2 - ₩7.5)	27,500단위 × (₩10 - ₩7.5)	25,000단위 × (₩10 - ₩7.5)
= ₩46,750	= ₩68,750	= ₩62,500

₩22,000 U   ₩6,250 F

08 ③ 1. 제조원가보고서

① 물량흐름 파악

재공품

		완성		
월초	2,000 (0.3)			
		월초	2,000 (0.7)	
		당기	5,000	
착수	9,000	월말	4,000 (0.7)	
	11,000		11,000	

② 완성품환산량

	재료원가	가공원가
월초	-	1,400
당기	5,000	5,000
월말	4,000	2,800
	9,000	9,200

③ 원가

₩216,000	₩276,000

④ 환산량 단위당 원가(= ③ ÷ ②)

₩24	₩30

⑤ 원가 배분

완성품	₩65,400 + 5,000단위 × ₩24 + 6,400단위 × ₩30 =	₩377,400
재공품	4,000단위 × ₩24 + 2,800단위 × ₩30 =	₩180,000

2. 제품대체분개
(차) 제품 377,400   (대) 재공품 377,400

09 ④

	고객 A	고객 B
매출액	₩1,400	₩750
관련 비용		
재료원가	700[*1]	375[*6]
정규주문처리	125[*2]	40[*7]
긴급주문처리	150[*3]	120[*8]
특별서비스처리	200[*4]	350[*9]
고객관계관리	100[*5]	100[*10]
손익	₩125	₩(235)

[*1] ₩1,400 × 50% = ₩700
[*2] ₩5 × 25건 = ₩125
[*3] ₩15 × 10건 = ₩150
[*4] ₩50 × 4건 = ₩200
[*5] ₩100 × 1명 = ₩100
[*6] ₩750 × 50% = ₩375
[*7] ₩5 × 8건 = ₩40
[*8] ₩15 × 8건 = ₩120
[*9] ₩50 × 7건 = ₩350
[*10] ₩100 × 1명 = ₩100

10 ①

	제품 A	제품 B	제품 C
단위당 판매가격	₩900	₩1,350	₩1,200
단위당 변동원가	640	910	900
단위당 공헌이익	₩260	₩440	₩300
단위당 재료수량	÷ 4kg[*1]	÷ 8kg[*2]	÷ 5kg[*3]
재료당 공헌이익	₩65	₩55	₩60
우선순위	1순위	3순위	2순위

[*1] ₩160 ÷ ₩40 = 4kg
[*2] ₩320 ÷ ₩40 = 8kg
[*3] ₩200 ÷ ₩40 = 5kg

제품	소요시간	잔여시간
제품 A	400단위 × 4kg = 1,600kg	2,400kg
제품 C	400단위 × 5kg = 2,000kg	400kg
제품 B	50단위 × 8kg = 400kg	–

즉, 제품 A 400단위, 제품 B 50단위, 제품 C 400단위이다.

정답

01	③	02	③	03	⑤	04	③	05	③	06	①	07	③	08	⑤	09	②	10	①
11	①	12	③	13	①	14	④	15	④										

해설

01 ③ 1. 기존판매량 포기

주문량 - 여유조업도

= 3,000단위 - (10,000단위 - 7,500단위) = 500단위

2. 단위당 변동제조간접원가

고정제조원가와 단위당 변동제조간접원가를 각각 a, b라 한 후 정리하면 다음과 같다.

- 최대조업도: ₩2,030,000 = a + b × 8,000단위
- 최저조업도: ₩1,755,000 = a + b × 5,500단위
- ⇒ 단위당 변동제조간접원가(b) = ₩110

3. 단위당 변동제조원가

₩80 + ₩120 + ₩110 = ₩310

4. 특별주문의사결정

증분수익	매출	₩350 × 3,000단위 =	₩1,050,000
증분비용	변동제조원가	₩310 × 3,000단위 =	930,000
	기존판매 포기	500단위 × (₩400 - ₩310) =	45,000
증분이익			₩75,000

02 ③ 1. 가중평균공헌이익률(k)

₩7,000,000 × k - ₩1,750,000 = ₩700,000

⇒ 가중평균공헌이익률(k) = 0.35

2. 매출액 배합비율(a)

0.35 = 0.5a + 0.3 × (1 - a)

⇒ 제품 A의 배합비율(a) = 0.25

3. 제품별 매출액

- 제품 A: ₩7,000,000 × 0.25 = ₩1,750,000
- 제품 B: ₩7,000,000 - ₩1,750,000 = ₩5,250,000

03 ⑤   1. 손익구조

	노동집약적	자본집약적
단위당 판매가격	₩600	₩600
단위당 변동원가	₩300 + ₩50	₩250 + ₩50
단위당 공헌이익	₩250	₩300
고정원가	₩2,100,000 + ₩1,400,000	₩3,100,000 + ₩1,400,000

2. 노동집약적 생산방법하에서의 손익분기점 판매량(A)

₩250A - ₩3,500,000 = ₩0

A는 14,000단위이다.

3. 두 생산방법 간에 영업이익의 차이가 발생하지 않는 판매량(B)

₩250B - ₩3,500,000 = ₩300B - ₩4,500,000

B는 20,000단위이다.

04 ③

제품			
기초	1,500	판매	23,500
완성	24,000	기말	2,000
	25,500		25,500

1. 기초 및 기말재고에 포함되어 있는 고정제조간접원가

기초: ₩45,000

기말: ₩70,000[= (₩840,000 ÷ 24,000단위) × 2,000단위]

2. 변동원가계산에 의한 영업이익(k)

전부원가이익 = 변동원가이익 + 기말재고 고정제조간접원가 - 기초재고 고정제조간접원가

₩745,000 = k + ₩70,000 - ₩45,000

⇒ 변동원가이익(k) = ₩720,000

3. 기말제품재고액

₩150,000 - ₩70,000 = ₩80,000

05 ③   구입해야 하는 원재료(kg)를 k라 한 후 정리하면 다음과 같다.

제품			
기초	1,200	판매	45,000
완성	45,200	기말	1,400
	46,400		46,400

재공품			
기초	1,500 (60%)	완성	45,200
투입	45,500	기말	1,800 (30%)
	47,000		47,000

원재료			
기초	4,000	사용	182,000 (= 45,500단위 × 4kg)
매입	k	기말	5,000
	187,000		187,000

그러므로, 구입해야 하는 원재료(k)는 183,000kg이다.

06 ① 비선형함수의 손익분기점은 구간별로 분석한 후 산출된 결과가 해당 구간에 존재하는지 여부를 판단하는 것으로 손익분기점이 **구간별로 존재하는 것은 아니다.**

07 ③ 1. 예정배부액
실제발생액 + 과대배부액
= ₩787,500 + ₩37,500 = ₩825,000

2. 실제조업도
₩825,000 ÷ ₩25 = 33,000기계시간

3. 예정조업도
33,000기계시간 ÷ 110% = 30,000기계시간

4. 제조간접원가예산액
30,000기계시간 × ₩25 = **₩750,000**
[별해]
제조간접원가예산액을 k라 한 후 정리하면 다음과 같다.

$$\frac{k}{예정조업도} \times 실제조업도 = ₩825,000$$

$$\Rightarrow \frac{k}{100\%} \times 110\% = ₩825,000$$

따라서 제조간접원가예산(k)은 ₩750,000이다.

08 ⑤ 1. 재공품계정

재공품

월초	₩30,000	사용	₩355,000
DM			
DL	325,000		
OH	25,000	월말	25,000
	₩380,000		₩380,000

2. 제품계정

제품

월초	₩20,000	판매	₩365,000
입고	355,000	월말	10,000
	₩375,000		₩375,000

그러므로, 매출원가는 ₩365,000이다.

09 ②

	제품 A	제품 B
단위당 판매가격	₩200,000	₩240,000
단위당 변동원가	120,000[*1]	150,000[*2]
단위당 공헌이익	₩80,000	₩90,000
기계시간	4시간	6시간
기계시간당 공헌이익	₩20,000	₩15,000
우선순위	1순위	2순위

[*1] ₩85,000 + ₩10,000 + ₩20,000 + ₩5,000 = ₩120,000

[*2] ₩95,000 + ₩10,000 + ₩30,000 + ₩15,000 = ₩150,000

1순위인 제품 A 700개 생산에 필요한 시간은 "4시간 × 700개 = 2,800시간"이므로, 잔여시간인 900시간으로 제품 B 150개(= 900시간 ÷ 6시간)를 생산할 수 있다. 즉, 제품 A 700개와 제품 B 150개를 생산할 수 있다.

10 ①

	(주)세무
단위당 판매가격	₩6,000
단위당 변동원가	₩3,200 + ₩1,600 = ₩4,800
단위당 공헌이익	₩1,200
고정원가	₩242,000 + ₩206,800(감가상각비 ₩136,800) = ₩448,800

(1) 세후현금흐름분기점 판매량(A)

(1,200A - ₩448,800) × (1 - 0.25) + ₩136,800 = ₩0

A = 222단위

(2) 판매량이 1,000개인 경우의 세후영업이익(B)

(1,000개 × ₩1,200 - ₩448,800) × (1 - 0.25) = ₩563,400

11 ①   1. 작업별 물량흐름

재공품			
기초	#1	완성	#1, #2
착수	#2, #3	기말	#3
	#1, #2, #3		#1, #2, #3

2. 작업별 원가

	#1	#2	#3	계
기초	₩450	-	-	₩450
직접재료원가	6,000	₩2,500	₩1,500[*1]	10,000
직접노무원가	500	250[*3]	250	1,000
제조간접원가	2,000[*2]	1,000	1,000	4,000
소계	₩8,950	₩3,750	₩2,750	₩15,450
	(매출원가)	(기말제품)	(기말재공품)	

[*1] ₩10,000 - ₩6,000 - ₩2,500 = ₩1,500

[*2] 제조간접원가는 직접노무원가의 400%이므로, ₩500 × 400% = ₩2,000이다.

[*3] ₩1,000 ÷ 400% = ₩250

3. 당기제품제조원가(#1, #2)

₩8,950 + ₩3,750 = ₩12,700

12 ③ 최소대체가격은 "단위당 증분원가 + 단위당 기회비용"이고 300단위를 대체하기 위해서는 기존판매량을 150단위 감소시켜야 하므로, 단위당 최소대체가격을 계산하면 다음과 같다.

$$\text{₩}300 + \frac{150\text{단위} \times (\text{₩}600 - \text{₩}300)}{300\text{단위}} = \text{₩}450$$

따라서 A사업부가 사내대체 전 이익을 감소시키지 않기 위해 제시할 수 있는 최소 사내대체가격은 ₩450 이다.

13 ① 단계배부법의 경우 보조부문의 배분순서에 따라 제조부문에 배부되는 금액이 달라지는 단점이 있다.

14 ④ ① 물량흐름 파악　　　　　　　　　　　　　② 완성품환산량

	재공품				재료원가	가공원가
기초	100 (0.3)	완성	100 (0.7)		–	70
			1,900		1,900	1,900
착수	2,100	기말	200 (0.4)		200	80
	2,200		2,200		2,100	2,050

③ 원가

　　　　　　₩630,000　　　　₩205,000

④ 환산량 단위당 원가(= ③ ÷ ②)

　　　　　　₩300　　　　　　₩100

1. 완성품원가

₩53,000 + 1,900단위 × ₩300 + 1,970단위 × ₩100 = ₩820,000

2. 완성품 단위당 원가

$$\frac{\text{₩}820,000}{2,000\text{단위}} = \text{₩}410$$

15 ④ 순실현가치법의 경우 추가가공이 존재할 때 추가가공 후 모든 연산물의 매출총이익이 동일하지는 않다.

2015년

원가관리회계
기출문제 & 해답

제50회 공인회계사 1차 회계학

제52회 세무사 1차 회계학개론

정답 및 해설

01 전략적 원가관리에 관한 설명으로 옳지 않은 것은?

① 적시생산시스템(JIT)은 짧아진 제품수명 및 제품의 다양성에 따라 증가하는 재고관리비용 등을 감소시키는 방안으로 유용하며, 초변동원가계산(throughput costing)을 사용하여 제품원가를 계산한다.

② 목표원가계산(target costing)은 컴퓨터, 자동차 등 조립형 산업에서 주로 활용되는 것으로서, 시장중심의 목표원가와 생산중심의 표준원가와의 차이를 줄이려는 노력을 원가 절감의 일차적 대상으로 삼고 기술개발과 디자인 등에 주력한다.

③ 품질원가계산(quality costing)은 통제원가(예방 및 평가원가)와 실패원가를 포함한 품질관련 원가를 최소화시키면서 품질수준을 최대화시키는 데 목적이 있다.

④ 카이젠원가계산(kaizen costing)은 제조단계에서의 원가 절감에 초점을 맞추고 있다.

⑤ 제약이론(theory of constraints)은 기업의 목표를 달성하는 과정에서 병목공정을 파악하여 이를 집중적으로 관리하고 개선해서 기업의 성과를 높이는 방법이다.

📑 **Key Point**

적시생산시스템은 재공품계정을 별도로 사용하지 않고 제조원가를 제품에 직접 할당하는 역류원가계산(backflush costing)을 사용한다. 이 방법은 전통적 표준원가계산에 비하여 일부 재고계정을 사용하지 않는 보다 단순한 원가계산방법이라 할 수 있다.

02 (주)한국은 결합생산공정으로부터 두 종류의 주산품 A, B와 부산품 C를 생산하며, 부산품 C의 회계 처리에는 생산기준법하에서의 원가차감법을 사용한다. 당기의 결합원가 발생액은 ₩54,000이며, 각 제품에 관한 자료는 다음과 같다. 단, 기초재고와 기말재공품은 없다.

제품	분리점 이후 추가가공원가	생산량	최종판매가치
A	₩10,000	1,000단위	₩70,000
B	₩15,000	1,500단위	₩55,000
C	₩2,000	500단위	₩6,000

(주)한국이 순실현가능가치(net realizable value)를 기준으로 결합원가를 배부한다면, 주산품 A에 배부되는 결합원가는 얼마인가?

① ₩20,000　　　　② ₩25,000　　　　③ ₩30,000
④ ₩35,000　　　　⑤ ₩40,000

📝 Key Point
부산물 처리방법은 생산기준법과 판매기준법이 있으며 생산기준법은 부산물의 순실현가치만큼을 부산물에 먼저 배부하는 방법으로 해당 금액을 결합원가에서 차감한다고 표현하기도 한다.

03 (주)한국은 표준원가계산제도를 사용하고 있으며 제품 단위당 표준원가는 다음과 같다.

구분	수량표준	가격표준	표준원가
직접재료원가	2kg	₩10	₩20
직접노무원가	3시간	₩10	₩30
변동제조간접원가	3시간	₩5	₩15
고정제조간접원가	3시간	₩10	₩30
합계			₩95

(주)한국은 20×1년 2월에 제품 1,100단위를 생산하였다. 이와 관련하여 당월 중 직접재료 2,420kg을 kg당 ₩9.5에 외상으로 구입하여 이 중 2,300kg을 생산에 투입하였다. 회사가 직접재료원가 가격차이를 사용시점에서 분리할 경우, 20×1년 2월 중 직접재료의 생산투입에 대한 분개로서 옳은 것은? (단, 20×1년 2월 직접재료의 월초재고는 없었으며, 월초재공품과 월말재공품 또한 없었다)

	\<차변\>		\<대변\>	
①	재공품	22,000	직접재료	21,850
	직접재료수량차이	1,000	직접재료가격차이	1,150
②	재공품	22,000	직접재료	22,150
	직접재료가격차이	1,150	직접재료수량차이	1,000
③	재공품	21,850	직접재료	22,000
	직접재료수량차이	1,150	직접재료가격차이	1,000
④	재공품	22,150	직접재료	22,000
	직접재료가격차이	1,000	직접재료수량차이	1,150
⑤	재공품	22,000	직접재료	24,200
	직접재료수량차이	2,200		

📑 **Key Point**

재료원가의 가격차이는 구입량과 사용량을 기준으로 각각 구입가격차이와 수량차이로 구분할 수 있으며 불리한 차이는 차변잔액에, 유리한 차이는 대변잔액에 표시된다.

---

04 (주)한국은 단일제품을 생산·판매한다. 회사는 표준원가에 기초한 전부원가계산제도를 사용하며 20×1년도 기준조업도로 사용가능한 생산능력별 연간 제품 생산량은 다음과 같다.

기준조업도	연간 제품 생산량
이론적 조업도(theoretical capacity)	10,000단위
실제 최대조업도(practical capacity)	7,000단위
정상조업도(평준화조업도: normal capacity)	5,600단위

(주)한국의 20×1년도 제품 생산 및 원가 정보는 다음과 같다.

기초재고량	0단위
당기 생산량	6,000단위
기말재고량	1,000단위
단위당 판매가격	₩20
단위당 변동제조원가	₩5
단위당 변동판매비와 관리비	₩1
총고정제조간접원가	₩35,000
총고정판매비와 관리비	₩10,000

20×1년도 (주)한국의 기초 및 기말재공품은 존재하지 않으며 조업도차이를 제외한 어떠한 원가차이도 발생하지 않았다. 다음 설명 중 옳지 않은 것은?

① 실제조업도가 기준조업도를 초과하면 고정제조간접원가 배부액이 예산액보다 커져서 과대배부가 발생하고, 반대로 실제조업도가 기준조업도보다 낮으면 배부액이 예산액보다 작아져서 과소배부가 발생한다.

② 조업도수준에 대한 추정의 오류에서 발생하는 고정제조간접원가의 과소 또는 과대배부를 조업도차이라고 부른다.

③ 이론적 조업도 혹은 실제 최대조업도를 기준조업도로 사용하는 경우 (주)한국의 20×1년도 조업도차이는 불리한 차이를 보이는 반면, 정상조업도를 기준조업도로 사용하는 경우 (주)한국의 20×1년도 조업도차이는 유리한 차이를 나타낸다.

④ 회계연도 말에 (주)한국이 표준원가에 기초한 전부원가계산에 의한 손익계산서를 외부 재무보고목적용 실제원가 손익계산서로 전환함에 있어 조업도차이를 매출원가에서만 가감하는 방식으로 조정하는 경우, 이론적 조업도, 실제 최대조업도, 정상조업도 중 정상조업도를 기준조업도로 선택함으로써 가장 높은 20×1년도 영업이익을 보고한다.

⑤ 회계연도 말에 (주)한국이 표준원가에 기초한 전부원가계산에 의한 손익계산서를 외부 재무보고목적용 실제원가 손익계산서로 전환함에 있어 조업도차이를 기말재공품, 기말제품, 매출원가에 집계된 총원가의 상대적 비율에 따라 안분하는 경우, 이론적 조업도, 실제 최대조업도, 정상조업도 중 이론적 조업도를 기준조업도로 선택함으로써 가장 낮은 20×1년도 영업이익을 보고한다.

📝 Key Point

조업도가 생산 단위이므로 고정제조원가 표준배부율은 생산 단위당 일정금액으로 표시되며 고정제조원가 표준배부율은 예산고정제조간접원가를 기준조업도로 나누어 계산한다. 또한, 재공품이 없으므로 실제산출량은 실제생산량이다.

05 다음에 주어진 (주)한국제조의 손익계산서는 회계지식이 부족한 인턴직원이 작성한 것이다.

손익계산서

(주)한국제조	20×1. 1. 1 ~ 20×1. 12. 31		(단위: ₩)
• 매출액			900,000
• 영업비용			
간접노무원가		24,000	
수도광열비		30,000	
직접노무원가		140,000	
감가상각비(공장설비)		42,000	
감가상각비(본사건물)		36,000	
당기 원재료 매입액		330,000	
보험료		8,000	
임차료		100,000	
판매 및 관리부서의 직원급여		64,000	
광고선전비		150,000	924,000
• 영업이익			(24,000)

그러나 위의 손익계산서에 표시된 매출액 및 영업비용 내역은 모두 올바른 자료이다. 만약 당신이 (주)한국제조의 20×1년도 손익계산서를 정확하게 작성하고자 하는 경우 필요한 추가 자료는 다음과 같다.

(1) 수도광열비의 60%, 보험료의 75%와 임차료의 80%는 공장설비와 관련된 것이며, 나머지는 판매 및 일반관리활동과 관련하여 발생한 것이다.

(2) 20×1년도 재고자산의 기초 및 기말잔액은 다음과 같다.

구분	기초	기말
원재료	₩16,000	₩26,000
재공품	₩32,000	₩42,000
제품	₩80,000	₩120,000

20×1년도 (주)한국제조의 정확한 당기제품제조원가와 영업이익은 각각 얼마인가?

	당기제품제조원가	영업이익		당기제품제조원가	영업이익
①	₩620,000	₩12,000	②	₩620,000	₩24,000
③	₩620,000	₩36,000	④	₩630,000	₩12,000
⑤	₩630,000	₩24,000			

📑 **Key Point**

제조원가는 재고가능원가이고 판매관리비는 기간비용이므로 제조원가는 판매된 부분(매출원가)만 비용처리한다. 또한, 직접재료와 노무원가 이외의 비용은 공장과 관련한 제조간접원가와 판매관리비를 구분해야 한다.

06 (주)한국의 엔진사업부는 단일의 제품을 생산·판매하는 투자중심점이다. (주)한국의 최근 몇 해 동안의 투자수익률(ROI)은 평균 20%이며, 자본비용(즉, 최저필수수익률)은 15%이다. 다음은 20×1 회계연도 (주)한국의 엔진사업부에 관한 예산자료이다.

• 엔진사업부의 연간 총고정원가	₩200,000
• 제품 단위당 변동원가	₩100
• 제품의 연간 생산·판매량	1,000단위
• 엔진사업부에 투자된 평균영업자산	₩500,000

(주)한국의 CEO는 엔진사업부 경영자의 성과평가측정치로 투자수익률 혹은 잔여이익(residual income)을 고려 중이다. 만약 투자수익률이 채택되는 경우, 엔진사업부 경영자가 불리한 평가를 받지 않기 위해서는 20×1 회계연도에 20% 이상의 투자수익률을 달성하여야 한다. 만약 잔여이익이 채택되는 경우, 20×1 회계연도에 엔진사업부가 음(-)의 잔여이익을 창출하게 되면 유리한 성과평가를 받을 수 없게 된다. (주)한국이 엔진사업부의 성과평가측정치로 투자수익률 혹은 잔여이익을 사용하게 되는 각각의 경우에 대해, 엔진사업부 경영자가 20×1 회계연도에 불리한 평가를 받지 않기 위해 책정하여야 하는 제품 단위당 최소평균판매가격은 얼마인가?

	투자수익률을 사용하는 경우	잔여이익을 사용하는 경우
①	₩375	₩380
②	₩375	₩390
③	₩375	₩400
④	₩400	₩375
⑤	₩400	₩390

📝 **Key Point**
투자수익률이 20%, 잔여이익이 ₩0이 되는 판매가격을 계산한다.

07 상호 대체가능한 제품 P와 제품 Q 두 가지 종류만을 판매하는 (주)한국에 대한 20×1 회계연도 자료는 다음과 같다.

구분	제품 P	제품 Q
예산판매수량	800단위	1,200단위
실제판매수량	500단위	2,000단위
단위당 예산판매가격	₩50	₩20
단위당 실제판매가격	₩55	₩18
단위당 표준변동원가	₩30	₩16
단위당 실제변동원가	₩32	₩15

(주)한국의 20×1 회계연도 매출배합차이와 매출수량차이를 계산하면 각각 얼마인가?

	매출배합차이	매출수량차이
①	₩8,000 유리	₩5,200 불리
②	₩8,000 유리	₩5,200 유리
③	₩5,200 불리	₩8,000 불리
④	₩5,200 유리	₩8,000 불리
⑤	₩8,000 불리	₩5,200 유리

📋 **Key Point**

상호 대체가능하므로 매출배합차이와 매출수량차이가 발생할 수 있으며 제시된 자료에서 예산자료와 실제자료를 구분하여 정리해야 한다.

08 (주)한국제조의 판매부서는 분기별 예산판매량을 다음과 같이 보고하였다.

분기	분기별 예산판매량
20×1년 1분기	8,000단위
20×1년 2분기	6,500단위
20×1년 3분기	7,000단위
20×1년 4분기	7,500단위
20×2년 1분기	8,000단위

(주)한국제조의 20×1년 1분기 초 제품의 재고량은 1,600단위이며, 제품의 각 분기 말 재고량은 다음 분기 예산판매량의 20% 수준을 유지하고 있다. (주)한국제조는 제품 한 단위를 생산하는 데 0.35직접노무시간이 소요될 것으로 예상하고 있으며, 직접노무인력에게 시간당 ₩10의 정규 임금을 지급할 계획이다. (주)한국제조는 직접노무인력을 정규직원으로 고용하고 있어 매분기마다 최소한 2,600직접노무시간에 해당하는 임금을 보장하여야 한다. 즉, 이 회사는 직접노무인력을 신축성 있게 조정할 수 없기 때문에 매분기마다 필요한 직접노무시간이 2,600시간 미만이 되더라도 2,600시간에 해당하는 임금을 지급해야 한다. 그러나 분기에 필요한 직접노무시간이 2,600시간을 초과하면 초과시간에 대해서는 정규 임금의 1.5배를 지급하여야 한다. (주)한국제조의 20×1 회계연도 직접노무원가 예산금액은 얼마인가?

① ₩105,870 ② ₩106,325 ③ ₩107,175
④ ₩108,350 ⑤ ₩109,450

📝 **Key Point**
분기별 노무시간을 계산한 후 2,600시간에 미달하면 2,600시간으로 결정하고 2,600시간을 초과하는 부분은 1.5배를 가산한다.

09 상품매매기업인 (주)한국유통이 활동기준원가계산을 적용하여 간접원가(overheads)를 고객별로 배부하기 위해, 20×1년 초에 수집한 연간 예산자료는 다음과 같다.

(1) 연간 간접원가

간접원가항목	금액
급여	₩1,200,000
판매비	₩800,000
계	₩2,000,000

(2) 활동별 간접원가 배부비율

간접원가항목	활동		계
	고객주문처리	고객관계관리	
급여	20%	80%	100%
판매비	40%	60%	100%

(3) 활동별 원가동인과 연간 활동량

활동	원가동인	활동량
고객주문처리	고객주문횟수	500회
고객관계관리	고객수	50명

(주)한국유통은 20×1년 중 주요 고객인 (주)대한이 20회의 주문을 할 것으로 예상하고 있다. (주)대한의 주문 1회당 예상되는 평균매출액은 ₩20,000이며, 매출원가는 매출액의 75%이다. 활동기준원가계산을 적용하여 간접원가를 고객별로 배부하는 경우, (주)한국유통이 20×1년 중 (주)대한으로부터 얻을 것으로 예상할 수 있는 이익은 얼마인가? (단, 매출원가를 제외한 어떠한 직접원가도 발생하지 않는다)

① ₩46,300 ② ₩48,800 ③ ₩50,400
④ ₩52,600 ⑤ ₩54,500

📝 **Key Point**
(주)대한의 매출은 1회 평균매출에 20회를 곱하여 계산하며 매출원가는 매출액의 75%이다.

10 (주)한국은 두 개의 보조부문(부문 S_1과 부문 S_2)과 두 개의 제조부문(부문 P_1과 부문 P_2)을 사용하여 제품을 생산하고 있다. 20×1 회계연도에 각 보조부문이 생산하여 타부문에 제공할 용역의 양과 보조부문의 원가에 관한 예산자료는 다음과 같다.

(1) 보조부문의 용역생산량과 타부문에 제공할 용역량

보조부문	보조부문의 용역생산량	각 보조부문이 타부문에 제공할 용역량			
		S_1	S_2	P_1	P_2
S_1	200단위	-	40단위	100단위	60단위
S_2	200단위	100단위	-	20단위	80단위

(2) 보조부문의 원가

구분	부문 S_1	부문 S_2
간접재료원가(변동원가)	₩560,000	₩80,000
감독자급여(고정원가)	80,000	80,000
감가상각비(고정원가)	200,000	240,000
계	₩840,000	₩400,000

20×0년 말 (주)한국은 (주)대한으로부터 현재 부문 S_2에서 제공하고 있는 용역을 단위당 ₩1,400에 공급해 주겠다는 제안을 받았다. 만약 이 제안을 20×1년 초에 수락할 경우 (주)한국은 부문 S_2의 간접재료원가를 회피할 수 있으며 부문 S_2의 감독자급여를 50%만큼 절감할 수 있다. 그리고 부문 S_2의 설비는 타사에 임대하여 연간 ₩24,000의 수익을 얻을 수 있다. 만약 20×1년 초에 (주)한국이 (주)대한의 제안을 수락함으로써 부문 S_2를 폐쇄하고 (주)대한으로부터 용역을 구입하기로 결정하는 경우, 이러한 결정은 (주)한국의 20×1 회계연도 이익에 어떠한 영향을 미치게 될 것인가?

① ₩1,000 증가   ② ₩2,000 증가   ③ ₩3,000 증가

④ ₩4,000 증가   ⑤ ₩5,000 증가

📝 **Key Point**

보조부문 상호 간 용역수수관계가 있는 경우 일부 용역량을 줄일 수 있으며 잔존부문이 폐쇄부문에 제공하는 비율에 해당하는 원가를 절감할 수 있다.

정답 및 해설 ▶ p.302

01 (주)국세는 결합공정을 통하여 주산물 X, Y와 부산물 C를 생산하였으며, 결합원가는 ₩50,000이었다. 주산물 X는 추가가공 없이 판매하지만, 주산물 Y와 부산물 C는 추가가공을 거쳐 판매한다. 20×1년의 생산 및 판매 자료는 다음과 같다.

구분	주산물 X	주산물 Y	부산물 C
추가가공원가	없음	₩13,400	₩600
생산량	900단위	900단위	200단위
단위당 판매가격	₩30	₩70	₩5

부산물은 생산시점에서 순실현가능가치로 인식한다. 균등매출총이익률법에 의해 각 주산물에 배분되는 결합원가는?

	주산물 X	주산물 Y
①	₩17,300	₩32,300
②	₩17,600	₩32,000
③	₩18,100	₩31,500
④	₩18,900	₩30,700
⑤	₩19,600	₩30,000

📝 **Key Point**

균등매출총이익률법은 개별제품과 회사 전체 매출총이익률이 같아지도록 결합원가를 배부하는 방법으로 개별제품에는 부산물을 포함하지 않는다.

(주)국세의 당기 중 생산 및 원가자료는 다음과 같다.

기초재공품		직접재료원가	₩1,000
		전환원가(가공원가)	₩2,475
당기투입원가		직접재료원가	₩5,600
		전환원가(가공원가)	₩8,300
기말재공품		수량	500단위
	완성도	직접재료원가	20%
		전환원가(가공원가)	15%
공손품		수량	200단위
	완성도	직접재료원가	50%
		전환원가(가공원가)	40%

완성품수량은 2,000단위이고, 공손품원가를 전액 별도로 인식하고 있다. 재고자산의 단위원가 결정방법이 가중평균법인 경우, 공손품원가는?

① ₩300   ② ₩420   ③ ₩540
④ ₩670   ⑤ ₩700

📝 Key Point

직접재료원가의 완성도가 별도로 제시되어 있어 완성품환산량 계산 시 반영해야 하며, 평균법이므로 기초재공품의 완성도는 필요하지 않다. 공손품원가를 인식하므로 공손원가를 별도로 집계한다.

03 (주)국세는 다음과 같이 3가지 제품을 생산·판매할 계획이다.

구분	제품 A	제품 B	제품 C
단위당 판매가격	₩10	₩12	₩14
단위당 변동원가	₩6	₩4	₩8
예상판매량	100개	150개	250개

고정원가는 총 ₩2,480으로 전망된다. 예상판매량 배합비율이 유지된다면, 제품 C의 손익분기점 매출액은?

① ₩800　　　　　② ₩1,200　　　　　③ ₩1,440
④ ₩2,000　　　　　⑤ ₩2,800

📝 **Key Point**

복수제품의 수량배합이 제시되어 있어 꾸러미법이나 가중평균공헌이익을 이용하여 분석할 수 있다.

04 (주)국세는 표준원가계산제도를 채택하고 있다. 20×1년 직접재료의 표준원가와 실제원가는 다음과 같을 때, 직접재료원가 수량차이는?

표준원가	제품 단위당 직접재료 표준투입량	20kg
	직접재료 표준가격	₩30/kg
실제원가	실제생산량	50개
	직접재료원가	₩35,000
	직접재료 구입가격	₩28/kg

① ₩5,500 유리　　　② ₩5,500 불리　　　③ ₩7,500 유리
④ ₩7,500 불리　　　⑤ 차이 없음

📝 **Key Point**

실제생산량이 실제산출량이며 재공품이 있는 경우 실제산출량은 원가요소별 완성품환산량이다.

05 (주)국세는 부품 A를 자가제조하며, 관련된 연간 생산 및 원가자료는 다음과 같다.

직접재료원가	₩10,000
직접노무원가	20,000
변동제조간접원가	10,000
고정제조간접원가	20,000
생산량	250단위

최근에 외부업체로부터 부품 A 250단위를 단위당 ₩200에 공급하겠다는 제안을 받았다. 부품 A를 전량 외부에서 구입하면 고정제조간접원가 중 ₩10,000이 절감되며, 기존 설비를 임대하여 연간 ₩15,000의 수익을 창출할 수 있다. 외부업체의 제안을 수용하면, 자가제조보다 연간 얼마나 유리(또는 불리)한가?

① ₩15,000 유리   ② ₩15,000 불리   ③ ₩25,000 유리

④ ₩25,000 불리   ⑤ ₩35,000 유리

> 📝 **Key Point**
> 외부구입할 경우 고정제조간접원가 절감 여부와 여유설비를 활용하여 얻을 수 있는 수익을 파악해야 한다.

06 (주)국세의 제품 생산과 관련된 자료는 다음과 같다.

구분	제품 A	제품 B
연간 최대판매가능 수량	3,000단위	4,500단위
단위당 공헌이익	₩25	₩30
단위당 소요노무시간	1시간	1.5시간

연간 최대노무시간이 6,000시간일 때, 달성할 수 있는 최대공헌이익은?

① ₩75,000   ② ₩95,000   ③ ₩105,000

④ ₩120,000   ⑤ ₩135,000

> 📝 **Key Point**
> 노무시간이 제약자원이므로 노무시간당 공헌이익을 계산하여 우선순위를 결정하고 판매가능수량만큼 우선순위 순으로 순차적으로 생산한다.

07 (주)국세의 월별 상품매출액 예산은 다음과 같다.

월	매출액 예산
1월	₩5,000
2월	10,000
3월	20,000
4월	40,000

매출액에 대한 매출원가의 비율은 80%이고, 월말재고는 다음 달 예상매출원가의 20%이다. 3월에 예상되는 상품매입액은?

① ₩12,000   ② ₩16,000   ③ ₩18,400
④ ₩19,200   ⑤ ₩20,800

📝**Key Point**

매출원가율을 이용하여 월별 매출원가를 계산한 후 재고를 반영하여 매입액을 계산한다.

---

08 성과평가 및 보상에 관한 설명으로 옳은 것은?

① 투자이익률(ROI, Return On Investment)은 사업부 또는 하위 사업 단위의 성과평가에 적용될 수 있으나, 개별 투자안의 성과평가에는 적용되지 않는다.

② 잔여이익(RI, Residual Income)은 영업이익으로부터 산출되며, 평가대상의 위험을 반영하지 못한다.

③ 투자이익률(ROI)에 비해 잔여이익(RI)은 투자규모가 서로 다른 사업부의 성과를 비교·평가하기가 용이하다.

④ 상대평가에 비해 절대평가는 인구, 경제상황, 규제정책 등 공통의 통제불가능한 요소가 성과평가에 미치는 영향을 제거하기 쉽다.

⑤ 경영자가 장기적 성과에 관심을 갖도록 동기부여하기 위해 회사의 주가를 기준으로 보상을 결정하는 방법이 있다.

📝**Key Point**

대리인(경영자)은 자신의 효용을 극대화하기 위하여 성과측정치를 높이거나 비금전적인 혜택을 위해서 불필요한 지출을 할 수 있다. 회사의 주가를 기준으로 보상을 결정하면 대리인(경영자)은 주주의 이익과 기업의 장기적 이익을 극대화하는 방향으로 동기부여할 수 있다.

---

09 품질원가에 관한 설명으로 옳지 않은 것은?

① 제품의 품질은 설계품질(quality of design)과 적합품질(quality of conformance)로 구분할 수 있는데, 품질원가는 생산자 품질이라 할 수 있는 설계품질과 관련된 것이다.

② 품질원가는 예방원가 및 평가원가로 구성되는 통제원가와 내부실패원가 및 외부실패원가로 구성되는 실패원가로 분류할 수 있다.

③ 품질원가에 대한 전통적인 관점에서는 통제원가와 실패원가 사이에 상충관계(trade-off)가 존재한다고 보고 있다.

④ 예방원가는 제품의 생산과정에서 불량품이 발생하지 않도록 예방하기 위하여 발생하는 원가로서 품질관리를 위한 종업원들에 대한 교육훈련비, 생산설비의 유지보수비 등이 여기에 속한다.

⑤ 품질원가는 제품에 불량이 발생하지 않도록 예방하거나 불량이 발생하는지를 검사하고, 불량이 발생한 경우 초래되는 모든 원가를 의미한다.

📝 **Key Point**

설계품질(quality of design)은 시장에서 요구하는 기능과 디자인이 잘 반영되는지 여부이며 적합품질(quality of conformation)은 설계된 대로 적합하게 생산되는지 여부를 의미한다. 또한, 사용품질(quality of use)은 고객이 얼마나 만족하는지 여부를 의미한다.

10 (주)국세는 두 개의 연속된 제조공정을 통하여 제품을 생산하며, 제1공정의 완성품은 전량 제2공정으로 대체된다. 재고자산의 단위원가 결정방법으로 가중평균법을 사용하며, 공손은 없다. 제2공정의 완성품원가는?

제1공정		
기초재공품수량		없음
당기착수량		25,000단위
기말재공품수량		7,000단위
완성품 단위당 제조원가		₩200
제2공정		
기초재공품	수량	12,000단위
	전공정원가	₩3,000,000
	직접재료원가	₩1,440,000
	전환원가(가공원가)	₩2,160,000
당기완성품	수량	20,000단위
완성품 단위당 제조원가	전공정원가	?
	직접재료원가	₩120
	전환원가(가공원가)	₩180

① ₩8,268,000 ② ₩10,400,000 ③ ₩10,812,000
④ ₩12,720,000 ⑤ ₩14,628,000

📝 **Key Point**
제1공정 완성품 단위당 제조원가는 제2공정의 단위당 전공정원가이므로 제2공정의 기초재공품 전공정원가를 가산하여 평균 전공정단가를 계산한다.

11 표준원가계산제도를 사용하는 (주)국세는 직접노무시간을 기준으로 제조간접원가를 배부한다. 20×1년도 기준조업도는 20,000직접노무시간이나, 실제 직접노무시간은 22,500시간이다. 변동제조간접원가의 표준배부율은 직접노무시간당 ₩6이다. 다음은 20×1년도의 제조간접원가와 관련된 자료이다.

---

(1) 변동제조간접원가

　　실제발생액: ₩110,000

　　배부액: ₩138,000

(2) 고정제조간접원가

　　소비차이: ₩30,000(불리)

　　조업도차이: ₩27,000(유리)

20×1년도의 고정제조간접원가 실제발생액은?

① ₩150,000　　　　　　② ₩170,000　　　　　　③ ₩190,000

④ ₩210,000　　　　　　⑤ ₩246,000

📝 **Key Point**

제조간접원가의 조업도는 직접노무시간이며 고정제조간접원가 표준배부율을 계산하기 위한 기준조업도는 20,000직접노무시간이다. 또한, 변동제조간접원가 표준배부율은 직접노무시간당 ₩6이다.

12 (주)국세는 1로트(lot)의 크기를 10대로 하는 로트생산방식에 의해 요트를 생산·판매하고 있다. (주)국세는 최근 무인잠수함을 개발하고 5대를 생산·판매하였으며, 관련 원가자료는 다음과 같다.

• 직접재료원가 (₩2,000,000/대)	₩10,000,000
• 직접노무원가 (₩30,000/시간)	30,000,000
• 변동제조간접원가 (₩5,000/직접노무시간)	5,000,000

무인잠수함도 로트생산방식으로 생산하되, 1로트의 크기는 5대이다. 무인잠수함의 직접노무시간은 요트 생산과 같이 로트당 누적평균시간 학습곡선모형을 따르며, 학습률도 동일하다. 요트 생산의 누적생산량과 로트당 평균 직접노무시간은 다음과 같다.

누적생산량	누적로트 수	로트당 평균 직접노무시간
10	1	1,300
20	2	1,170
40	4	1,053

(주)국세는 무인잠수함 35대에 대한 납품 제의를 받았다. 이 납품과 관련된 무인잠수함 1대의 평균 변동제조원가는?

① ₩5,451,000
② ₩6,080,000
③ ₩6,165,000
④ ₩6,544,000
⑤ ₩6,832,000

📋**Key Point**

무인잠수함의 1로트 크기는 5대이며 학습효과는 요트와 동일한 학습곡선모형을 적용한다. 무인잠수함 첫 5대 생산에 소요된 시간은 1,000시간이다.

13 (주)국세는 올해 초에 신제품 생산을 위한 전용기계 도입 여부를 순현재가치법으로 결정하려고 한다. 신제품의 판매가격은 단위당 ₩500이며, 생산 및 판매와 관련된 단위당 변동원가는 ₩300, 그리고 현금유출을 수반하는 고정원가를 매년 ₩600,000으로 예상한다. 전용기계의 구입가격은 ₩1,000,000이고, 정액법으로 감가상각한다(내용연수 5년, 잔존가치 없음). 할인율은 10%이며 법인세율이 40%이고, 매출액, 변동원가, 현금유출 고정원가, 법인세는 전액 해당 연도 말에 현금으로 회수 및 지급된다. 전용기계 도입이 유리하기 위해서는 신제품을 매년 최소 몇 단위를 생산·판매해야 하는가? (단, 10%, 5년의 단일금액의 현가계수는 0.621이고, 정상연금의 현가계수는 3.791이다)

① 4,198단위　　　　② 4,532단위　　　　③ 5,198단위
④ 5,532단위　　　　⑤ 6,652단위

📋 **Key Point**

전용기계 투자에 대한 순현재가치가 ₩0이 되는 5년 기간 동안 매년 판매량을 계산한다. 매년 세후순현금흐름은 세후영업현금흐름에서 감가상각비 감세효과를 가산하여 계산한다.

---

14 당기에 설립된 (주)국세는 1,300단위를 생산하여 그 중 일부를 판매하였으며, 관련 자료는 다음과 같다.

- 직접재료 매입액: ₩500,000
- 직접노무원가: 기본원가(prime cost)의 30%
- 제조간접원가: 전환원가(가공원가)의 40%
- 매출액: ₩900,000
- 판매관리비: ₩200,000
- 직접재료 기말재고액: ₩45,000
- 재공품 기말재고액: 없음
- 제품 기말재고액 중 직접재료원가: ₩100,000

초변동원가계산(throughput costing)에 의한 당기 영업이익은?

① ₩20,000　　　　② ₩40,000　　　　③ ₩80,000
④ ₩150,000　　　　⑤ ₩220,000

📋 **Key Point**

직접재료 매입액과 기말재고액을 이용하여 직접재료 사용금액을 계산할 수 있으며 기말제품재고액 중 직접재료원가를 차감하면 당기 매출원가에 해당하는 직접재료원가를 계산할 수 있다. 또한, 초변동원가계산이므로 나머지 원가는 발생금액 모두 기간비용으로 처리한다.

15 활동기준원가계산에 관한 설명으로 옳지 않은 것은?

① 활동기준원가계산은 생산환경의 변화에 따라 증가되는 제조간접원가를 좀 더 정확하게 제품에 배부하고 효과적으로 관리하기 위한 새로운 원가계산방법이라 할 수 있다.

② 활동기준원가계산에서는 일반적으로 활동의 유형을 단위수준활동, 묶음수준활동(뱃치수준활동), 제품유지활동, 설비유지활동의 4가지로 구분한다.

③ 제품유지활동은 주로 제조공정이나 생산설비 등을 유지하고 관리하기 위하여 수행되는 활동으로서 공장시설관리, 환경관리, 안전유지관리, 제품별 생산설비관리 등의 활동이 여기에 속한다.

④ 묶음수준활동은 원재료구매, 작업준비 등과 같이 묶음 단위로 수행되는 활동을 의미하는데 품질검사의 경우 표본검사는 묶음수준활동으로 분류될 수 있지만, 전수조사에 의한 품질검사는 단위수준활동으로 분류된다.

⑤ 단위수준활동은 한 단위의 제품을 생산하는 데 수반되어 이루어지는 활동으로서 주로 생산량에 비례적으로 발생하며, 주로 직접노무시간, 기계작업시간 등을 원가동인으로 한다.

📝 Key Point

제품유지활동(product level activities)은 제품 종류별로 수행되는 활동으로 설계활동, 제품개량활동, 라인변경활동 등이 있다.

정답 및 해설 ▶ p.307

제50회 공인회계사 1차 회계학

정답

01 ① **02** ③ **03** ① **04** ⑤ **05** ③ **06** ④ **07** ⑤ **08** ② **09** ② **10** ④

해설

01 ① 초변동원가계산(throughput costing)은 재료원가만을 변동원가로 측정하고 나머지 비용을 운영비용으로 당기 비용처리하는 방법으로 초변동원가계산을 사용하는 전략적 원가관리는 제약이론이다.

02 ③ 1. 부산물의 순실현가치
₩6,000 - ₩2,000 = ₩4,000

2. 주산품에 배부될 결합원가
₩54,000 - ₩4,000 = ₩50,000

3. 결합원가 배분

	순실현가치	배분비율	배분액
A	₩60,000	60%	₩30,000
B	40,000	40%	20,000
	₩100,000	100%	₩50,000

∴ 주산품 A에 배부되는 결합원가: ₩30,000(= ₩50,000 × 60%)

03 ① 1. 원가차이분석(직접재료가격차이는 사용시점에서 분리)

AQ × AP	AQ × SP	SQ × SP
2,300kg × ₩9.5	2,300kg × ₩10	1,100단위 × 2kg × ₩10
= ₩21,850	= ₩23,000	= ₩22,000

    ₩1,150 F   ₩1,000 U

2. 분개
직접재료가격차이는 ₩1,150 F이고, 직접재료수량차이는 ₩1,000 U이므로, 분개는 다음과 같다.

(차) 재공품(표준배부)	22,000	(대) 직접재료	21,850
직접재료수량차이	1,000	직접재료가격차이	1,150

04 ⑤ 1. 이론적 최대조업도

$$\text{표준배부율} = \frac{\text{고정제조간접원가예산}}{\text{이론적 조업도}} = \frac{₩35,000}{10,000\text{단위}} = ₩3.5/\text{단위}$$

예산	SQ × SP
10,000단위 × ₩3.5	6,000단위 × ₩3.5
= ₩35,000	= ₩21,000

└──────── ₩14,000 U ────────┘

2. 실제 최대조업도

$$\text{표준배부율} = \frac{\text{고정제조간접원가예산}}{\text{실제 최대조업도}} = \frac{₩35,000}{7,000\text{단위}} = ₩5/\text{단위}$$

예산	SQ × SP
7,000단위 × ₩5	6,000단위 × ₩5
= ₩35,000	= ₩30,000

└──────── ₩5,000 U ────────┘

3. 정상조업도

$$\text{표준배부율} = \frac{\text{고정제조간접원가예산}}{\text{정상조업도}} = \frac{₩35,000}{5,600\text{단위}} = ₩6.25/\text{단위}$$

예산	SQ × SP
5,600단위 × ₩6.25	6,000단위 × ₩6.25
= ₩35,000	= ₩37,500

└──────── ₩2,500 F ────────┘

조업도차이를 기말재공품, 기말제품, 매출원가에 집계된 총원가의 상대적 비율에 따라 안분하는 경우 고정제조간접원가는 실제원가로 배부되어 각 방법별로 동일하게 배부되므로 기준조업도의 선택에 따라 영업이익이 달라지지 않는다.

05 ③ 1. 각 계정별 현황

원재료

기초	₩16,000	사용	₩320,000 (= ₩346,000 - ₩26,000)
매입	330,000	기말	26,000
	₩346,000		₩346,000

재공품

기초	₩32,000	사용	₩620,000 (= ₩662,000 - ₩42,000)
직접재료원가	320,000		
직접노무원가	140,000		
제조간접원가	170,000*	기말	42,000
	₩662,000		₩662,000

* 제조간접원가

간접노무원가 + 수도광열비 + 감가상각비(공장설비) + 보험료 + 임차료

= ₩24,000 + ₩18,000(₩30,000 × 60%) + ₩42,000 + ₩6,000(₩8,000 × 75%) + ₩80,000(₩100,000 × 80%)

= ₩170,000

제품

기초	₩80,000	판매	₩580,000 (= ₩700,000 - ₩120,000)
매입	620,000	기말	120,000
	₩700,000		₩700,000

2. 영업이익

(1) 재고 증가분

원재료재고 증가 + 재공품재고 증가 + 제품재고 증가

= ₩10,000 + ₩10,000 + ₩40,000 = ₩60,000

(2) 수정 후 영업이익

수정 전 영업이익 ± 원재료 등 재고변동분

= ₩(24,000) + ₩60,000 = ₩36,000

06 ④ 최소평균판매가격을 P라 한 후 식을 정리하면 다음과 같다.

1. 투자수익률을 사용하는 경우

$$ROI = \frac{영업이익}{투자액} = \frac{1,000단위 \times (P - ₩100) - ₩200,000}{₩500,000} = 20\%$$

∴ 최소평균판매가격(P) = ₩400

2. 잔여이익을 사용하는 경우

RI = 영업이익 - 투자액 × 최저필수수익률

0 = 1,000단위 × (P - ₩100) - ₩200,000 - ₩500,000 × 15%

∴ 최소평균판매가격(P) = ₩375

07 ⑤

	AQ	AP – SV	BP – SV	BQ
P	500	₩55 – ₩30 = ₩25	₩50 – ₩30 = ₩20	800 (0.4)
Q	2,000	₩18 – ₩16 = ₩2	₩20 – ₩16 = ₩4	1,200 (0.6)
	2,500			2,000

1. 제품별 예산공헌이익(BP – SV)
- 제품 P: ₩50 – ₩30 = ₩20
- 제품 Q: ₩20 – ₩16 = ₩4

2. 매출조업도차이분석

	AQ × (BP – SV)	Total AQ × BM × (BP – SV)	BQ × (BP – SV)
P	500단위 × ₩20 = ₩10,000	2,500단위 × 0.4 × ₩20 = ₩20,000	800단위 × ₩20 = ₩16,000
Q	2,000단위 × ₩4 = 8,000	2,500단위 × 0.6 × ₩4 = 6,000	1,200단위 × ₩4 = 4,800
	₩18,000	₩26,000	₩20,800

₩8,000 U ← (AQ × (BP–SV) ~ Total) | ₩5,200 F ← (Total ~ BQ × (BP–SV))

08 ②

1. 분기별 직접노무시간

20×1년 1분기

기초	1,600	판매	8,000
생산	7,700	기말	1,300 (= 6,500단위 × 20%)
	9,300		9,300

7,700단위 × 0.35시간 = 2,695시간

20×1년 2분기

기초	1,300	판매	6,500
생산	6,600	기말	1,400 (= 7,000단위 × 20%)
	7,900		7,900

6,600단위 × 0.35시간 = 2,310시간

20×1년 3분기

기초	1,400	판매	7,000
생산	7,100	기말	1,500 (= 7,500단위 × 20%)
	8,500		8,500

7,100단위 × 0.35시간 = 2,485시간

20×1년 4분기

기초	1,500	판매	7,500
생산	7,600	기말	1,600 (= 8,000단위 × 20%)
	9,100		9,100

7,600단위 × 0.35시간 = 2,660시간

2. 직접노무원가 예산금액

	필요시간	보장시간	초과시간	보장임금	초과임금	합계
1분기	2,695	2,600	95	2,600 × ₩10 = ₩26,000	95 × ₩10 × 1.5 = ₩1,425	₩27,425
2분기	2,310	2,600	-	2,600 × ₩10 = ₩26,000	-	26,000
3분기	2,485	2,600	-	2,600 × ₩10 = ₩26,000	-	26,000
4분기	2,660	2,600	60	2,600 × ₩10 = ₩26,000	60 × ₩10 × 1.5 = ₩900	26,900
						₩106,325

09 ②

1. 활동중심점별 원가집계
   - 고객주문처리: ₩1,200,000 × 20% + ₩800,000 × 40% = ₩560,000
   - 고객관계관리: ₩1,200,000 × 80% + ₩800,000 × 60% = ₩1,440,000

2. 활동별 배부율

	원가	원가동인	배부율
고객주문처리	₩560,000	500회	₩1,120/회
고객관계관리	1,440,000	50명	28,800/명

3. 예상이익

	(주)대한
매출액	₩400,000 (= ₩20,000 × 20회)
매출원가	300,000 (= ₩400,000 × 75%)
매출총이익	₩100,000
고객주문처리	22,400 (= ₩1,120 × 20회)
고객관계관리	28,800 (= ₩28,800 × 1명)
	₩48,800

10 ④

1. 용역구입수량
   현재필요량 - 현재 필요량 × 보조부문 간 상호용역수수율
   = 200단위 - 200단위 × 50% × 20% = 180단위

2. 증분손익

증분수익	임대수익		₩24,000
증분비용	S₂ 간접재료원가		(80,000)
	S₂ 감독자급여	₩80,000 × 50% =	(40,000)
	S₁ 간접재료원가	₩560,000 × 20% =	(112,000)
	용역구입비용	180단위 × ₩1,400 =	252,000
증분이익			₩4,000

정답

01 ④ 02 ⑤ 03 ⑤ 04 ④ 05 ① 06 ⑤ 07 ④ 08 ⑤ 09 ① 10 ②
11 ④ 12 ⑤ 13 ② 14 ① 15 ③

해설

01 ④ 1. 연산품에 배부될 결합원가
총결합원가 - 부산물의 순실현가치
= ₩50,000 - (200단위 × ₩5 - ₩600) = ₩49,600

2. 결합원가 배분(균등매출총이익률법)

	X	Y	총계
매출액	₩27,000	₩63,000	₩90,000
결합원가	(18,900)*3	(30,700)*4	(49,600)
추가원가	–	(13,400)	(13,400)
매출총이익	₩8,100*1	₩18,900*2	₩27,000
이익률	30%	30% ⇐	30%

*1 ₩27,000 × 0.3 = ₩8,100
*2 ₩63,000 × 0.3 = ₩18,900
*3 ₩27,000 - ₩8,100 = ₩18,900
*4 ₩63,000 - ₩18,900 - ₩13,400 = ₩30,700

02 ⑤ 1. 완성품환산량 단위당 원가

- 직접재료원가: $\dfrac{₩1,000 + ₩5,600}{2,000단위 + 500단위 × 0.2 + 200단위 × 0.5}$ = ₩3

- 전환원가: $\dfrac{₩2,475 + ₩8,300}{2,000단위 + 500단위 × 0.15 + 200단위 × 0.4}$ = ₩5

2. 공손품원가
200단위 × 0.5 × ₩3 + 200단위 × 0.4 × ₩5 = ₩700

03 ⑤ 1. 손익구조

	제품 A	제품 B	제품 C
수량배합	2	3	5
단위당 판매가격	₩10	₩12	₩14
단위당 변동원가	6	4	8
단위당 공헌이익	₩4	₩8	₩6
고정원가		₩2,480	

2. 꾸러미당 공헌이익(꾸러미법 적용)

₩4 × 2 + ₩8 × 3 + ₩6 × 5 = ₩62

3. 손익분기점 꾸러미수(Q)

₩62 × Q - ₩2,480 = 0

⇒ Q = 40꾸러미

4. 제품 C의 손익분기점 매출액

40꾸러미 × 5 × ₩14 = ₩2,800

04 ④

AQ × AP	AQ × SP	SQ × SP
1,250kg[*] × ₩28	1,250kg[*] × ₩30	50개 × 20kg × ₩30
= ₩35,000	= ₩37,500	= ₩30,000

₩2,500 유리   ₩7,500 불리

* 직접재료 실제사용량

₩35,000 ÷ ₩28 = 1,250kg

05 ①

증분수익	임대수익		₩15,000
증분비용	변동제조원가 절감		(40,000)
	고정제조원가 절감		(10,000)
	부품구입비용	250단위 × ₩200 =	50,000
증분이익			₩15,000

그러므로, 외부구입 시 ₩15,000만큼 유리하다.

06 ⑤ 1. 우선순위결정

	제품 A	제품 B
단위당 공헌이익	₩25	₩30
단위당 소요노무시간	÷ 1h	÷ 1.5h
소요노무시간당 공헌이익	₩25	₩20
우선순위	1순위	2순위

2. 최적 생산계획
- 제품 A: 3,000단위 × 1시간 = 3,000시간
- 제품 B: 3,000시간 ÷ 1.5시간 = 2,000단위

3. 최대공헌이익
3,000단위 × ₩25 + 2,000단위 × ₩30 = ₩135,000

07 ④

3월 상품			
기초	₩3,200*	판매	₩16,000 (= ₩20,000 × 80%)
매입	19,200	기말	6,400 (= ₩40,000 × 80% × 20%)
	₩22,400		₩22,400

* 3월 기초재고
= 3월 매출원가의 20%
= ₩16,000 × 20% = ₩3,200

08 ⑤ ① 투자이익률은 사업부, 하위 사업 단위 및 개별 투자안의 성과평가에 적용할 수 있다.
② 잔여이익은 영업이익에서 투자금액에 대한 최저필수수익률을 차감계산하며, 평가대상의 위험을 최저필수수익률에 반영할 수 있다.
③ 투자이익률은 잔여이익에 비하여 투자규모가 서로 다른 사업부의 성과를 비교·평가하기가 용이하다.
④ 상대평가에 비하여 절대평가는 인구, 경제상황, 규제정책 등 공통의 통제불가능한 요소가 성과평가에 미치는 영향을 제거하기 어렵다.

09 ① 품질원가는 적합품질과 관련된 것이다.

10 ② 1. 제1공정에서 대체된 중간제품의 원가
(25,000단위 − 7,000단위) × ₩200 = ₩3,600,000

2. 가중평균법하의 전공정원가 완성품환산량 단위당 원가

$$\frac{₩3,600,000 + ₩3,000,000}{18,000단위 + 12,000단위} = ₩220$$

3. 제2공정 완성품원가
20,000단위 × (₩220 + ₩120 + ₩180) = ₩10,400,000

11 ④ 1. 변동제조간접원가

실제발생	AQ × SP	SQ × SP
	22,500시간 × ₩6	23,000시간[*1] × ₩6
₩110,000	= ₩135,000	= ₩138,000

₩25,000 유리	₩3,000 유리

[*1] 실제생산량에 허용된 시간
　₩138,000 ÷ ₩6 = 23,000시간

2. 고정제조간접원가

실제발생	예산	SQ × SP
	20,000시간 × ₩9[*2]	23,000시간 × ₩9[*2]
₩210,000	= ₩180,000	= ₩207,000

₩30,000 불리	₩27,000 유리

[*2] 고정제조간접원가 표준배부율(SP)
　(23,000시간 − 20,000시간) × SP = ₩27,000 유리, SP = ₩9

12 ⑤ 1. 학습률(R)
무인잠수함의 직접노무시간은 요트 생산과 같이 로트당 학습률이 동일하다.
1,300시간 × R = 1,170시간, R = 90%

2. 35대에 소요되는 노무시간

	누적생산량	누적평균시간	총시간
1lot	5대	1,000시간	1,000시간
2lot	10대	900시간[*]	1,800시간
4lot	20대	810시간	3,240시간
8lot	40대	729시간	5,832시간

[*] 1,000시간 × 90% = 900시간
∴ 35대에 소요되는 시간: 5,832시간 − 1,000시간 = 4,832시간

3. 1대당 평균 변동제조원가

직접재료원가	₩2,000,000 × 35대 =	₩70,000,000
직접노무원가	₩30,000 × 4,832시간 =	144,960,000
변동제조간접원가	₩5,000 × 4,832시간 =	24,160,000
소계		₩239,120,000
생산량		÷ 35대
단위당 원가		₩6,832,000

13 ② 1. 매년 세후순현금흐름

매년 판매수량을 Q라 한 후 식을 정리하면 다음과 같다.

$(₩200 × Q - ₩600,000) × 0.6 + ₩200,000^* × 0.4$

$= ₩120 × Q - ₩280,000$

* ₩1,000,000/5년 = ₩200,000

2. 매년 최소판매수량

$(₩120 × Q - ₩280,000) × 3.791 - ₩1,000,000 = ₩0$

∴ 최소판매수량(Q) = 4,532단위

14 ① 1. 당기총제조원가

재공품

기초	-	완성	₩780,000
직접재료원가	₩455,000*1		
직접노무원가	195,000*2		
제조간접원가	130,000*3	기말	-
	₩780,000		₩780,000

*1 직접재료원가(DM)

₩500,000 - ₩45,000 = ₩455,000

*2 직접노무원가(DL)

= (₩455,000 + DL) × 0.3 = ₩195,000

*3 제조간접원가(OH)

= (₩195,000 + OH) × 0.4 = ₩130,000

2. 초변동원가계산 손익계산서

손익계산서

매출액	₩900,000
직접재료원가	(355,000)*4
재료처리량 공헌이익	₩545,000
직접노무원가	(195,000)
제조간접원가	(130,000)
판매관리비	(200,000)
영업이익	₩20,000

*4 ₩455,000 - ₩100,000(기말재고액 중 직접재료원가) = ₩355,000

15 ③ 제조공정이나 생산설비 등을 유지하고 관리하기 위하여 수행되는 활동은 설비유지활동으로서 공장시설 관리, 환경관리 등이 여기에 속한다.

2014년

원가관리회계
기출문제 & 해답

제49회   공인회계사 1차 회계학

제51회   세무사 1차 회계학개론

정답 및 해설

01 균형성과표에 관한 다음의 설명 중 옳지 않은 것은?

① 균형성과표에서 전략에 근거하여 도출한 비재무적 성과측정치는 재무적 성과측정치의 후행지표가 된다.

② 균형성과표의 다양한 성과지표 간의 인과관계를 통하여 조직의 전략목표 달성과정을 제시하는 성과지표의 체계를 전략지도(strategy map)라고 한다.

③ 균형성과표의 고객 관점은 고객만족에 대한 성과를 측정하는데 고객만족도, 고객유지율, 반복구매정도, 시장점유율 등의 지표가 사용된다.

④ 균형성과표의 내부프로세스 관점은 기업 내부의 업무가 효율적으로 수행되는 정도를 의미하는데 불량률, 작업폐물, 재작업율, 수율, 납기, 생산처리시간 등의 지표가 사용된다.

⑤ 균형성과표의 학습과 성장 관점은 기존의 프로세스와 제품에 만족하지 않고 기술 및 제품의 혁신적인 발전을 추구하는 정도를 의미하는데 종업원 만족도, 종업원 이직률, 종업원 1인당 사내훈련시간 등의 지표가 이용된다.

📝 **Key Point**

원인이 되는 지표를 선행지표라 하고 결과가 되는 지표를 후행지표라 하며, 이를 시각적으로 표현한 것을 전략체계도라 한다.

02 활동기준원가계산(ABC, Activity-Based Costing), 활동기준관리(또는 활동기준경영 ABM, Activity-Based Management) 및 제품수명주기원가계산에 대한 다음의 설명 중 옳지 않은 것은?

① 활동기준원가계산에서는 제품의 생산을 위하여 사용한 자원만을 제품원가에 포함시키고 미사용된 자원은 기간비용으로 처리한다.

② 총원가 중 간접원가가 차지하는 비중이 높고 다품종 소량생산체제를 유지하고 있는 기업의 경우 활동기준원가계산을 도입함으로써 보다 정확한 원가를 도출할 수 있다.

③ 활동기준관리를 통하여 파악된 비부가가치활동에는 검사, 이동, 대기, 저장 등의 활동이 있다.

④ 제품수명주기원가계산은 특정 제품이 고안된 시점부터 폐기되는 시점까지의 모든 원가를 식별하여 측정한다.

⑤ 제품수명주기원가는 시장상황의 검토를 통하여 예상되는 제품의 목표가격을 확인한 후 기업이 필요로 하는 목표이익을 차감하여 결정된다.

> 📝 **Key Point**
> 제품수명주기원가는 장기적인 제품별 수익성 분석이 가능하며 각 단계별 원가의 상호관련성을 파악할 수 있다.

03 (주)한국은 정상개별원가계산을 사용하고 있으며, 제조간접원가 배부기준은 기계시간이다. 회사는 20×1년 초에 연간 제조간접원가를 ₩600, 기계시간을 200시간으로 예상하였다. 20×1 회계연도 중 수행한 작업과 관련된 정보는 다음과 같다.

> (1) 당기 중 세 가지 작업 #101, #102, #103을 착수하여, #101과 #102를 완성하였고, #103은 기말 현재 작업 중에 있다.
> (2) 당기 중 ₩800의 원재료를 구입하였고 기말 현재 ₩280의 원재료가 재고로 남아 있다.
> (3) 당기 중 지급한 노무원가는 ₩700이며, 기초 미지급노무원가는 ₩40, 기말 미지급노무원가는 ₩100이었다.
> (4) 당기 중 발생한 제조경비는 총 ₩560이며, 이는 감가상각비 ₩260, 임차료 ₩200, 수도광열비 ₩100으로 구성되어 있다.
> (5) 당기 중 작업별 실제발생 원가자료와 실제 사용된 기계시간은 다음과 같다.
>
> | 구분 | #101 | #102 | #103 | 합계 |
> |---|---|---|---|---|
> | 직접재료원가 | ₩200 | ₩200 | ₩100 | ₩500 |
> | 직접노무원가 | ₩300 | ₩160 | ₩260 | ₩720 |
> | 기계시간 | 90시간 | 63시간 | 27시간 | 180시간 |
>
> (6) 기초재고자산은 없었고, 작업 #101은 당기 중에 ₩1,100에 판매되었으나 작업 #102는 기말 현재 판매되지 않았다.

(주)한국은 기말에 제조간접원가 배부차이를 전액 매출원가에 조정한다. (주)한국의 20×1년 매출총이익은 얼마인가?

① ₩250 ② ₩270 ③ ₩290
④ ₩310 ⑤ ₩330

📝 **Key Point**
제조원가는 당기발생금액이므로 재료원가는 당기 사용분이며 노무원가는 당기발생금액을 의미한다. 또한, 당기 사용 재료원가 중 간접재료원가와 간접노무원가는 제조간접원가로 처리한다.

04 (주)한국은 단일의 제품 A를 생산·판매하고 있다. 이 회사가 20×1년 3월에 대한 예산을 수립할 목적으로 수집한 자료의 일부는 다음과 같다.

(1) 20×1년 3월, 4월 및 5월에 대한 제품 A의 월별 판매예측은 다음과 같다.

구분	예상판매량
3월	100단위
4월	120단위
5월	140단위

(2) 제품을 한 단위 생산하는 데 소요되는 직접재료원가는 ₩20이며, 이는 계속 유지될 것으로 예상된다.

(3) 이 회사는 20×1년 2월 말 현재 재고자산으로 제품 100단위를 생산할 수 있는 직접재료와 40단위의 제품을 보유하고 있다.

(4) 20×1년 3월부터 이 회사는 제품의 경우 다음 달 예상판매량의 50%에 해당하는 제품을 월말에 재고로 보유하며, 직접재료의 경우 다음 달 생산에 필요한 직접재료의 80%를 월말에 재고로 보유하는 재고정책을 취하고 있다.

(5) 직접재료의 매입은 즉시 현금으로 지급된다.

(6) 월초재공품과 월말재공품은 없다.

(주)한국의 20×1년 3월 직접재료 매입예산 금액은 얼마인가?

① ₩2,000 ② ₩2,080 ③ ₩2,320
④ ₩2,480 ⑤ ₩2,640

📝**Key Point**
2월 말 재고는 3월 초 재고이고 3월 재료사용은 3월 생산에 필요한 재료이며, 3월 말 재료재고는 4월 생산에 필요한 재료의 80%이다.

05 (주)한국은 일반형과 고급형으로 분류되는 두 종류의 정수기를 생산·판매하고 있다. 일반형과 고급형 정수기 한 단위를 생산하는 데 소요되는 기계시간은 각각 1시간과 2시간이다. 이 회사가 매월 사용 가능한 최대 기계시간은 총 6,000시간이다. (주)한국이 20×1년 3월에 대해 예측한 일반형과 고급형 정수기의 판매가격, 원가 및 시장수요량에 관한 자료는 다음과 같다.

항목	일반형	고급형
단위당 판매가격	₩42	₩64
단위당 변동원가	₩26	₩40
단위당 고정원가	₩6	₩6
단위당 총원가	₩32	₩46
시장수요량	2,500단위	1,500단위

(주)한국은 20×1년 3월의 판매예측에 포함하지 않았던 한 고객으로부터 고급형 정수기 500단위를 단위당 ₩74의 가격에 20×1년 3월 중에 구입하고자 하는 특별주문을 받았다. (주)한국이 이 고객의 특별주문을 수락할 경우 해당 제품의 단위당 변동원가에 미치는 영향은 없다. (주)한국이 이 고객의 특별주문을 수락할 경우, 20×1년 3월 영업이익은 얼마만큼 증가하게 될 것인가?

① ₩6,000 ② ₩9,000 ③ ₩11,000
④ ₩14,000 ⑤ ₩17,000

📑 **Key Point**

특정 자원이 제한적이며 제품별 소요되는 자원이 제시되어 있으면 제한된 자원하의 의사결정으로 제한된 자원당 공헌이익을 먼저 계산해야 한다. 또한, 제한된 자원이 복수이면 도해법으로 해결한다.

06 (주)한국은 제품라인별로 부문 X, 부문 Y 및 부문 Z를 유지하고 있다. (주)한국의 지난 달 부문별 및 회사 전체의 매출액, 비용, 이익에 관한 정보는 다음과 같다.

구분	부문 X	부문 Y	부문 Z	회사 전체
매출액	₩1,250	₩750	₩500	₩2,500
변동원가	500	250	300	1,050
공헌이익	750	500	200	1,450
고정원가				
급여	325	205	150	680
감가상각비	10	20	20	50
기타일반관리비	260	156	104	520
총고정원가	595	381	274	1,250
영업이익(손실)	₩155	₩119	₩(74)	₩200

(주)한국의 재무담당이사(CFO)가 부문 Z의 폐지 여부 결정을 하기 위해 세 부문에 부과되는 비용들에 대해 분석한 결과는 다음과 같다.

(1) 급여는 각 부문에 속한 종업원들에게 직접 지급되며, 부문 Z가 폐지될 경우 회사는 부문 Z에 근무하는 종업원들을 추가 비용의 발생 없이 즉시 해고시킬 수 있다.
(2) 감가상각비는 각 부문의 설비에 대한 것이다. 각 부문의 설비는 부문의 특성에 맞게 주문제작된 것이기 때문에, 부문 Z가 폐지될 경우 부문 Z의 설비는 시장가치가 없다.
(3) 기타일반관리비는 회계·구매·관리비용을 나타내며, 각 부문의 매출액을 기준으로 각 부문에 배부된다. 부문 Z가 폐지되더라도 매월 발생하는 기타일반관리비 총액은 변동하지 않을 것으로 예상된다.

(주)한국이 부문 Z를 폐지하기로 결정한 경우, 부문 Z가 사용하던 유휴 공간 및 설비에 대한 대체적 용도가 없다. 다음 설명 중 옳지 않은 것은?

① 지난 달 회사 전체 공통고정원가는 ₩520이다.
② 지난 달 부문 X에 대해 추적가능한 고정원가는 ₩325이다.
③ 지난 달 부문 Y에 대한 공통고정원가 배부 전 부문이익(segment margin)은 ₩275이다.
④ 부문 Z를 폐지하기로 결정한 경우, 회피가능한 고정원가는 월 ₩150이다.
⑤ 부문 Z를 폐지하기로 결정한 경우, 회사 전체의 영업이익은 월 ₩50만큼 감소할 것이다.

> 📑 **Key Point**
> 제품라인폐지 의사결정에서 고정원가에 대한 회피가능 여부는 해당 부문에 대한 추적가능 여부와 폐지 시 절감 여부를 고려하여 판단한다.

※ 다음의 자료를 이용하여 **07**과 **08**에 답하시오.

(주)한국은 세 개의 공정을 통하여 제품을 생산하고 있으며, 가중평균법에 의한 종합원가계산을 적용하여 제품원가를 계산하고 있다. 직접재료는 각 공정의 초기에 전량 투입되고 가공원가는 전공정에 걸쳐 균등하게 발생한다. 20×1년 2월 최종공정인 제3공정의 생산 및 원가자료는 다음과 같다.

구분	물량 단위	가공원가 완성도	전공정원가	직접재료원가	가공원가
기초재공품	3,000단위	40%	₩14,750	₩2,000	₩10,250
당기투입	12,000단위	?	₩56,500	₩58,000	₩92,950
완성품	10,000단위	?			
기말재공품	4,000단위	60%			

제3공정에서는 공손품 검사를 공정의 50% 시점에서 실시하며, 당월에 검사를 통과한 합격품의 5%를 정상공손으로 간주한다. 정상공손원가는 당월완성품과 월말재공품에 배부하는 회계처리를 한다. 20×1년 2월 중 제3공정에서 발견된 공손품은 추가가공 없이 즉시 모두 폐기하며, 공손품의 처분가치는 ₩0이다.

07 20×1년 2월 제3공정의 원가요소별 완성품환산량을 계산하면 얼마인가?

	전공정원가	직접재료원가	가공원가
①	15,000단위	14,500단위	12,900단위
②	15,000단위	15,000단위	13,400단위
③	15,000단위	15,000단위	12,900단위
④	14,500단위	14,500단위	13,400단위
⑤	14,500단위	14,500단위	12,900단위

📝 **Key Point**

연속공정이므로 후속공정의 물량은 전공정원가를 포함하고 있으며 완성품환산량 계산에 있어 전공정원가는 후속공정 초기에 투입되는 재료원가로 처리한다. 공손의 완성도는 검사시점이다.

08 20×1년 2월 제3공정의 비정상공손원가와 완성품원가와 관련된 월말 분개로서 옳은 것은?

① (차) 제품   177,425   (대) 재공품-제3공정   171,050
                                                    비정상공손   6,375

② (차) 제품   173,875   (대) 재공품-제3공정   170,050
                                                    비정상공손   3,825

③ (차) 제품   173,875   (대) 재공품-제3공정   180,250
         비정상공손   6,375

④ (차) 제품   174,375   (대) 재공품-제3공정   180,750
         비정상공손   6,375

⑤ (차) 제품   173,875   (대) 재공품-제3공정   177,700
         비정상공손   3,825

📝 **Key Point**

원가계산은 재공품계정에서 이루어지며 재공품에서 전출되는 원가는 완성품, 비정상공손원가 및 공손품
(처분가치가 있는 경우 공손품의 순실현가치)이다.

09 (주)한국은 단일의 원재료를 결합공정에 투입하여 세 가지 제품 A, B, C를 생산하고 있다. 제품 A와 B는 분리점에서 즉시 판매되나, 제품 C는 추가가공을 거쳐서 판매된다. 분리점에서 제품 C의 시장가격은 존재하지 않는다. (주)한국의 20×1년 2월 제품별 생산량, 월말제품재고량 및 판매가격은 다음과 같다.

제품	생산량	월말제품재고량	톤당 판매가격
A	60톤	36톤	₩300
B	80톤	12톤	₩200
C	100톤	5톤	₩140

20×1년 2월 중 발생한 결합원가는 ₩16,000이고, 제품 C의 추가가공원가는 ₩8,000이며, 각 결합제품의 월초재고는 없었다. (주)한국은 순실현가치를 기준으로 결합원가를 배부하고 있다. (주)한국의 20×1년 2월 매출원가와 월말제품은 각각 얼마인가?

	매출원가	월말제품
①	₩18,500	₩5,500
②	₩18,200	₩5,800
③	₩17,900	₩6,100
④	₩17,600	₩6,400
⑤	₩17,300	₩6,700

📋 **Key Point**

추가가공하는 제품의 분리점 판매가치가 있는 경우 추가가공 의사결정을 고려해야 한다. 결합원가 배분은 생산량을 기준으로 하고 각 연산품의 이익은 판매량을 기준으로 한다.

10 (주)한국은 상호대체가 가능한 두 종류의 노무등급인 고급노무인력과 저급노무인력을 제조공정에 투입하여 제품을 생산한다. 이 회사는 표준원가계산제도를 사용하여 직접노무원가에 대해 매월 실제원가와 표준원가의 차이를 분석하고자 한다. 이를 위한 20×1년 2월의 각 노무등급별 표준직접노무원가에 관한 자료는 다음과 같다.

구분	표준임률	실제생산량에 허용된 표준노무시간
고급노무인력	₩20	200시간
저급노무인력	₩12	200시간

20×1년 2월의 각 노무등급별 실제임률과 실제로 사용된 직접노무시간은 다음과 같다.

구분	실제임률	실제 사용된 직접노무시간
고급노무인력	₩21	220시간
저급노무인력	₩13	160시간

(주)한국의 20×1년 2월 직접노무원가의 배합차이와 수율차이는 각각 얼마인가?

	배합차이	수율차이
①	₩280 유리	₩300 유리
②	₩280 유리	₩300 불리
③	₩240 불리	₩300 유리
④	₩240 불리	₩320 유리
⑤	₩240 불리	₩320 불리

📑 **Key Point**
일반적인 의미에서 SQ는 한 단위당 표준수량이고 실제산출량에 허용된 표준수량(SQ)은 실제산출량에 단위당 표준수량을 곱하여 산출한다. 또한, 실제산출량은 재공품이 있는 경우 원가요소별 완성품환산량을 의미한다.

정답 및 해설 ▶ p.336

01 (주)세무는 정상원가계산을 사용하고 있으며, 직접노무시간을 기준으로 제조간접원가를 예정배부하고 있다. (주)세무의 20×1년도 연간 제조간접원가예산은 ₩144,000이고, 실제발생한 제조간접원가는 ₩145,000이다. 20×1년도 연간 예정조업도는 16,000직접노무시간이고, 실제 사용한 직접노무시간은 17,000시간이다. 20×1년 말 제조간접원가 배부차이 조정 전 재공품, 제품 및 매출원가의 잔액은 다음과 같다.

• 재공품	₩50,000
• 제품	150,000
• 매출원가	800,000

(주)세무는 제조간접원가 배부차이를 재공품, 제품 및 매출원가의 (제조간접원가 배부차이 조정 전) 기말잔액 비율에 따라 조정한다. 이 경우 제조간접원가 배부차이를 매출원가에 전액 조정하는 방법에 비해 증가(혹은 감소)되는 영업이익은 얼마인가? (단, 기초재고는 없다)

① ₩1,200 감소 ② ₩1,200 증가 ③ ₩1,600 감소
④ ₩1,600 증가 ⑤ ₩1,800 증가

📑 Key Point
비례배분법으로 조정하는 경우 배부차이 조정 전 재고자산과 매출원가 금액을 기준으로 배분한다. 단, 당기 배부차이 조정대상은 당기 예정배부된 금액이므로 기초재고가 있는 경우에는 기초재고는 배부대상에서 제외해야 한다.

02 상품매매기업인 (주)세무는 활동기준원가계산에 의하여 간접원가를 고객별로 배부한다. 활동기준원가계산을 적용하기 위해 20×1년도 초에 수집한 연간 예산 및 관련 자료는 다음과 같다.

(1) 간접원가 연간 자료

구분	금액
급여	₩250,000
마케팅비	160,000
계	₩410,000

(2) 자원소비 단위(활동)별 간접원가 배부비율

구분	주문처리	고객지원	배부불능*	계
급여	20%	70%	10%	100%
마케팅비	10%	80%	10%	100%

* 배부불능은 활동별 배부되지 않은 원가로 기업 전체 수준으로 배부되며 고객별로 배부되지는 않는다.

(3) 활동별 원가동인과 연간 활동량

활동	원가동인	활동량
주문처리	주문횟수	4,000회
고객지원	고객수	40명

20×1년 중 고객 A가 6회 주문할 경우, 이 고객에게 배부될 간접원가 총액은 얼마인가?

① ₩7,674   ② ₩7,774   ③ ₩7,874

④ ₩7,974   ⑤ ₩8,074

📝 **Key Point**

급여와 마케팅비를 활동별로 배부해야 하며 이때 필요한 배부기준을 자원동인(resource driver)이라 한다. 활동별로 집계된 활동원가는 활동별 원가동인(cost driver)으로 나누어 배부율을 계산한다.

03 (주)세무는 가중평균법에 의한 종합원가계산을 적용하여 제품원가를 계산하고 있다. 직접재료는 공정의 초기에 전량 투입되며, 전환원가(가공원가: conversion costs)는 공정 전반에 걸쳐 균등하게 발생한다. 이 회사는 공손품 검사를 공정의 100% 시점에서 실시한다. 20×1년 4월 중 (주)세무의 제조공정에 대한 생산 및 원가자료는 다음과 같다.

항목	물량 단위	직접재료원가	전환원가
기초재공품(전환원가 완성도: 75%)	500	₩500,000	₩375,000
당기투입	4,500	4,500,000	3,376,800
완성품	3,700		
정상공손	250		
비정상공손	250		
기말재공품(전환원가 완성도: 30%)	?		

20×1년 4월 (주)세무의 원가요소별 완성품환산량 단위당 원가는 얼마인가? (단, 감손은 없다)

	직접재료원가	전환원가
①	₩1,000	₩845
②	₩1,000	₩900
③	₩1,100	₩900
④	₩1,100	₩845
⑤	₩1,100	₩1,000

📝 **Key Point**
공손이 검사시점에서 폐기되는 경우 공손의 완성도는 검사시점이다.

04 (주)세무는 표준원가계산을 사용하고 있으며, 월간 기준조업도는 제품 1,200단위를 생산할 수 있는 6,000기계시간이다. (주)세무의 20×1년 4월 각 조업도수준별 제조간접원가 변동예산은 다음과 같다.

제조간접원가	조업도수준		
	5,000기계시간	6,000기계시간	7,000기계시간
변동제조간접원가			
소모품비	₩1,000	₩1,200	₩1,400
간접노무원가	1,500	1,800	2,100
계	₩2,500	₩3,000	₩3,500
고정제조간접원가	9,000	9,000	9,000
총제조간접원가	₩11,500	₩12,000	₩12,500

(주)세무는 20×1년 4월 중 제품 1,300단위를 생산하였다. 이와 관련하여 6,800기계시간이 사용되었고 실제 변동제조간접원가는 ₩4,200이며, 실제 고정제조간접원가는 ₩9,400이다. (주)세무의 20×1년 4월 고정제조간접원가 생산조업도차이는 얼마인가?

① ₩1,000 불리　　　　② ₩1,000 유리　　　　③ ₩750 불리
④ ₩750 유리　　　　　⑤ 차이 없음

> 📝 **Key Point**
> 기준조업도가 각각 제품 1,200단위와 6,000기계시간이므로 제조간접원가의 배부기준은 기계시간이고 수량표준은 단위당 5기계시간임을 알 수 있다. 또한, 변동예산자료를 이용하여 고정제조간접원가예산과 기계시간당 표준고정제조간접원가 배부율을 계산할 수 있다.

05 전부원가계산과 변동원가계산에 관한 설명으로 옳지 않은 것은?

① 변동원가계산은 전부원가계산보다 손익분기점 분석에 더 적합하다.
② 당기매출액이 손익분기점 매출액보다 작더라도 변동원가계산에서는 이익이 보고될 수 있다.
③ 전부원가계산의 영업이익은 일반적으로 생산량과 판매량에 의해 영향을 받는다.
④ 변동원가계산에서는 변동제조원가만이 제품원가에 포함된다.
⑤ 변동원가계산은 고정제조간접원가를 기간비용으로 처리한다.

06 (주)세무의 제조간접원가는 소모품비, 감독자급여, 수선유지비로 구성되어 있다. 이 회사의 제조간접원가의 원가동인은 기계시간으로 파악되었다. (주)세무의 20×1년 1월, 2월, 3월 및 4월 각각에 대해 실제 사용한 기계시간과 제조간접원가의 구성 항목별 실제원가는 다음과 같다.

월	기계시간	소모품비	감독자급여	수선유지비	총제조간접원가 합계
1월	70,000	₩56,000	₩21,000	₩121,000	₩198,000
2월	60,000	48,000	21,000	105,000	174,000
3월	80,000	64,000	21,000	137,000	222,000
4월	90,000	72,000	21,000	153,000	246,000

(주)세무는 원가추정에 고저점법을 이용한다. 20×1년 5월에 75,000기계시간을 사용할 것으로 예상되는 경우 설명이 옳은 것은?

① 5월의 예상 소모품비는 ₩55,000이다.
② 5월의 예상 수선유지비는 ₩129,000이다.
③ 5월의 예상 변동제조간접원가는 ₩170,000이다.
④ 5월의 예상 고정제조간접원가는 ₩21,000이다.
⑤ 5월의 예상 총제조간접원가는 ₩220,000이다.

07 (주)세무항공은 항공기 1대를 이용하여 김포와 제주 간 노선을 주 5회 왕복운항하고 있으며, 이 항공기의 좌석수는 총 110석이다. 이 노선의 항공권은 1매당 편도요금은 ₩30,000이고, 항공권을 대행판매하는 여행사에 판매된 요금의 3%가 수수료로 지급되며, 항공권 1매당 예상되는 기내식사 비용은 ₩1,100이다. 편도운항당 연료비는 ₩700,000이 소요되고, 비행설비 임차료와 공항사용료는 매주 ₩4,800,000이며 승무원 급여와 복리후생비는 매주 ₩7,800,000이 발생한다. (주)세무항공이 손익분기점에 도달하기 위해 매주 최소 판매해야 할 항공권 수량은? (단, 항공권은 편도기준으로 여행사를 통해서만 판매된다)

① 475매 ② 575매 ③ 600매
④ 700매 ⑤ 775매

📝 **Key Point**

조업도는 1매당 편도요금이므로 1매당 편도요금에 변동하는 원가를 정리한다. 분석대상 기간이 "주"이므로 나머지 원가는 "주"기간 동안 발생하는 원가를 집계해야 한다. 특히, 연료비는 편도운항당 발생하므로 총 편도수를 곱하여 계산한다.

08 (주)세무는 전자제품을 생산·판매하는 회사로서, 세 개의 사업부 A, B, C는 모두 투자중심점으로 설계·운영되고 있다. 회사 및 각 사업부의 최저필수수익률은 20%이며, 각 사업부의 20×1년도 매출액, 영업이익 및 영업자산에 관한 자료는 다음과 같다.

구분	사업부 A	사업부 B	사업부 C
매출액	₩400,000	₩500,000	₩300,000
영업이익	32,000	30,000	21,000
평균영업자산	100,000	50,000	50,000

현재 사업부 A는 ₩40,000을 투자하면 연간 ₩10,000의 영업이익을 추가로 얻을 수 있는 새로운 투자안을 고려하고 있다. 이 새로운 투자에 소요되는 예산은 현재의 자본비용 수준으로 조달할 수 있다. (주)세무가 투자수익률 혹은 잔여이익으로 사업부를 평가하는 경우, 다음 설명 중 옳지 않은 것은?

① 투자수익률로 사업부를 평가하는 경우, 20×1년에는 사업부 B가 가장 우수하다.
② 잔여이익으로 사업부를 평가하는 경우, 20×1년에는 사업부 B가 가장 우수하다.
③ 잔여이익으로 사업부를 평가하는 경우, 사업부 A의 경영자는 동 사업부가 현재 고려 중인 투자안을 채택할 것이다.
④ 투자수익률로 사업부를 평가하는 경우, 사업부 A의 경영자는 동 사업부가 현재 고려 중인 투자안을 채택할 것이다.
⑤ 투자수익률 혹은 잔여이익 중 어느 것으로 사업부를 평가하는 경우라도, 회사 전체 관점에서는 사업부 A가 고려 중인 투자안을 채택하는 것이 유리하다.

📝 **Key Point**

투자수익률의 단점인 준최적화현상(sub optimization)이란 특정 투자안의 투자수익률이 회사 전체의 최저 필수수익률을 상회하는 경우 회사 전체 입장에서는 채택되어야 하지만, 해당 투자안의 투자수익률이 개별 사업부의 현재 투자수익률보다 낮다면 투자로 인하여 개별 사업부의 전체 투자수익률이 낮아질 수 있어 기각하는 상황을 말한다.

09 (주)세무는 세 가지 제품인 A, B, C를 생산·판매하고 있다. 세 가지 제품 각각에 대해 예상되는 월 생산 및 판매와 관련된 자료는 다음과 같다.

구분	제품 A	제품 B	제품 C
단위당 변동제조원가	₩40.80	₩45.10	₩45.00
단위당 고정제조원가	19.80	27.70	21.00
단위당 총제조원가	₩60.60	₩72.80	₩66.00
단위당 기계소요시간	1.25시간	2.50시간	1.80시간
단위당 판매가격	₩73.00	₩87.00	₩84.00
단위당 변동판매관리비	₩2.20	₩1.90	₩3.00
월 예상 시장수요량	1,000단위	3,000단위	3,000단위

세 가지 제품에 대한 시장의 수요는 충분하여 월 예상 시장수요량을 생산하면 모두 판매가 가능하다고 가정한다. (주)세무의 월 최대 사용가능한 기계시간은 13,650시간이다. (주)세무의 영업이익을 극대화할 수 있는 월 최적 제품배합은?

	제품 A	제품 B	제품 C
①	600단위	3,000단위	3,000단위
②	1,000단위	3,000단위	2,720단위
③	1,000단위	2,800단위	3,000단위
④	1,000단위	3,000단위	3,000단위
⑤	800단위	2,900단위	3,000단위

📝 **Key Point**

기계시간이 제약자원이므로 기계시간당 공헌이익을 계산하여 우선순위를 결정하고 시장수요량만큼 우선순위 순으로 순차적으로 생산한다.

10 상품매매기업인 (주)세무의 20×1년 2분기 월별 매출액 예산은 다음과 같다.

구분	4월	5월	6월
매출액	₩480,000	₩560,000	₩600,000

(주)세무의 월별 예상 매출총이익률은 45%이다. (주)세무는 월말재고로 그 다음 달 매출원가의 30%를 보유하는 정책을 실시하고 있다. (주)세무의 매월 상품매입 중 30%는 현금매입이며, 70%는 외상매입이다. 외상매입대금은 매입한 달의 다음 달에 전액 지급된다. 매입에누리, 매입환출, 매입할인 등은 발생하지 않는다. 상품매입과 관련하여 (주)세무의 20×1년 5월 예상되는 현금지출액은 얼마인가?

① ₩231,420   ② ₩243,060   ③ ₩264,060

④ ₩277,060   ⑤ ₩288,420

> 📝 **Key Point**
> 매출총이익률이 45%이므로 매출원가율은 55%이다. 또한, 상품매입 중 70%가 외상매입이므로 5월 현금지출액은 5월 매입의 30%와 4월 매입의 70%이다. 따라서 4월과 5월의 매입을 추정해야 한다.

11 전략적 원가관리에 관한 설명으로 옳지 않은 것은?

① 목표원가계산(target costing)은 제품개발 및 설계단계부터 원가 절감을 위한 노력을 기울여 목표원가를 달성하고자 한다.

② 카이젠원가계산(kaizen costing)은 제조 이전 단계에서의 원가 절감에 초점을 맞추고 있다.

③ 품질원가계산(quality costing)은 예방원가, 평가원가, 실패원가 간의 상충관계에 주목한다.

④ 제품수명주기원가계산(product llfe-cycle costing)은 제품의 기획 및 개발·설계에서 고객서비스와 제품폐기까지의 모든 단계에서 발생하는 원가를 의미한다.

⑤ 제약이론(theory of constraints)은 기업의 목표를 달성하는 과정에서 병목공정을 파악하여 이를 집중적으로 관리하고 개선해서 기업의 성과를 높이는 방법이다.

> 📝 **Key Point**
> 카이젠원가계산(kaizen costing)은 제품수명주기상 제조단계에서의 원가 절감을 모색하는 것으로 이미 설계된 제품의 기능을 유지하면서 제조과정에서 지속적인 개선을 통하여 원가 절감을 모색하는 것을 말한다.

12 (주)세무는 두 개의 제조부문인 P1, P2와 두 개의 보조부문인 S1, S2를 운영하여 제품을 생산하고 있다. S1은 기계시간, S2는 전력소비량(kwh)에 비례하여 보조부문원가를 제조부문에 배부한다. (주)세무의 각 부문에서 20×1년 4월 중 발생할 것으로 예상되는 원가 및 용역수수관계는 다음과 같다.

구분	보조부문		제조부문		합계
	S1	S2	P1	P2	
부문원가	₩10,800	₩6,000	₩23,000	₩40,200	₩80,000
부문별 예상 기계시간 사용량	20시간	20시간	30시간	50시간	120시간
부문별 예상 전력소비량	160kwh	100kwh	320kwh	320kwh	900kwh

(주)세무는 상호배부법을 이용하여 보조부문원가를 제조부문에 배부한다. 이 경우 20×1년 4월 말 제조부문 P2에 집계될 부문원가의 합계액은 얼마인가?

① ₩32,190   ② ₩33,450   ③ ₩35,250
④ ₩49,450   ⑤ ₩49,850

📝 **Key Point**

자가소비용역은 무시하고 상호배부법은 용역제공량을 용역제공비율로 변경한 후 연립방정식을 이용하여 보조부문별 배분할 원가를 계산한다.

13 (주)세무는 사업부 A와 사업부 B를 이익중심점으로 운영하고 있다. 사업부 B는 사업부 A에 고급형 제품 X를 매월 10,000단위 공급해줄 것을 요청하였다. 사업부 A는 현재 일반형 제품 X를 매월 50,000단위를 생산·판매하고 있으나, 고급형 제품 X를 생산하고 있지 않다. 회계부서의 원가분석에 의하면 고급형 제품 X의 단위당 변동제조원가는 ₩120, 단위당 포장 및 배송비는 ₩10으로 예상된다. 사업부 A가 고급형 제품 X 한 단위를 생산하기 위해서는 일반형 제품 X 1.5단위의 생산을 포기하여야 한다. 일반형 제품 X는 현재 단위당 ₩400에 판매되고 있으며, 단위당 변동제조원가와 단위당 포장 및 배송비는 각각 ₩180과 ₩60이다. 사업부 A의 월 고정원가 총액은 사업부 B의 요청을 수락하더라도 변동이 없을 것으로 예상된다. 사업부 A가 현재와 동일한 월간 영업이익을 유지하기 위해서는 사업부 B에 부과해야 할 고급형 제품 X 한 단위당 최소판매가격은 얼마인가? (단, 사업부 A의 월초재고 및 월말재고는 없다)

① ₩220 ② ₩270 ③ ₩290
④ ₩370 ⑤ ₩390

📝 **Key Point**
최소대체가격은 단위당 증분원가에 단위당 기회원가를 가산한다. 여기서 기회원가는 고급형 1단위 대체를 위한 일반형 1.5단위 포기량이다.

14 (주)세무의 20×1년도 기초 및 기말재고자산은 다음과 같다.

구분	기초잔액	기말잔액
원재료	₩34,000	₩10,000
재공품	37,000	20,000
제품	10,000	48,000

원재료의 제조공정 투입금액은 모두 직접재료원가이며, 20×1년 중에 매입한 원재료는 ₩76,000이다. 20×1년의 기본원가(prime costs)는 ₩400,000이고, 전환원가(가공원가: conversion costs)의 50%가 제조간접원가이다. (주)세무의 20×1년 매출원가는 얼마인가?

① ₩679,000 ② ₩700,000 ③ ₩717,000
④ ₩727,000 ⑤ ₩747,000

📝 **Key Point**
"[직접노무원가 + 제조간접원가] × 50% = 제조간접원가"이므로 직접노무원가와 제조간접원가는 동일하다.

15 (주)세무는 20×1년 4월에 원재료 X를 가공하여 두 개의 결합제품인 제품 A 1,200단위와 제품 B 800단위를 생산하는 데 ₩100,000의 결합원가가 발생하였다. 제품 B는 분리점에서 판매할 수도 있지만, 이 회사는 제품 B 800단위 모두를 추가가공하여 제품 C 800단위 생산한 후 500단위를 판매하였다. 제품 B를 추가가공하는 데 ₩20,000의 원가가 발생하였다. 4월 초에 각 제품의 예상 판매가격은 제품 A는 단위당 ₩50, 제품 B는 단위당 ₩75, 제품 C는 단위당 ₩200이었는데, 20×1년 4월에 판매된 제품들의 가격은 예상판매가격과 동일하였다. (주)세무는 결합원가 배부에 순실현가치법을 적용하고, 경영목적상 각 제품별 매출총이익을 계산한다. 20×1년 4월 제품 C에 대한 매출총이익은 얼마인가? (단, 월초재고와 월말재공품은 없으며, 공손 및 감손도 없다)

① ₩30,250
② ₩35,750
③ ₩43,750
④ ₩48,250
⑤ ₩56,250

📝 **Key Point**
제품 B는 분리점에서와 추가가공 후 판매가능하지만, 회사는 제품 C를 생산하였으므로 순실현가치는 추가가공된 제품 C를 기준으로 계산한다. 또한, 순실현가치는 판매량이 아닌 결합공정에서 생산된 물량을 기준으로 계산한다.

정답 및 해설

제49회 공인회계사 1차 회계학

정답

01 ①　**02** ⑤　**03** ①　**04** ④　**05** ③　**06** ②　**07** ③　**08** ⑤　**09** ②　**10** ④

해설

01 ① 균형성과표에서 전략에 근거하여 도출한 비재무적 성과측정치는 재무적 성과측정치의 선행지표가 된다.

02 ⑤ 시장상황의 검토를 통하여 예상되는 제품의 목표가격을 확인한 후 기업이 필요로 하는 목표이익을 차감하여 결정되는 원가시스템은 목표원가계산이다.

03 ① 1. 작업별 물량흐름

재공품

기초	-	완성	#101, #102
착수	#101, #102, #103	기말	#103
	#101, #102, #103		#101, #102, #103

제품

기초	-	판매	#101
대체	#101, #102	기말	#102
	#101, #102		#101, #102

2. 예정배부율

$$\frac{\text{연간 제조간접원가예산}}{\text{예상기계시간}} = \frac{₩600}{200\text{시간}} = ₩3/\text{시간}$$

3. 배부차이

간접재료원가와 간접노무원가는 각각 ₩20(= ₩800 - ₩280 - ₩500), ₩40(= ₩700 + ₩100 - ₩40 - ₩720)이므로, 다음과 같이 정리할 수 있다.

실제발생	₩620 (= ₩560 + ₩20 + ₩40)
예정배부	540 (= ₩3 × 180시간)
배부차이	₩80 (과소배부)

4. #101의 매출총이익

매출	₩1,100
정상매출원가	(770)*
배부차이	(80)
	₩250

* 정상매출원가
₩200 + ₩300 + ₩3 × 90시간 = ₩770

04 ④

1. 제품현황

제품(3월)

기초	40단위	판매	100단위
생산	120단위	기말	60단위(= 120단위 × 0.5)
	160단위		160단위

제품(4월)

기초	60단위	판매	120단위
생산	130단위	기말	70단위(= 140단위 × 0.5)
	190단위		190단위

2. 직접재료현황

직접재료(3월)

기초	100단위	사용	120단위(3월 생산)
매입	124단위	기말	104단위*
	224단위		224단위

* 3월 말 직접재료재고는 4월 생산분의 80%이므로, 130단위 × 0.8 = 104단위이다.

그러므로, 3월 직접재료 매입예산 금액은 124단위 × ₩20 = ₩2,480이다.

05 ③

	일반형	고급형
단위당 판매가격	₩42	₩64
단위당 변동원가	26	40
단위당 공헌이익	₩16	₩24
기계시간	÷ 1시간	÷ 2시간 ≤ 6,000시간
기계시간당 공헌이익	₩16	₩12
우선순위	1순위	2순위

1. 여유시간
- 일반형: 2,500단위 × 1시간 = 2,500시간
- 고급형: 1,500단위 × 2시간 = 3,000시간

최대기계시간은 6,000시간이므로 현재 500시간의 여유시간이 존재한다.

2. 특별주문으로 인한 기존판매 포기분

특별주문 500단위 생산을 위해서 1,000시간이 필요하므로 부족한 500시간을 확보하기 위해서 고급형 250단위(= 500시간 ÷ 2시간)를 포기해야 한다.

3. 의사결정

증분수익 매출	500단위 × ₩74 =	₩37,000
증분비용 변동원가	500단위 × ₩40 =	20,000
기회비용	250단위 × ₩24 =	6,000
증분이익		₩11,000

∴ 특별주문을 수락할 경우 20×1년 3월 영업이익은 ₩11,000만큼 증가한다.

06 ② 부문 X에 대해 추적가능한 고정원가는 ₩325 + ₩10 = ₩335이다.

07 ③ 총공손물량 1,000단위 중 정상공손은 14,000단위 × 5% = 700단위이다.

① 물량흐름 파악

재공품				② 완성품환산량		
				전공정원가	재료원가	가공원가
기초	3,000(0.4)	완성품	10,000	10,000	10,000	10,000
		정상공손	700(0.5)	700	700	350
		비정상공손	300(0.5)	300	300	150
착수	12,000	기말	4,000(0.6)	4,000	4,000	2,400
	15,000		15,000	15,000	15,000	12,900

③ 당기발생원가

전공정원가	재료원가	가공원가
₩71,250	₩60,000	₩103,200

④ 환산량 단위당 원가

전공정원가	재료원가	가공원가
₩4.75	₩4	₩8

⑤ 원가 배분

1. 1차 배분

완성품	10,000단위 × ₩4.75 + 10,000단위 × ₩4 + 10,000단위 × ₩8 =	₩167,500
정상공손	700단위 × ₩4.75 + 700단위 × ₩4 + 350단위 × ₩8 =	8,925
비정상공손	300단위 × ₩4.75 + 300단위 × ₩4 + 150단위 × ₩8 =	3,825
기말재공품	4,000단위 × ₩4.75 + 4,000단위 × ₩4 + 2,400단위 × ₩8 =	54,200
		₩234,450

2. 2차 배분

	배분 전 원가	공손원가 배분	배분 후 원가
완성품	₩167,500	₩6,375[*1]	₩173,875
정상공손	8,925	(8,925)	–
비정상공손	3,825		3,825
기말재공품	54,200	2,550[*2]	56,750

[*1] 완성품 배부액

$$₩8,925 \times \frac{10,000단위}{10,000단위 + 4,000단위} = ₩6,375$$

[*2] 재공품 배부액

$$₩8,925 \times \frac{4,000단위}{10,000단위 + 4,000단위} = ₩2,550$$

08 ⑤ 원가계산분개는 다음과 같다.

(차) 제품	173,875	(대) 재공품 - 제3공정	177,700
비정상공손	3,825		

09 ② 1. 결합원가 배부

		순실현가치	배분비율	배분액
A	60톤 × ₩300 =	₩18,000	45%	₩7,200
B	80톤 × ₩200 =	16,000	40%	6,400
C	100톤 × ₩140 - ₩8,000 =	6,000	15%	2,400
		₩40,000	100%	₩16,000

2. 제품별 단위당 원가

	A	B	C	합계
결합원가	₩7,200	₩6,400	₩2,400	₩16,000
추가원가	–	–	8,000	8,000
계	₩7,200	₩6,400	₩10,400	₩24,000
생산량	60톤	80톤	100톤	
단위당 원가	₩120/톤	₩80/톤	₩104/톤	

3. 월말제품

A	₩120 × 36톤 =	₩4,320
B	₩80 × 12톤 =	960
C	₩104 × 5톤 =	520
		₩5,800

4. 매출원가

₩24,000 - ₩5,800 = ₩18,200

10 ④

	AQ × SP	Total AQ × BM × SP	SQ × SP
고급	220시간 × ₩20 = ₩4,400	380시간 × 0.5 × ₩20 = ₩3,800	200시간 × ₩20 = ₩4,000
저급	160시간 × ₩12 = ₩1,920	380시간 × 0.5 × ₩12 = ₩2,280	200시간 × ₩12 = ₩2,400
	₩6,320	₩6,080	₩6,400

₩240 불리 (AQ×SP ↔ Total AQ×BM×SP)
₩320 유리 (Total AQ×BM×SP ↔ SQ×SP)

정답

01 ③	02 ①	03 ①	04 ④	05 ②	06 ②	07 ④	08 ④	09 ③	10 ⑤
11 ②	12 ⑤	13 ④	14 ①	15 ③					

해설

01 ③   1. 예정배부율

$$\frac{제조간접원가예산}{예정조업도} = \frac{₩144,000}{16,000시간} = ₩9/직접노동시간$$

2. 배부차이

예정배부	₩153,000 (= 17,000시간 × ₩9)
실제발생	145,000
배부차이	₩8,000 (과대배부)

3. 배부차이 조정

	조정 전 금액	배부차이 조정 매출원가조정	배부차이 조정 비례배분
재공품	₩50,000(5%)	-	₩400
제품	150,000(15%)	-	1,200
매출원가	800,000(80%)	₩8,000	6,400
계	₩1,000,000	₩8,000	₩8,000

그러므로, 비례배분법을 적용할 경우 매출원가에서 전액 조정하는 방법에 비해 ₩1,600만큼 이익이 감소한다.

02 ①   1. 활동별 배부율

	주문처리	고객지원	배부불능
급여	₩50,000	₩175,000	₩25,000
마케팅비	16,000	128,000	16,000
계	₩66,000	₩303,000	₩41,000
원가동인	÷ 4,000회	÷ 40명	-
배부율	₩16.5/회	₩7,575/명	-

2. 고객 A 배부액

₩16.5/회 × 6회 + ₩7,575/명 × 1명 = ₩7,674

03 ①

① 물량흐름 파악

재공품			
기초	500 (0.75)	완성	3,700
		정상공손	250
		비정상공손	250
착수	4,500	기말	800 (0.3)
	5,000		5,000

② 완성품환산량

	재료원가	가공원가
	3,700	3,700
	250	250
	250	250
	800	240
	5,000	4,440

③ 원가

       ₩5,000,000   ₩3,751,800

④ 환산량 단위당 원가(= ③ ÷ ②)

        ₩1,000   ₩845

04 ④

1. 고정제조간접원가예산

₩9,000

2. 기계시간당 표준고정제조간접원가 배부율

$$\frac{\text{고정제조간접원가예산}}{\text{기준조업도}} = \frac{₩9,000}{6,000\text{기계시간}} = ₩1.5$$

실제발생	예산	SQ × SP
	1,200단위 × 5시간* × ₩1.5	1,300단위 × 5시간* × ₩1.5
-	= ₩9,000	= ₩9,750

|————————|————————|
| - | ₩750 유리 |

* 6,000시간 ÷ 1,200단위 = 5시간/단위

05 ②

손익분기점에서는 총공헌이익과 고정원가가 동일하므로, 당기매출액이 손익분기점 매출액보다 작을 경우 총공헌이익이 고정원가보다 작아 손실이 발생한다.

06 ② 1. 소모품비와 수선유지비

고정제조원가를 a, 단위당 변동제조원가를 b라 한 후 정리하면 다음과 같다.

(1) 소모품비

최고조업도	₩72,000 =	a + b × 90,000시간
최저조업도 (−)	48,000 =	a + b × 60,000시간
	₩24,000 =	b × 30,000시간

a는 ₩0, b는 ₩0.8/기계시간이다.

(2) 수선유지비

최고조업도	₩153,000 =	a + b × 90,000시간
최저조업도 (−)	105,000 =	a + b × 60,000시간
	₩48,000 =	b × 30,000시간

a는 ₩9,000, b는 ₩1.6/기계시간이다.

2. 원가요소별 원가함수

	고정원가	변동원가
소모품비	−	₩0.8/기계시간
감독자급여	₩21,000	−
수선유지비	₩9,000	₩1.6/기계시간
계	₩30,000	₩2.4/기계시간

① ₩0.8 × 75,000시간 = ₩60,000

② ₩9,000 + ₩1.6 × 75,000시간 = ₩129,000

③ ₩2.4 × 75,000시간 = ₩180,000

④ ₩21,000 + ₩9,000 = ₩30,000

⑤ ₩30,000 + ₩2.4 × 75,000시간 = ₩210,000

07 ④ 1. 손익구조

1매당 판매가격	₩30,000
1매당 변동원가	2,000(= ₩30,000 × 3% + ₩1,100)
단위당 공헌이익	₩28,000

2. 주당 고정원가

연료비	₩7,000,000(= ₩700,000/편도 × 2회 × 5회/주)
임차료와 공항사용료	4,800,000
급여 등	7,800,000
합계	₩19,600,000

3. 손익분기 항공권 수량

$$\frac{₩19,600,000}{₩28,000} = 700매$$

08 ④

	사업부 A	사업부 B	사업부 C	새로운 투자안(A)
투자수익률	32%[*1]	60%	42%	25%[*3]
잔여이익	₩12,000[*2]	₩20,000	₩11,000	₩2,000[*4]

[*1] ₩32,000 ÷ ₩100,000 × 100 = 32%

[*2] ₩32,000 - ₩100,000 × 20% = ₩12,000

[*3] ₩10,000 ÷ ₩40,000 × 100 = 25%

[*4] ₩10,000 - ₩40,000 × 20% = ₩2,000

새로운 투자안의 투자수익률 25%는 기존수익률 32%보다 낮기 때문에 고려 중인 투자안을 채택하지 않을 것이다.

09 ③ 1. 제품별 기계소요시간당 공헌이익

	제품 A	제품 B	제품 C
단위당 판매가격	₩73	₩87	₩84
단위당 변동원가	43	47	48
단위당 공헌이익	₩30	₩40	₩36
단위당 기계소요시간	÷ 1.25h	÷ 2.5h	÷ 1.8h
기계소요시간당 공헌이익	₩24	₩16	₩20
우선순위	1순위	3순위	2순위

2. 최적 제품 생산배합

		필요시간	잔여시간
제품 A	1,000단위 × 1.25시간 =	1,250	12,400
제품 C	3,000단위 × 1.80시간 =	5,400	7,000
제품 B	2,800단위 × 2.50시간 =	7,000	-

10 ⑤ 1. 월별 매출원가

		매출원가
4월	₩480,000 × (1 - 45%) =	₩264,000
5월	₩560,000 × (1 - 45%) =	308,000
6월	₩600,000 × (1 - 45%) =	330,000

2. 월별 재고현황

4월			
기초	₩79,200	사용	₩264,000
매입	277,200	기말	92,400(= ₩308,000 × 30%)
	₩356,400		₩356,400

5월			
기초	₩92,400	사용	₩308,000
매입	314,600	기말	99,000(= ₩330,000 × 30%)
	₩407,000		₩407,000

3. 5월 예상 현금지출액

4월 매입액 × 70% + 5월 매입액 × 30%

= ₩277,200 × 70% + ₩314,600 × 30% = ₩288,420

11 ② 카이젠원가계산은 제조단계에서의 점진적인 원가 절감에 초점을 맞추고 있다.

12 ⑤ 자가소비용역을 제외한 나머지 용역제공량을 비율로 환산하면 다음과 같다.

	S1	S2	P1	P2	합계
S1	-	0.2	0.3	0.5	1
S2	0.2	-	0.4	0.4	1
배분 전 원가	₩10,800	₩6,000	₩23,000	₩40,200	₩80,000
S1 배분	(12,500)[*1]	2,500[*2]	3,750	6,250	-
S2 배분	1,700	(8,500)[*1]	3,400	3,400	-
	-	-	₩30,150	₩49,850	₩80,000

[*1] 배분할 원가
$S1 = ₩10,800 + 0.2S2$
$S2 = ₩6,000 + 0.2S1$
∴ $S1 = ₩12,500$, $S2 = ₩8,500$

[*2] $₩12,500 × 0.2 = ₩2,500$

13 ④ 1. 일반형 제품 X 단위당 공헌이익
₩400 - ₩240 = ₩160

2. 공급사업부의 단위당 최소판매가격
고급형 제품 X 한 단위를 생산하기 위해서 일반형 제품 X 1.5단위를 포기하여야 하므로, 일반형 제품 X 포기량은 15,000단위이다.
단위당 증분원가 + 단위당 기회원가

$$= ₩130 + \frac{15,000단위 × ₩160}{10,000단위} = ₩370$$

14 ① 1. 재공품계정

재공품			
기초	₩37,000	완성	₩717,000
직접재료원가	100,000 [*1]		
직접노무원가	300,000 [*2]		
제조간접원가	300,000 [*3]	기말	20,000
	₩737,000		₩737,000

[*1] 직접재료원가
₩34,000 + ₩76,000 - ₩10,000 = ₩100,000

[*2] 직접노무원가
= 기본원가 - 직접재료원가
= ₩400,000 - ₩100,000 = ₩300,000

[*3] 제조간접원가
전환원가의 50%가 제조간접원가이므로, 직접노무원가와 제조간접원가 금액은 같다.

2. 매출원가
기초제품 + 당기제품제조원가 - 기말제품
= ₩10,000 + ₩717,000 - ₩48,000 = ₩679,000

15 ③ 1. 결합원가 배분

	판매가격	추가원가	순실현가치	배분비율	결합원가 배분
연산품 A	₩60,000	–	₩60,000	0.3	₩30,000
연산품 B	160,000*	₩20,000	140,000	0.7	70,000
			₩200,000	1	₩100,000

* 800단위 × ₩200 = ₩160,000

2. 제품 C 단위당 원가

(₩70,000 + ₩20,000) ÷ 800단위 = ₩112.5

3. 제품 C 500단위 판매 시 매출총이익

500단위 × (₩200 - ₩112.5) = ₩43,750

2013년

원가관리회계
기출문제 & 해답

제48회 공인회계사 1차 회계학

제50회 세무사 1차 회계학개론

정답 및 해설

01 (주)나라는 연속적인 공정을 통해 단일의 제품을 대량으로 생산하고 있다. 당사는 제품원가의 정확한 계산과 효율적인 원가관리를 위해 가장 적합한 원가계산방법으로 종합원가계산방법을 선택하였다. 다음의 설명 가운데 그 특징을 모두 열거한 것은?

> (가) 모든 제품 단위가 완성되는 시점을 별도로 파악하기가 어려우므로 인위적인 기간을 정해 원가를 산정한다.
>
> (나) 원가계산에서 가장 중요한 서류는 작업된 단위, 부서에 할당된 원가, 작업된 단위원가, 부서에서 이전될 원가 및 기말재공품원가 등이 요약보고된 작업원가집계표이다.
>
> (다) 각 공정별로 원가가 집계되므로 원가에 대한 책임소재가 명확해진다.
>
> (라) 주어진 상황에 따라 직접재료원가, 직접노무원가 및 제조간접원가로 구분하여 원가를 계산하지만, 일반적으로는 원가를 재료원가와 가공원가로 구분하여 원가계산을 실시한다.

① (가), (나)   ② (다), (라)   ③ (나), (다), (라)

④ (가), (다), (라)   ⑤ (가), (나), (다), (라)

📝 **Key Point**

개별원가계산은 미완성된 작업이 재공품이며 종합원가계산은 특정 시점을 기준으로 완성품과 미완성품(재공품)을 파악할 수 있다. 원가계산에 대한 보고·집계양식의 경우 개별원가계산은 작업원가표이고 종합원가계산은 제조원가보고서이다.

02 변동원가계산의 유용성에 대한 다음의 설명 중 옳지 않은 것은?

① 변동원가계산 손익계산서에는 이익계획 및 의사결정목적에 유용하도록 변동원가와 고정원가가 분리되고 공헌이익이 보고된다.

② 변동원가계산에서는 일반적으로 고정제조간접원가를 기간비용으로 처리한다.

③ 변동원가계산에서는 판매량과 생산량의 관계에 신경을 쓸 필요 없이 판매량에 기초해서 공헌이익을 계산한다.

④ 변동원가계산에 의해 가격을 결정하더라도 장기적으로 고정원가를 회수하지 못할 위험은 없다.

⑤ 제품의 재고수준을 높이거나 낮춤으로써 이익을 조작할 수 있는 가능성은 없다.

📋 Key Point

변동원가계산의 변동원가는 변동판매관리비를 포함하지만 제품원가는 변동판매관리비를 제외한 변동제조원가만을 의미한다.

03 (주)하나는 당기에 제품 A를 1,500단위, 제품 B를 1,000단위, 제품 C를 500단위 생산하였으며, 이와 관련하여 기계절삭작업에 ₩100,000, 조립작업에 ₩80,000, 품질검사에 ₩40,000의 제조간접원가가 소요되었다. 당사는 활동기준원가계산을 시행하고 있으며, 관련 자료는 아래와 같다. 다음 중 옳지 않은 것은?

구분	원가동인	제품 A	제품 B	제품 C
기계절삭작업	기계시간	2,240	3,380	4,380
조립작업	조립시간	330	660	1,010
품질검사	횟수	12	13	15

① 제품 B 전체에 배부되는 기계절삭작업 활동원가는 제품 A 전체에 배부되는 기계절삭작업 활동원가의 약 1.5배이다.

② 제품 B 전체에 배부되는 조립작업 활동원가보다 제품 C 전체에 배부되는 조립작업 활동원가가 더 크다.

③ 제품 A 전체에 배부되는 품질검사 활동원가보다 제품 C 전체에 배부되는 품질검사 활동원가가 25% 더 크다.

④ 제품 단위당 총활동원가가 가장 큰 것은 제품 C이다.

⑤ 각 제품의 단위당 활동원가를 계산하면 제품 A는 ₩31.73, 제품 B는 ₩73.20, 제품 C는 ₩138.40이다.

📝 Key Point

전통적 원가계산은 제조간접원가를 부문에 집계한 후 부문별 배부율로 배부하며, 활동기준원가계산은 제조간접원가를 활동에 집계한 후 활동별 배부율로 배부한다.

---

04 (주)동산의 원가계산을 담당하고 있는 김 과장은 다른 보조부문에 대한 용역제공비율 순서로 보조부문의 원가를 배분하고 있다. 그런데 김 과장이 단계배부법에 의해 보조부문의 원가를 배부하는 중 실수로 다른 보조부문으로부터 배부받은 원가를 누락하고 다음과 같이 보조부문의 원가를 배부하였다.

제공부서	제조부문		보조부문		
	M1	M2	A1	A2	A3
배부 전 원가	₩17,500	₩25,000	₩7,500	₩10,000	₩5,000
A3	1,500	1,000	1,500	1,000	
A2	3,750	3,750	2,500		
A1	3,750	3,750			
배부 후 원가	26,500	33,500			

다음 중 아래의 질문 (가)와 (나)의 답안이 바르게 짝지어진 것은?

> (가) 김 과장의 실수로 인해 제조부문에 배부되지 못한 보조부문의 원가는 얼마인가?
>
> (나) 김 과장의 실수를 바로잡았을 때 제조부문 M1과 M2의 배부 후 원가는 얼마인가?

	(가)	(나)	
		M1	M2
①	₩5,000	₩26,500	₩33,500
②	₩5,000	₩29,000	₩36,000
③	₩5,000	₩29,500	₩35,500
④	₩5,250	₩28,000	₩37,000
⑤	₩5,250	₩30,000	₩35,000

📑 Key Point

배부 전 원가 합계와 배부 후 원가 합계는 일치해야 한다. 위 자료에서 배부 전 원가 합계 ₩65,000과 배부 후 원가 합계 ₩60,000의 차이인 ₩5,000만큼 누락된 것을 알 수 있다. 또한, 보조부문 배부순서는 A3 → A2 → A1의 순이다.

05 다음은 (주)한국의 원가계산을 위한 자료이다. 고정제조간접원가 및 고정판매관리비는 각각 ₩2,400,000 및 ₩1,000,000으로 매년 동일하며, 단위당 판매가격과 변동원가도 각 연도와 상관없이 일정하다.

구분	20×1년	20×2년	20×3년
기초재고수량(개)	-	4,000	4,000
생산량(개)	20,000	16,000	12,000
판매량(개)	16,000	16,000	16,000
기말재고수량(개)	4,000	4,000	-

단위당 판매가격	₩1,000
단위당 변동원가	
직접재료원가	₩40
직접노무원가	₩60
변동제조간접원가	₩80
변동판매관리비	₩20

다음의 원가계산 결과에 관한 설명 중 옳은 것을 모두 열거한 것은? (단, 기초 및 기말재고는 모두 완성품이며, 재공품재고는 존재하지 않는다)

(가) 20×1년 전부원가계산의 영업이익은 변동원가계산의 영업이익보다 ₩480,000 더 크다.
(나) 20×2년 변동원가계산의 영업이익과 초변동원가계산(throughput costing 또는 super-variable costing)의 영업이익은 같다.
(다) 변동원가계산의 영업이익은 상기 3개년 모두 동일하다.
(라) 초변동원가계산의 영업이익은 상기 3개년 동안 매년 증가한다.
(마) 변동원가계산 영업이익과 초변동원가계산 영업이익 차이의 절댓값은 20×1년보다 20×3년의 경우가 더 크다.

① (가), (나), (마)　　　② (나), (다), (라)　　　③ (다), (라), (마)
④ (가), (나), (다), (라)　　　⑤ (가), (나), (다), (라), (마)

📝 **Key Point**

전부원가계산 이익은 생산량과 (+)관계이며 초변동원가계산 이익은 생산량과 (-)관계이다. 변동원가계산 이익은 판매량에 의해서만 영향을 받는다.

06 영업레버리지도(Degree of Operating Leverage)에 대한 다음의 설명 중 옳지 않은 것은? (단, 모든 경우에 영업이익은 0보다 크다고 가정한다)

① 단위당 변동원가가 증가하면 영업레버리지도는 높아진다.
② 고정원가가 감소하면 영업레버리지도는 낮아진다.
③ 안전한계율(margin of safety ratio)이 높아지면 영업레버리지도는 낮아진다.
④ 단위당 판매가격이 증가하면 영업레버리지도는 낮아진다.
⑤ 판매량이 증가하면 영업레버리지도는 높아진다.

📝 **Key Point**

$$영업레버리지도 = \frac{공헌이익}{영업이익} = \frac{공헌이익}{공헌이익 - 고정원가} = \frac{1}{안전한계율}$$

07 (주)대한은 한복 A와 한복 B를 생산하여 판매하고 있다. 한복 A와 한복 B의 제작에 사용되는 재료인 명주와 염료는 1년에 각각 100kg과 150리터만 확보가 가능하다. 한복 A에 대한 시장수요는 무한하나, 한복 B에 대한 시장수요는 연간 70단위이다. 단위당 공헌이익 및 생산 관련 재료사용량이 다음과 같을 때 최적 제품배합에 의한 총공헌이익은 얼마인가?

구분	한복 A	한복 B
단위당 공헌이익	₩3,000	₩1,000
단위당 명주 사용량	1kg	1kg
단위당 염료 사용량	2리터	1리터

① ₩225,000 ② ₩200,000 ③ ₩160,000
④ ₩150,000 ⑤ ₩100,000

📝 **Key Point**
명주 사용량, 염료 사용량과 한복 B의 시장수요를 포함하여 제약요소가 3개이다.

08 (주)한국은 20×1년 초에 영업활동을 개시하였고 표준원가계산제도를 채택하고 있다. 20×1년 말 현재 표준원가로 기록된 원가계정 잔액과 실제발생원가는 직접노무원가를 제외하고 모두 동일하다. 실제발생 직접노무원가는 ₩250이다. 한편 표준직접노무원가는 기말재공품에 ₩40, 기말제품에 ₩80, 매출원가에 ₩80이 포함되어 있다. 직접노무원가의 차이는 전액 임률차이 때문에 발생한 것이다. 다음의 설명 중 옳지 않은 것은?

① 표준원가와 실제원가의 차이를 원가요소별로 안분(proration)하여 수정분개하면 처음부터 실제원가로 계산한 것과 동일한 결과가 재무제표에 반영된다.

② 표준원가와 실제원가의 차이를 매출원가에서 전액 조정하면 영업이익은 실제원가계산에 의한 것보다 ₩20 더 작다.

③ 실제 매출원가에 포함된 직접노무원가는 ₩100이다.

④ 실제원가와 표준원가의 차이를 매출원가에 전액 반영하는 방법이 원가요소별로 안분하는 방법보다 더 보수적인 회계처리이다.

⑤ 직접노무원가 임률차이는 ₩50만큼 불리한 차이가 발생한다.

📝 **Key Point**

기초재고가 없으므로 당기 표준배부된 금액은 기말재공품, 기말제품 및 매출원가의 합계이다.

09 (주)무역은 칠레에서 와인을 생산하여 한국에서 판매한다. 칠레에는 와인의 생산사업부가, 한국에는 와인의 판매사업부가 존재한다. 한국과 칠레의 법인세율은 각각 20%와 10%이며, 한국은 칠레산 와인 수입에 대해 15%의 관세를 부과해왔다고 가정한다. 관세는 판매사업부가 부담하며, 당해 연도에 수입된 와인은 당해 연도에 모두 판매된다.

와인 생산과 관련된 단위당 변동원가와 단위당 전부원가는 각각 ₩1,000과 ₩4,000이다. 생산된 와인은 원화가격 ₩5,000에 상당하는 가격으로 칠레에서 판매 가능하며 수요는 무한하다. 판매사업부는 한국에서 이 와인을 ₩10,000에 판매하고 있으며, 국내에서 다른 도매 업체로부터 동일한 와인을 ₩7,000에 필요한 양만큼 공급받을 수 있다.

한편 한국과 칠레는 FTA를 체결하고 양국 간 관세를 철폐하기로 했다. (주)무역의 세후이익을 극대화시키는 대체가격(transfer price)은 FTA 발효 이후에 발효 이전보다 얼마나 증가(또는 감소)하는가? (단, 두 나라의 세무당국은 세금을 고려하지 않았을 때 각 사업부가 이익을 극대화하기 위해 주장하는 범위 내의 가격만을 적정한 대체가격으로 인정한다. 또한 대체거래 여부에 관계없이 각 사업부는 납부할 법인세가 존재한다)

① ₩6,000 증가 ② ₩6,000 감소 ③ ₩2,000 증가
④ ₩2,000 감소 ⑤ 증감 없음

📋 **Key Point**

세금을 고려하지 않았을 때 대체가격의 범위를 계산한 후 관세로 인한 회사 전체 세금부담액을 이용하여 대체가격을 각각 계산한다.

10 (주)백두는 A, B, C 세 단계의 연속된 생산공정을 통해 완제품을 생산한다. (주)백두는 매년 600단위의 제품을 생산하여 단위당 ₩5,000에 시장에서 모두 판매한다. 금년에 (주)백두는 (주)한라로부터 완제품 400단위를 단위당 ₩4,000에 납품해줄 것을 추가로 요구받았다. 이 주문은 400단위 모두를 수락하거나 아니면 거절해야 한다. 완제품 기준으로 표시된 공정별 연간 생산능력, 생산량 및 단위당 변동원가는 다음과 같다.

구분	A공정	B공정	C공정
공정별 연간 생산능력	1,000단위	800단위	900단위
공정별 연간 생산량	600단위	600단위	600단위
공정별 단위당 변동원가	₩500	₩1,000	₩1,500

(주)백두가 (주)한라의 주문을 받아들일 경우 영업이익은 얼마나 증가(또는 감소)하는가? (단, 외부 공급업체로부터 B공정에서 생산된 것과 동일한 부품을 단위당 ₩3,000에 무제한 공급받을 수 있다고 가정한다)

① ₩50,000 증가   ② ₩50,000 감소   ③ ₩400,000 증가

④ ₩400,000 감소   ⑤ 증감 없음

📑 **Key Point**

B공정과 C공정이 제약공정이지만 B공정의 부품은 외부로부터 구입할 수 있으므로 C공정만이 제약공정이다. 또한, B공정에서 생산된 부품을 구입하는 경우 A공정과 B공정은 연속공정이므로 해당 수량은 A공정 가공이 불필요하다.

정답 및 해설 ▶ p.367

01 (주)세무는 부품 A를 매년 1,000단위씩 자가생산하여 제품 생산에 사용하고 있는데, 부품 A 생산과 관련된 원가자료는 다음과 같다.

구분	단위당 원가
직접재료원가	₩150
직접노무원가	30
변동제조간접원가	20
고정제조간접원가	40
계	₩240

(주)하청이 부품 A를 단위당 ₩215에 전량 공급해 주겠다는 제안을 하였다. (주)하청의 제안을 수락하면 부품 A의 생산 공간을 부품 B 생산에 이용할 수 있어 부품 B의 총제조원가를 매년 ₩7,000 절감할 수 있고, 부품 A의 고정 기술사용료가 매년 ₩9,000 절감된다.

한편, (주)간청은 (주)세무에게 다른 제안을 하였다. (주)간청의 제안을 수락하면 부품 A의 총고정제 조간접원가가 매년 10% 절감되나, 부품 A의 생산 공간을 부품 B 생산에 이용할 수 없어 부품 B의 총제조원가는 절감되지 않는다. (주)간청의 기술지도로 인하여 부품 A의 고정 기술사용료는 매년 ₩7,000 절감된다.

각 제안별 수락에 따른 영업이익 증감액이 동일하게 되는 (주)간청의 제안가격은?

① ₩180 ② ₩198 ③ ₩202
④ ₩210 ⑤ ₩212

해커스 회계사·세무사 단번에 합격, 해커스 경영아카데미 cpa.Hackers.com

> 📑 **Key Point**
> 외부구입 시 고정원가 절감 여부와 생산설비에 대한 임대수익 및 타제품 생산에 활용 여부를 추가로 고려해야 한다.

02 균형성과표(BSC, Balanced Scorecard)에 대한 내용 중 옳지 않은 것은?

① 전사적인 BSC는 하부조직의 BSC를 먼저 수립한 후 하의상달식으로 구축한다.

② BSC에서 관점의 수와 명칭은 조직별로 다를 수 있다.

③ BSC는 대학교나 정부기관과 같은 비영리조직에도 적용된다.

④ 성과지표는 조직의 비전과 전략에 연계되어 선정되어야 한다.

⑤ 전략체계도는 관점 간의 인과관계를 보여준다.

📑 **Key Point**

균형성과표(BSC, Balanced Scorecard)는 추구하는 궁극적인 목표를 이용하여 비전과 전략을 수립하고 이를 달성하기 위한 핵심성공요인을 도출한 다음에 성과목표들이 잘 수행되고 있는지를 측정하기 위한 성과평가지표들을 설정하며 이러한 성과측정결과에 대한 피드백과 의사소통을 강조한다.

03 (주)세무의 정상판매량에 기초한 20×1년 예산손익계산서는 다음과 같다.

매출액(5,000단위, ₩60)	₩300,000
변동매출원가	150,000
변동판매비	60,000
공헌이익	₩90,000
고정제조간접원가	50,000
고정판매비	20,000
영업이익	₩20,000

(주)세무의 연간 최대생산능력은 6,000단위이다. 새로운 고객이 20×1년 초 1,500단위를 단위당 ₩50에 구입하겠다고 제의하였으며, 이 제의는 부분 수락할 수 없다. 이 제의를 수락하고, 정상가격에 의한 기존의 거래를 감소시켜 영업이익을 극대화한다면, 20×1년에 증가되는 영업이익은?

① ₩1,000   ② ₩3,000   ③ ₩9,000

④ ₩14,000   ⑤ ₩17,000

📑 **Key Point**

정상판매량을 이용하여 단위당 변동원가와 공헌이익을 계산할 수 있으며 최대생산능력과 비교하여 여유생산능력을 계산할 수 있다.

04 (주)세무는 단일제품을 생산·판매하고 있으며, 단위당 변동원가는 ₩400이고, 손익분기매출액은 ₩100,000이며, 공헌이익률은 20%이다. 목표이익 ₩80,000을 달성하기 위한 제품의 생산·판매량은?

① 1,000단위　　　　　② 1,100단위　　　　　③ 1,200단위
④ 1,300단위　　　　　⑤ 1,400단위

> **📑 Key Point**
> 손익분기매출액과 공헌이익률을 이용하여 고정원가를 계산할 수 있고 변동원가율과 단위당 변동원가를 이용하여 단위당 판매가격과 공헌이익을 계산할 수 있다.

05 다음은 (주)세무의 20×1년 분기별 생산량예산의 일부 자료이다. 제품 생산을 위하여 단위당 2g의 재료가 균일하게 사용되며, 2분기의 재료구입량은 820g으로 추정된다.

구분	2분기	3분기
생산량예산	400단위	500단위

(주)세무가 다음 분기 예산 재료사용량의 일정 비율만큼을 분기 말 재고로 유지하는 정책을 사용하고 있다면 그 비율은?

① 9%　　　　　② 10%　　　　　③ 11%
④ 12%　　　　　⑤ 13%

> **📑 Key Point**
> 2분기 재료구입량이 제시되어 있고 2분기 및 3분기 사용량을 계산할 수 있어 원재료 T-계정을 이용하여 재고비율을 추정할 수 있다.

06 (주)세무는 실제원가계산을 사용하고 있으며, 20×1년 원가자료는 다음과 같다. 20×1년 직접재료 매입액은 ₩21,000이었고, 매출원가는 ₩90,000이었다. 가공원가의 40%가 직접노무원가라면 기초원가(prime cost)는?

구분	기초잔액	기말잔액
직접재료	₩3,000	₩4,000
재공품	50,000	45,000
제품	70,000	60,000

① ₩42,000   ② ₩44,000   ③ ₩50,000
④ ₩53,000   ⑤ ₩55,000

📝 **Key Point**
"가공원가 × 40% = 직접노무원가", 또는 "(직접노무원가 + 제조간접원가) × 40% = 직접노무원가"이다.

07 전부원가계산과 변동원가계산에 대한 설명으로 옳은 것은?

① 변동원가계산의 영업이익은 판매량뿐만 아니라 생산량에 따라서도 좌우된다.
② 전부원가계산하에서는 생산과잉으로 인한 바람직하지 못한 재고의 누적을 막을 수 있다.
③ 전부원가계산에 의해 매출원가가 표시되는 손익계산서는 성격별 포괄손익계산서라고 한다.
④ 초변동원가계산은 직접재료원가와 직접노무원가만 재고가능원가로 처리한다.
⑤ 변동원가계산은 정상원가계산, 표준원가계산, 개별원가계산, 종합원가계산을 사용하는 기업에 적용할 수 있다.

📝 **Key Point**
변동원가계산에서 생산량은 영업이익에 영향을 미치지 않지만, 전부원가계산과 초변동원가계산에서 생산량은 영업이익에 영향을 미친다.

08 (주)세무는 표준원가제도를 채택하고 있다. 20×1년 직접재료원가와 관련된 표준 및 실제원가 자료가 다음과 같을 때, 20×1년의 실제 제품 생산량은 몇 단위인가?

• 실제발생 직접재료원가	₩28,000
• 직접재료 단위당 실제구입원가	₩35
• 제품 단위당 표준재료투입량	9개
• 직접재료원가 가격차이	₩4,000 불리
• 직접재료원가 수량차이	₩3,000 유리

① 90단위 ② 96단위 ③ 100단위
④ 106단위 ⑤ 110단위

📑 **Key Point**
본 문제에서 실제 제품 생산량은 실제산출량을 의미하며, 재공품이 있는 경우 실제산출량은 원가요소별 완성품환산량을 의미한다. 실제발생원가와 원가차이를 이용하여 표준배부액을 추정할 수 있다.

09 (주)세무는 단일 재료를 이용하여 세 가지 제품 A·B·C와 부산물 X를 생산하고 있으며, 결합원가계산을 적용하고 있다. 제품 A와 B는 분리점에서 즉시 판매되나, 제품 C는 분리점에서 시장이 존재하지 않아 추가가공을 거친 후 판매된다. (주)세무의 20×1년 생산 및 판매 관련 자료는 다음과 같다.

구분	생산량	판매량	리터당 최종 판매가격
A	100리터	50리터	₩10
B	200리터	100리터	₩10
C	200리터	50리터	₩10
X	50리터	30리터	₩3

20×1년 동안 결합원가는 ₩2,100이고, 제품 C의 추가가공원가는 총 ₩1,000이다. 부산물 X의 단위당 판매비는 ₩1이며, 부산물 평가는 생산기준법(순실현가치법)을 적용한다. 순실현가치법으로 결합원가를 배부할 때 제품 C의 기말재고자산 금액은? (단, 기초재고와 기말재공품은 없다)

① ₩850 ② ₩1,050 ③ ₩1,125
④ ₩1,250 ⑤ ₩1,325

📝 **Key Point**

순실현가치는 결합공정에서 생산된 생산량을 기준으로 계산하며 총원가는 배부받은 결합원가에 추가원가를 가산해야 한다. 부산물은 순실현가치만큼 결합공정의 결합원가에서 차감한다.

10 (주)세무는 평균법하의 종합원가계산을 적용하고 있으며, 당기 생산 관련 자료는 다음과 같다.

구분	물량
기초재공품	500(완성도 80%)
당기착수량	2,100
당기완성량	2,100
기말재공품	400(완성도 60%)

품질검사는 완성도 40% 시점에서 이루어지며, 당기 검사를 통과한 정상품의 2%를 정상공손으로 간주한다. 당기의 정상공손수량은?

① 32단위 ② 34단위 ③ 40단위
④ 50단위 ⑤ 52단위

📝 **Key Point**
기초재공품이 검사시점을 통과한 경우 평균법을 적용하더라도 당기 정상공손물량 결정을 위한 합격품은 당기 합격물량을 기준으로 계산해야 한다.

11 (주)세무는 제품 A와 B를 생산·판매하고 있다. 20×1년 1월 관련 자료가 다음과 같을 때 매출배합 차이는?

구분	제품 A	제품 B
실제 단위당 판매가격	₩7	₩12
예산 단위당 판매가격	6	10
예산 단위당 변동원가	4	6
예산판매량	144단위	36단위
실제판매량	126단위	84단위

① ₩80 유리 ② ₩82 유리 ③ ₩84 유리
④ ₩86 유리 ⑤ ₩88 유리

> 📝 **Key Point**
> 원가차이분석을 위해서 표준수량(SQ), 표준가격(SP)을 정리해야 하고 매출차이분석을 위해서 실제판매량 (AQ), 예산판매량(BQ), 실제 단위당 판매가격(AP), 예산 단위당 판매가격(BP) 및 표준변동원가(SV)에 대한 자료를 정리해야 한다.

12 (주)세무는 정상개별원가계산을 사용하며, 직접노무시간을 기준으로 제조간접원가를 배부하고 있다. 20×1년 연간 제조간접원가예산은 ₩5,000,000이다. 20×1년 실제발생한 제조간접원가는 ₩4,800,000이고, 실제직접노무시간은 22,000시간이다. 20×1년 중 제조간접원가 과소배부액이 ₩400,000이라고 할 때 연간 예산직접노무시간은?

① 22,000시간 ② 23,000시간 ③ 24,000시간
④ 25,000시간 ⑤ 26,000시간

> 📝 **Key Point**
> 정상원가계산절차는 예정배부율계산, 예정배부, 배부차이 및 차이 조정 순이다. 자료에서 배부차이와 실제 제조간접원가가 제시되어 있어 예정배부와 예정배부율을 역산할 수 있다.

13 (주)세무는 선입선출법하의 종합원가계산을 사용하고 있으며, 가공원가는 공정 전반에 걸쳐 균등하게 발생한다. 당기 생산 관련 자료는 다음과 같다.

구분	물량
기초재공품	2,000(완성도 60%)
당기착수량	8,000
당기완성량	8,000
기말재공품	2,000(완성도 40%)

기말재공품에 포함된 가공원가가 ₩320,000일 때 당기에 발생한 가공원가는?

① ₩2,964,000 ② ₩3,040,000 ③ ₩3,116,000
④ ₩3,192,000 ⑤ ₩3,268,000

📑 **Key Point**

기말재공품의 가공원가를 기말재공품 완성품환산량으로 나누어 환산량 단위당 원가를 계산할 수 있고 선입선출법하의 가공원가 완성품환산량을 곱하여 당기발생한 가공원가를 계산할 수 있다.

14 (주)세무는 제조부문(P1, P2)과 보조부문(S1, S2)을 이용하여 제품을 생산하고 있으며, 단계배부법을 사용하여 보조부문원가를 제조부문에 배부한다. 각 부문 간의 용역수수관계와 부문원가가 다음과 같을 때 P2에 배부될 보조부문원가는? (단, 보조부문원가는 S2, S1의 순으로 배부한다)

구분	제조부문		보조부문		합계
	P1	P2	S1	S2	
부문원가	-	-	₩100,000	₩120,000	
S1	24시간	40시간	20시간	16시간	100시간
S2	400kWh	200kWh	200kWh	200kWh	1,000kWh

① ₩92,500 ② ₩95,000 ③ ₩111,250
④ ₩120,500 ⑤ ₩122,250

📝 **Key Point**
자가소비용역은 무시하고 단계배부법이므로 보조부문원가를 우선순위 순으로 배부한다.

15 (주)세무의 20×1년 연간 실제 매출액은 ₩100,000이고 연간 실제 고정원가는 ₩30,000이며, 변동원가율은 60%, 법인세율은 20%이다. 다음 설명 중 옳은 것은?

① 영업레버리지도는 4이다.
② 당기순이익은 ₩10,000이다.
③ 판매량이 5% 증가하면 세전영업이익은 ₩1,600 증가한다.
④ 안전한계율(M/S비율)은 33.3%이다.
⑤ 손익분기매출액은 ₩70,000이다.

📝 **Key Point**
수량에 대한 자료가 없으므로 변동원가율, 공헌이익률 및 고정원가를 이용하여 분석할 수 있다. 또한, 안전한계율과 영업레버리지도는 역수관계이다.

정답 및 해설 ▶ p.371

정답 및 해설

제48회 공인회계사 1차 회계학

정답

01 ④ 02 ④ 03 ⑤ 04 ② 05 ④ 06 ⑤ 07 ① 08 ② 09 ③ 10 ①

해설

01 ④　(나)의 설명은 개별원가계산에 대한 내용이다.

02 ④　변동원가를 기준으로 가격을 결정하는 경우 변동원가에 고정원가를 회수할 만큼의 충분한 이익을 가산하지 못한다면 고정원가를 회수하지 못할 가능성이 있다.

03 ⑤　1. 활동별 배부율
- 기계절삭작업: ₩100,000 ÷ (2,240시간 + 3,380시간 + 4,380시간) = ₩10/기계시간
- 조립작업: ₩80,000 ÷ (330시간 + 660시간 + 1,010시간) = ₩40/조립시간
- 품질검사: ₩40,000 ÷ (12회 + 13회 + 15회) = ₩1,000/회

2. 제품별 단위당 제조간접원가

	제품 A	제품 B	제품 C
기계절삭작업	₩10 × 2,240시간 = ₩22,400	₩10 × 3,380시간 = ₩33,800	₩10 × 4,380시간 = ₩43,800
조립작업	₩40 × 330시간 = 13,200	₩40 × 660시간 = 26,400	₩40 × 1,010시간 = 40,400
품질검사	₩1,000 × 12회 = 12,000	₩1,000 × 13회 = 13,000	₩1,000 × 15회 = 15,000
소계	₩47,600	₩73,200	₩99,200
단위	÷ 1,500단위	÷ 1,000단위	÷ 500단위
단위당 원가	₩31.73	₩73.20	₩198.40

04 ② 1. 제조부문에 배부되지 못한 보조부문의 원가

₩1,500 + ₩1,000 + ₩2,500 = ₩5,000

2. 정확한 배부 후 M1, M2의 원가

미배분된 금액을 고려한 정확한 배부 후 M1과 M2의 원가는 다음과 같다.

	A3	A2	A1	M1	M2
배부 전 원가	–	₩1,000	₩4,000	₩26,500	₩33,500
A2[*1]	–	(1,000)	250	375	375
A1[*2]	–	–	(4,250)	2,125	2,125
배부 후 원가	–	–	–	₩29,000	₩36,000

[*1] A1 : M1 : M2 = ₩2,500 : ₩3,750 : ₩3,750

[*2] M1 : M2 = ₩3,750 : ₩3,750

05 ④ (가) 20×1년 기초재고가 없으므로 전부원가계산과 변동원가계산의 이익차이는 기말재고에 포함된 고정제조간접원가이다.

4,000개 × ₩2,400,000/20,000개 = ₩480,000

(나) 전기와 당기의 변동제조원가가 동일하며 재고변화가 없으므로 변동원가계산의 영업이익과 초변동원가계산의 영업이익은 동일하다.

(다) 판매량이 일정하므로 변동원가계산의 영업이익은 동일하다.

(라) 매년 생산량이 작아지므로 초변동원가계산의 영업이익은 증가한다.

(마) 변동원가계산과 초변동원가계산의 영업이익의 차이는 재고에 포함되어 있는 변동가공원가이다. 20×1년과 20×3년의 재고변화수량과 단위당 변동가공원가가 동일하므로 영업이익 차이의 절댓값은 동일하다.

06 ⑤ ① 단위당 변동원가가 증가하면 공헌이익이 낮아져 영업레버리지도는 높아진다.

② 고정원가가 감소하면 고정원가가 미치는 효과가 상대적으로 작아지므로 영업레버리지도는 낮아진다.

③ 안전한계율(margin of safety ratio)과 영업레버리지도는 역수관계이다.

④ 단위당 판매가격이 증가하면 공헌이익이 높아져 영업레버리지도는 낮아진다.

⑤ 판매량이 증가하면 공헌이익이 높아져 고정원가가 미치는 효과가 상대적으로 작아지므로 영업레버리지도는 낮아진다.

07 ① 1. 목적함수

Max: ₩3,000 × A + ₩1,000 × B

2. 제약조건

명주: 1 × A + 1 × B ≤ 100kg

염료: 2 × A + 1 × B ≤ 150리터

한복 B:　　　　 B ≤ 70단위

　　　　 A,　　B ≥ 0

3. 실행가능영역

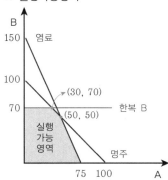

4. 최적 해

(75, 0): ₩3,000 × 75 + ₩1,000 × 0 = ₩225,000(*)

(50, 50): ₩3,000 × 50 + ₩1,000 × 50 = ₩200,000

(30, 70): ₩3,000 × 30 + ₩1,000 × 70 = ₩160,000

(0, 70): ₩3,000 × 0 + ₩1,000 × 70 = ₩70,000

그러므로, 최적 제품배합에 의한 총공헌이익은 ₩225,000이다.

08 ② 1. 직접노무원가의 원가차이

표준배부　　₩40 + ₩80 + ₩80 =　　₩200

실제발생　　　　　　　　　　　　 250

원가차이　　　　　　　　　　　 ₩50 (불리한 차이)

2. 원가차이 조정

매출원가조정: ₩50

안분법: ₩50 × ₩80/₩200 = ₩20

그러므로, 매출원가조정 시 ₩30만큼 더 작다.

09 ③   1. 세금을 고려하지 않았을 경우 대체가격 범위
- 최소대체가격: ₩1,000 + (₩5,000 - ₩1,000) = ₩5,000
- 최대대체가격: Min(₩7,000, ₩10,000/1.15) = ₩7,000

그러므로, 대체가격(TP)의 범위는 ₩5,000 ≤ TP ≤ ₩7,000이다.

2. 대체가격의 변화
(1) FTA 전 회사 전체 세금부담액

칠레의 세금 + 한국의 세금

= (TP - ₩4,000) × 10% + TP × 15% + (₩10,000 - TP × 1.15) × 20%

= ₩1,600 + 0.02TP

그러므로, 세후이익을 극대화시키는 대체가격(TP)은 ₩5,000이다.

(2) FTA 후 회사 전체 세금부담액

칠레의 세금 + 한국의 세금

= (TP - ₩4,000) × 10% + (₩10,000 - TP) × 20%

= ₩1,600 - 0.1TP

그러므로, 세후이익을 극대화시키는 대체가격(TP)은 ₩7,000이다.

따라서, 대체가격은 ₩2,000 증가한다.

10 ①   1. 특별주문수락 전 영업이익

600단위 × (₩5,000 - ₩3,000) = ₩1,200,000

2. 특별주문수락 후 영업이익

B공정의 생산품은 외부로부터 구입할 수 있으나, C공정의 생산능력이 900단위이므로 공정별 생산량 자료는 다음과 같다.

구분	A공정	B공정	C공정
자가생산	800단위[*]	800단위	900단위
외부구입	–	100단위	–

[*] B공정의 부품을 외부로부터 구입하면 A공정은 100단위만큼 생산할 필요가 없다.

특별주문수락 후 영업이익은 다음과 같다.

매출액	외부시장	500단위 × ₩5,000 =	₩2,500,000	
	특별주문	400단위 × ₩4,000 =	1,600,000	₩4,100,000
변동원가	A공정	800단위 × ₩500 =	₩400,000	
	B공정	800단위 × ₩1,000 + 100단위 × ₩3,000 =	1,100,000	
	C공정	900단위 × ₩1,500 =	1,350,000	2,850,000
영업이익				₩1,250,000

따라서, ₩50,000(= ₩1,250,000 - ₩1,200,000)만큼 증가한다.

정답

01	④	02	①	03	②	04	①	05	②	06	①	07	⑤	08	③	09	③	10	③
11	③	12	④	13	②	14	③	15	①										

해설

01 ④ (주)간청의 제안가격을 P라 하고 정리하면 다음과 같다.

		(주)하청	(주)간청
증분수익		-	-
증분비용	변동제조원가 절감	1,000단위 × ₩200 = ₩(200,000)	1,000단위 × ₩200 = ₩(200,000)
	고정제조원가 절감	-	1,000단위 × ₩40 × 0.1 = (4,000)
	부품 B 원가 절감	(7,000)	-
	기술사용료 절감	(9,000)	(7,000)
	부품구입비용	1,000단위 × ₩215 = 215,000	1,000단위 × P
증분이익		₩1,000	₩1,000

(주)하청과 (주)간청의 제안으로 인한 영업이익의 증감액이 같아야 한다.
₩1,000 = ₩211,000 - 1,000P
그러므로, (주)간청의 제안가격(P)은 ₩210이다.

02 ① 전사적인 BSC는 피드백과 의사소통을 강조한다.

03 ② 1. 손익구조와 여유조업도

단위당 판매가격	₩60
단위당 변동원가	42 (= ₩210,000 ÷ 5,000단위)
단위당 공헌이익	₩18
최대조업도	6,000 단위
외부판매량	5,000
여유조업도	1,000 단위

2. 특별주문 의사결정

증분수익	매출 증가	1,500단위 × ₩50 =	₩75,000
증분비용	변동제조원가	1,500단위 × ₩42 =	63,000
	기존판매 감소	500단위 × ₩18 =	9,000
증분이익			₩3,000

04 ①　1. 손익구조

단위당 판매가격	₩500 (= ₩400 ÷ 0.8)
단위당 변동원가	400
단위당 공헌이익	₩100
고정원가	₩20,000 (= ₩100,000 × 0.2)

　2. 목표이익분석
목표판매량을 Q라 한 후 정리하면 다음과 같다.
₩100Q - ₩20,000 = ₩80,000
∴ 목표판매량(Q) = 1,000단위

05 ②　비율을 R이라 한 후 정리하면 다음과 같다.

원재료(2분기)

기초	400단위 × 2g × R	사용	400단위 × 2g
매입	820g	기말	500단위 × 2g × R
	800R + 820g		800g + 1,000R

800R + 820g = 800g + 1,000R이므로, R = 10%이다.

06 ①

재공품

기초	₩50,000	완성	₩80,000
직접재료원가	20,000		
직접노무원가	?		
제조간접원가	?	기말	45,000
	₩125,000		₩125,000

　1. 원재료 사용액(원재료 T - 계정)
₩3,000 + ₩21,000 - ₩4,000 = ₩20,000

　2. 당기제품제조원가(제품 T - 계정)
₩90,000 + ₩60,000 - ₩70,000 = ₩80,000

　3. 당기총제조원가
₩80,000 + ₩45,000 - ₩50,000 = ₩75,000

　4. 가공원가
₩75,000 - ₩20,000 = ₩55,000

　5. 직접노무원가
₩55,000 × 0.4 = ₩22,000
그러므로 기초원가는 ₩20,000 + ₩22,000 = ₩42,000이다.

07 ⑤　① 변동원가계산의 영업이익은 판매량의 함수이다.
　② 전부원가계산하에서는 판매량이 일정한 상태에서 생산량을 증가시키면 영업이익이 증가하므로 생산 과잉으로 인한 바람직하지 못한 재고의 누적이 발생할 가능성이 있다.
　③ 전부원가계산에 의해 매출원가가 표시되는 손익계산서는 기능별 손익계산서이다.
　④ 초변동원가계산하에서의 재고는 직접재료원가로 처리된다.

08 ③

AQ × AP	AQ × SP	SQ × SP
800개^{*1} × ₩35	800개^{*1} × ₩30^{*3}	x × 9개 × ₩30^{*3}
= ₩28,000	= ₩24,000^{*2}	= ₩27,000^{*4}

$$\underbrace{\qquad\qquad}_{\text{₩4,000 불리}} \qquad \underbrace{\qquad\qquad}_{\text{₩3,000 유리}}$$

^{*1} 실제투입수량

₩28,000 ÷ ₩35 = 800개

^{*2} AQ × SP

₩28,000 - ₩4,000(불리) = ₩24,000

^{*3} 표준가격(SP)

₩24,000 ÷ 800개 = ₩30

^{*4} 표준배부(SQ × SP)

₩24,000 + ₩3,000(유리) = ₩27,000

x × 9개 × ₩30 = ₩27,000이므로, 실제 제품 생산량(x)은 100단위이다.

09 ③

1. 부산물 순실현가치

50리터 × (₩3 - ₩1) = ₩100

2. 주산품에 배부할 결합원가

₩2,100 - ₩100 = ₩2,000

3. 제품 C에 배부될 결합원가

	순실현가치	배분비율	배분액
A	₩1,000	25%	₩500
B	2,000	50	1,000
C	1,000^{*1}	25	500^{*2}
	₩4,000	100%	₩2,000

^{*1} 제품 C의 순실현가치

200리터 × ₩10 - ₩1,000 = ₩1,000

^{*2} 제품 C에 배부될 결합원가

₩2,000 × 25% = ₩500

따라서, 제품 C의 단위당 원가는 다음과 같다.

(₩500 + ₩1,000) ÷ 200리터 = ₩7.5

그러므로, 제품 C의 기말재고자산 금액은 ₩7.5 × 150리터 = ₩1,125이다.

10 ③

1. 총공손수량

검사시점이 40%이므로 기초재공품은 전기에 합격 후 이월된 물량이다.

	재공품				
기초	500 (80%)	완성	500 (20%)	전기 합격
착수	2,100		1,600	당기 합격
		공손	x (40%)	
		기말	400 (60%)	당기 합격
	2,600 단위		2,600 단위	

그러므로, 총공손수량(x)은 100단위(= 2,600단위 - 500단위 - 1,600단위 - 400단위)이다.

2. 합격품

당기 합격수량은 당기 착수완성물량과 기말재공품물량이다.

당기 착수완성물량 + 기말재공품물량

= 1,600단위 + 400단위 = 2,000단위

그러므로, 정상공손수량은 2,000 × 2% = 40단위이다.

11 ③

	AQ × (BP - SV)	Total AQ × BM × (BP - SV)	BQ × (BP - SV)
A	126단위 × (₩6 - ₩4) = ₩252	210단위 × 0.8 × (₩6 - ₩4) = ₩336	144단위 × (₩6 - ₩4) = ₩288
B	84단위 × (₩10 - ₩6) = ₩336	210단위 × 0.2 × (₩10 - ₩6) = ₩168	36단위 × (₩10 - ₩6) = ₩144
	₩588	₩504	₩432

₩84 유리   ₩72 유리

12 ④

실제발생액	₩4,800,000
예정배부액	4,400,000[*1] (= ₩200[*2] × 22,000시간)
배부차이	₩400,000 과소

[*1] 예정배부액

₩4,800,000 - ₩400,000 = ₩4,400,000

[*2] 예정배부율

₩4,400,000 ÷ 22,000시간 = ₩200

예정배부율은 제조간접원가예산을 예정조업도로 나누어 계산하므로 예산직접노무시간(예정조업도)은 다음과 같다.

₩5,000,000 ÷ ₩200 = 25,000시간

13 ②　1. 환산량 단위당 원가

$$\frac{₩320,000}{2,000단위 \times 0.4} = ₩400$$

2. 당기발생 가공원가

₩400 × (2,000단위 × 0.4 + 6,000단위 + 2,000단위 × 0.4) = ₩3,040,000

[별해]

당기발생한 가공원가를 x라 한 후 정리하면 다음과 같다.

$$\frac{x}{2,000단위 \times 0.4 + 6,000단위 + 2,000단위 \times 0.4} \times (2,000단위 \times 0.4) = ₩320,000$$

∴ x = ₩3,040,000

14　③　자가소비용역은 제거하고 S2부터 배분되는 단계배부법을 적용할 경우 용역제공량은 다음과 같다.

	P1	P2	S1	S2	합계
S1	24시간	40시간	–	–	64시간
S2	400kwh	200kwh	200kwh		800kwh
배분 전 원가			₩100,000	₩120,000	
	60,000	30,000[*1]	30,000	(120,000)	
	48,750	81,250[*2]	(130,000)		
	₩108,750	₩111,250			

[*1] $₩120,000 \times \dfrac{200kwh}{400kwh + 200kwh + 200kwh} = ₩30,000$

[*2] $₩130,000 \times \dfrac{40시간}{24시간 + 40시간} = ₩81,250$

15　①　① $\dfrac{₩100,000 \times 0.4}{₩100,000 \times 0.4 - ₩30,000} = 4$

② (₩100,000 × 0.4 - ₩30,000) × (1 - 0.2) = ₩8,000

③ ₩100,000 × 5% × 0.4 = ₩2,000

④ $\dfrac{₩100,000 \times 0.4 - ₩30,000}{₩100,000 \times 0.4} = 0.25$

⑤ ₩30,000 ÷ 0.4 = ₩75,000

2012년

원가관리회계
기출문제 & 해답

제47회 공인회계사 1차 회계학

제49회 세무사 1차 회계학개론

정답 및 해설

01 성과평가와 관련된 다음 설명 중 옳지 않은 것은?

① 경제적부가가치(EVA)를 계산할 때 연구개발비 자산화는 경제적부가가치를 감소시킬 수 있다.

② 균형성과표(BSC)는 내부관점(내부프로세스 관점, 학습과 성장 관점)과 외부관점(재무적 관점, 고객 관점) 간의 균형을 추구한다.

③ 기업의 균형성과표(BSC)에서 내부프로세스 관점의 성과지표는 학습과 성장 관점의 성과지표에 대해 선행지표인 것이 일반적이다.

④ 총자산회전율이 커져도 매출이익률이 작아지면 총자산이익률은 작아질 수 있다.

⑤ 원가중심점(원가책임단위), 수익중심점(수익책임단위) 등의 분류는 통제가능성의 원칙이 적용된 것이다.

📝 **Key Point**

원인이 되는 지표를 선행지표라 하고 결과가 되는 지표를 후행지표라 하며, 이를 시각적으로 표현한 것을 전략체계도라 한다.

02 (주)갑은 현재 보조부문의 원가를 생산부문의 부문직접원가를 기준으로 배부하고 있다. 생산부문과 보조부문의 관련 자료는 아래와 같다.

구분	생산부문		보조부문	
	A	B	C	D
부문직접원가	500만원	400만원	300만원	600만원
서비스 제공비율				
보조부문 C	40%	50%	-	10%
보조부문 D	30%	60%	10%	-

(주)갑은 보조부문 C의 원가를 우선 배부하는 단계배부법으로 보조부문의 원가 배부방법을 변경하고자 한다. 이 변경이 생산부문 A에 배부되는 보조부문원가에 미치는 영향은?

① 90만원 감소 　　② 120만원 증가 　　③ 150만원 증가
④ 170만원 감소 　　⑤ 190만원 증가

📝 **Key Point**

배부기준이 직접원가에서 서비스 제공비율에 의한 단계배부법으로 변경되었다.

03 아래 자료에 근거한 다음 설명 중 옳지 않은 것은?

구분	실제	표준
기본(기초)원가	₩170,000	₩150,000
변동제조간접원가	₩471,500	₩400,000
기계시간당 변동제조간접원가 배부율	₩23	₩20
제품 단위당 기계시간	41시간	40시간

① 변동제조간접원가 표준배부율과 예정배부율이 같다면, 정상(평준화)원가계산에 의한 총변동제조원가는 ₩580,000이다.
② 예상생산량 600개에 대한 예산 총변동제조원가는 ₩660,000이다.
③ 변동제조간접원가 총차이는 ₩71,500(불리)이다.
④ 변동제조간접원가 능률차이는 ₩11,500(불리)이다.
⑤ 기본(기초)원가의 변동예산차이는 ₩20,000(불리)이다.

📑 **Key Point**

제품 단위당 기계시간에 변동제조간접원가 배부율을 곱하여 단위당 변동제조간접원가를 계산한 후 수량을 산출할 수 있다. 또한, 기본원가를 수량으로 나누어 단위당 기본원가를 계산할 수 있다.

(주)갑은 종합원가계산과 결합원가계산을 혼합하여 사용한다. 결합공정을 완료하면 연산품 A와 연산품 B가 분리된다. 결합공정에서 발생한 직접재료원가는 ₩8,000이고 가공원가는 ₩2,220이다. 직접재료원가는 결합공정의 초기에 투입된다. 결합공정에서 기초재공품은 없고, 기말재공품은 100톤이며 가공원가 완성도는 40%이다. 공손과 감손은 없다.

연산품 A와 연산품 B의 관련 자료는 아래와 같다.

구분	연산품 A	연산품 B
결합공정 완성량	300톤	400톤
톤당 예상판매가격	₩100	₩50
톤당 추가가공원가	₩60	₩0

순실현가치법 결합원가 배분에 의한 연산품 A의 예상 톤당 영업이익은 얼마인가?

① ₩23.755 ② ₩25.325 ③ ₩28.625
④ ₩31.495 ⑤ ₩34.235

Key Point

결합공정의 완성품원가를 결합제품에 배분한다.

05 사업개시 후 2년간인 20×1년과 20×2년의 손익자료는 다음과 같다.

(단위: 만원)

구분	20×1년	20×2년
매출액	100	300
직접재료원가	40	120
직접노무원가	10	22.4
제조간접원가	20	50
판매관리비	15	15
영업이익	15	92.6

20×1년부터 20×3년까지의 단위당 판매가격, 시간당 임률, 단위당 변동제조간접원가, 총고정제조간접원가, 총판매관리비는 일정하다. 직접노무시간에는 누적평균시간 학습모형이 적용된다. 매년 기초 및 기말재고는 없다. 20×3년의 예상매출액이 400만원이라면 예상영업이익은 얼마인가?

① ₩1,327,700   ② ₩1,340,800   ③ ₩1,350,300
④ ₩1,387,700   ⑤ ₩1,398,900

📝 **Key Point**
단위당 판매가격과 시간당 임률이 일정하고 판매가격에 수량을 곱하면 매출액이므로 누적매출액을 기준으로 평균노무원가를 계산할 수 있고 단위당 변동제조간접원가와 고정원가가 일정하므로 고저점법으로 제조간접원가를 추정할 수 있다.

06 (주)갑의 신제품 개발팀은 신제품을 위한 다양한 제품 사양을 개발하였다. (주)갑은 개발한 제품 사양이 모두 포함된 신제품 A를 제조할 것인지 아니면 제품 사양들 중 일부가 제외된 신제품 B를 제조할 것인지를 결정하고자 한다. 어느 신제품을 생산하여 출시하더라도 생산 및 판매와 관련된 예상고정원가 총액은 ₩2,000,000이며, 신제품의 목표이익률은 판매가격의 30%이다.

신제품 A와 신제품 B의 생산 및 판매와 관련된 추가 자료는 다음과 같다.

구분	신제품 A	신제품 B
단위당 예상판매가격	₩5,000	₩4,000
단위당 예상변동원가	₩2,500	₩1,900
예상생산·판매량	?	2,500단위

다음 설명 중 옳지 않은 것은?

① 신제품 A의 단위당 목표원가는 ₩3,500이다.

② (주)갑은 신제품 A의 단위당 목표이익을 달성하기 위해 최소한 2,000단위 이상을 생산·판매하여야 한다.

③ 신제품 B의 단위당 목표원가는 ₩2,800이다.

④ 신제품 B를 생산·판매하면 목표이익률을 달성할 수 있다.

⑤ 만약 신제품 A의 예상생산·판매량이 2,000단위 이상이면, (주)갑은 신제품 B 대신 신제품 A를 생산·판매하는 것이 유리하다.

📝 **Key Point**

제품별 이익을 계산하기 위해서는 총공헌이익에서 고정원가를 차감해야 한다.

07 (주)갑은 단일제품을 생산·판매한다. (주)갑은 표준원가를 이용하여 종합예산을 편성한다. 다음은 (주)갑의 20×1년 2월 중 생산과 관련된 자료이다.

(1) 표준 및 예상조업도에 관한 자료
- 직접재료원가: 제품 단위당 10kg, kg당 ₩50
- 직접노무원가: 제품 단위당 3시간, 시간당 ₩250
- 변동제조간접원가: 직접노무시간을 기준으로 배부하며, 배부율은 직접노무시간당 ₩120
- 고정제조간접원가 월 예산액: ₩132,600
- 예상조업도: 780직접노무시간

(2) 실제원가 및 실제조업도에 관한 자료
- 직접재료원가: 2,300kg 구입 및 전량 사용, kg당 ₩55
- 직접노무원가: 740시간, 시간당 ₩260
- 변동제조간접원가 발생액: ₩90,000
- 고정제조간접원가 발생액: ₩130,000
- 실제 생산수량: 240단위

(주)갑이 20×1년 2월 초 작성한 종합예산의 총제조원가 금액과 20×1년 2월 말 작성한 변동예산의 총제조원가 금액은 각각 얼마인가?

	2월 초 종합예산 총제조원가	2월 말 변동예산 총제조원가
①	₩551,200	₩519,000
②	₩551,200	₩508,800
③	₩519,000	₩551,200
④	₩508,800	₩519,000
⑤	₩508,800	₩551,200

📑 Key Point

고정예산은 연초 예상판매량에 대한 예산이며 변동예산은 실제산출량에 대한 예산이다. 또한, 고정원가 예산은 고정예산과 변동예산이 동일하다.

08 (주)갑은 제품 A와 제품 B를 생산·판매하고 있으며, 20×1년 제품별 손익계산서는 다음과 같다.

구분	제품 A	제품 B	합계
매출액	₩100,000	₩50,000	₩150,000
매출원가			
직접재료원가	25,000	15,000	40,000
직접노무원가	20,000	13,000	33,000
제조간접원가	11,000	10,000	21,000
합계	56,000	38,000	94,000
매출총이익	₩44,000	₩12,000	₩56,000
판매관리비	30,000	15,000	45,000
영업이익	₩14,000	(₩3,000)	₩11,000

(주)갑의 20×1년 제조간접원가 ₩21,000 중 ₩9,000은 작업준비원가이며, 나머지 ₩12,000은 공장설비의 감가상각비이다. 작업준비원가는 뱃치생산횟수에 비례하여 발생하며, 공장설비의 감가상각비는 회피불가능한 원가로서 매출액을 기준으로 각 제품에 배부된다. 각 제품의 판매관리비 중 40%는 변동원가이고 나머지는 회피불가능한 고정원가이다. 만약 제품 B의 생산라인을 폐지하면, 제품 A의 판매량은 30% 증가하게 되며 제품 A의 뱃치생산횟수는 20% 증가할 것으로 기대된다. 20×2년에도 제품별 수익 및 비용 구조는 전년도와 동일하게 유지될 것으로 예상된다.

(주)갑이 20×2년 초에 제품 B의 생산라인을 폐지할 경우 연간 증분이익은 얼마인가?

① ₩2,000　　　　② ₩2,300　　　　③ ₩2,900

④ ₩3,200　　　　⑤ ₩3,600

해커스 **允원가관리회계 1차 기출문제집**

2012년

09 (주)갑은 분권화된 사업부 1과 사업부 2를 이익중심점(이익책임단위)으로 설정하고 있다. 사업부 1은 반제품 A를 생산하여 사업부 2에 이전(대체)하거나 외부시장에 판매할 수 있다. 사업부 2가 제품 B를 생산하려면, 반제품 A를 사업부 1로부터 구입하여야 하며 외부시장에서 구입할 수는 없다. 반제품 A와 제품 B에 관한 단위당 자료는 다음과 같다.

사업부 1: 반제품 A의 생산·판매	사업부 2: 제품 B의 생산·판매
• 외부판매가격: ₩25 • 변동원가: ₩10	• 외부판매가격: ₩80 • 변동가공원가: ₩30 • 변동판매관리비: ₩5

만약 사업부 1이 유휴생산능력을 보유하고 있지 않다면, 두 사업부 간 이전거래(대체거래)가 이루어지는 반제품 A의 단위당 사내이전가격(사내대체가격)은 얼마인가?

① ₩10과 ₩15 사이
② ₩10과 ₩25 사이
③ ₩10과 ₩45 사이
④ ₩25와 ₩35 사이
⑤ ₩25와 ₩45 사이

🗐 Key Point

구매사업부는 외부에서 구입할 수 없으므로 최대대체가격은 단위당 최대지불가능금액이다. 또한, 구매사업부의 변동원가는 가공원가로서 부품 구입가격은 제외된 것으로 추정할 수 있다.

정답 및 해설 ▶ p.398

01 (주)국세는 현재 제품 생산에 필요한 부품 10,000단위를 자가제조하여 사용하고 있는데, 최근에 외부의 제조업자가 이 부품을 전량 납품하겠다고 제의하였다. (주)국세가 이러한 제의에 대한 수락 여부를 검토하기 위하여 원가자료를 수집한 결과, 10,000단위의 부품을 제조하는 데 발생하는 총 제조원가는 다음과 같으며, 최대로 허용 가능한 부품의 단위당 구입가격은 ₩330으로 분석되었다.

직접재료원가	₩1,800,000
직접노무원가	700,000
변동제조간접원가	500,000
고정제조간접원가	500,000
총제조원가	₩3,500,000

이 경우, (주)국세가 제의에 수락한다면 회피가능한 고정제조간접원가로 추정한 최소금액은 얼마인가?

① ₩150,000 ② ₩200,000 ③ ₩250,000
④ ₩300,000 ⑤ ₩500,000

📝 **Key Point**
외부구입의 경우 고정원가 중 회피가능 여부를 판단해야 하며 설비임대 및 타제품 생산에 활용 등 여유 설비의 활용 여부를 고려해야 한다.

02 (주)국세는 월간예산을 수립하고 있다. 다음 자료를 이용하여 추정한 (주)국세의 20×2년 2월 말 현금잔액은 얼마인가?

재무상태표
20×2년 1월 1일 현재

자산	
현금	₩28,000
매출채권(순액)	78,000
상품	104,000
유형자산(장부금액)	1,132,000
총자산	₩1,342,000
부채 및 자본	
매입채무	₩200,000
자본금	800,000
이익잉여금	342,000
총부채 및 자본	₩1,342,000

- 상품의 20×2년 1월 매출액은 ₩260,000, 2월 매출액은 ₩230,000, 그리고 3월 매출액은 ₩210,000으로 각각 추정하고 있다. 모든 매출은 외상으로 이루어지며, 매출채권은 판매한 달에 55%, 다음 달에 40%가 현금으로 회수되고, 5%는 대손처리되어 판매한 당월의 비용으로 처리한다.
- 월별 매출총이익률은 20%이다.
- 상품의 월말재고액은 다음 달 예상매출원가의 50%로 유지한다.
- 모든 매입은 외상으로 이루어지며 매입채무는 매입한 다음 달에 전액 현금으로 상환한다.
- 기타 운영비 ₩21,700은 매월 현금으로 지급한다.
- 감가상각비는 연간 ₩17,000이다.
- 세금은 무시한다.

① ₩18,400   ② ₩27,300   ③ ₩28,100

④ ₩40,100   ⑤ ₩40,800

📝 **Key Point**

분석대상기간이 2개월이다. 따라서 기초매출채권과 1월 매출의 55%는 1월에 회수되며 1월 매출의 40%와 2월 매출의 55%는 2월에 회수된다. 또한, 기초매입채무는 1월에 지급되며 1월 매입은 2월에 지급된다. 그리고 기타 운영비는 2개월분을 반영해야 한다.

03 (주)국세의 20×1년도 매출총이익은 ₩120,000이며, 매출총이익률은 30%이다. 기말제품재고는 기초제품재고에 비해 ₩50,000 감소하였다. (주)국세의 20×1년도 당기제품제조원가는 얼마인가?

① ₩130,000 ② ₩180,000 ③ ₩230,000
④ ₩280,000 ⑤ ₩330,000

📑 **Key Point**
매출총이익률과 매출원가율의 합은 1이다. 따라서, 매출원가율을 이용하여 매출원가를 추정할 수 있다.

04 (주)국세는 단일제품을 생산·판매하고 있으며, 7월에 30단위의 제품을 단위당 ₩500에 판매할 계획이다. (주)국세는 제품 1단위를 생산하는 데 10시간의 직접노무시간을 사용하고 있으며, 제품 단위당 변동판매비와 관리비는 ₩30이다. (주)국세의 총제조원가에 대한 원가동인은 직접노무시간이며, 고저점법에 의하여 원가를 추정하고 있다. 제품의 총제조원가와 직접노무시간에 대한 자료는 다음과 같다.

구분	총제조원가	직접노무시간
1월	₩14,000	120시간
2월	17,000	100
3월	18,000	135
4월	19,000	150
5월	16,000	125
6월	20,000	140

(주)국세가 7월에 30단위의 제품을 판매한다면 총공헌이익은 얼마인가?

① ₩1,700 ② ₩2,100 ③ ₩3,000
④ ₩12,900 ⑤ ₩13,800

📑 **Key Point**
고저점법을 이용하여 직접노무시간당 변동제조원가를 계산한 후 10시간을 곱하여 단위당 변동제조원가를 계산할 수 있다. 또한, 단위당 변동판매관리비 ₩30을 반영한다.

05 다음은 (주)국세의 조업도 변화에 따른 총수익, 총변동원가 및 총고정원가를 그래프로 나타낸 것이다.

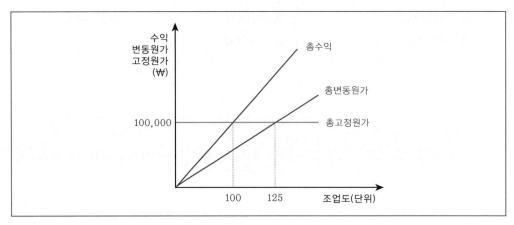

위 그래프를 이용할 경우, (주)국세가 안전한계율 37.5%를 달성하는 데 필요한 목표판매수량은 몇 단위인가?

① 600단위   ② 700단위   ③ 800단위
④ 900단위   ⑤ 1,000단위

📝 **Key Point**

CVP도표를 이용하여 단위당 판매가격, 단위당 변동원가 및 총고정원가를 계산한 후 목표 안전한계율을 달성할 수 있는 판매량을 구한다.

06 (주)국세는 야구공을 생산·판매하고 있으며, 월간 최대생산능력은 30,000단위이다. (주)국세가 생산하는 야구공의 단위당 원가자료는 다음과 같다.

• 직접재료원가	₩200
• 직접노무원가	100
• 변동제조간접원가	50
• 고정제조간접원가	100
• 변동판매비와 관리비	25
• 고정판매비와 관리비	30

(주)국세는 현재 정상주문에 대해 단위당 ₩500의 가격으로 판매를 하고 있는데, 최근 해외사업자로부터 할인된 가격으로 3,000단위를 구입하겠다는 특별주문을 받았다. (주)국세가 이 주문을 수락할 경우에는 생산능력의 제한으로 인하여 기존 정상주문 중 1,200단위의 판매를 포기해야 한다. 그러나 특별주문수량에 대한 단위당 변동판매비와 관리비는 ₩5만큼 감소할 것으로 예상하고 있다. (주)국세가 해외사업자의 특별주문에 대하여 제시할 수 있는 단위당 최저판매가격은 얼마인가?

① ₩370 ② ₩375 ③ ₩420
④ ₩425 ⑤ ₩500

📝 **Key Point**

정상주문에 대한 공헌이익을 계산한 다음 특별주문을 수락하기 위하여 기존판매량 1,200단위를 포기한다. 특별주문에 대해서는 변동판매비와 관리비를 ₩5만큼 줄일 수 있다.

07 다음은 종합원가계산을 채택하고 있는 (주)국세의 당기 생산활동과 관련된 자료이다.

• 기초재공품수량	없음
• 당기착수량	1,000단위
• 당기투입원가	
직접재료원가	₩100,000
직접노무원가	81,000
제조간접원가	60,500
• 기말재공품수량	500단위

(주)국세는 단일공정을 통해 제품을 생산하며, 모든 제조원가는 공정 전반에 걸쳐 균등하게 발생한다. 완성품 단위당 제조원가가 ₩420이라면, 기말재공품의 완성도는 몇 %인가? (단, 공손 및 감손은 발생하지 않는 것으로 가정한다)

① 10% ② 15% ③ 20%
④ 30% ⑤ 45%

> **📝 Key Point**
> 모든 제조원가는 균등하게 발생하므로 완성품 단위당 제조원가는 완성품환산량 단위당 원가로서 총제조원가를 완성품환산량으로 나누어 계산한다. 이를 이용하여 기말재공품의 완성도를 추정할 수 있다.

08 전부원가계산, 변동원가계산 및 초변동원가계산에 관한 설명으로 옳지 않은 것은?

① 초변동원가계산에서는 직접노무원가와 변동제조간접원가를 기간비용으로 처리한다.
② 초변동원가계산에서는 매출액에서 직접재료원가를 차감하여 재료처리량 공헌이익(throughput contribution)을 산출한다.
③ 변동원가계산은 변동제조원가만을 재고가능원가로 간주한다. 따라서 직접재료원가, 변동가공원가를 제품원가에 포함시킨다.
④ 전부원가계산의 영업이익은 일반적으로 생산량과 판매량에 의해 영향을 받는다.
⑤ 변동원가계산에서는 원가를 기능에 따라 구분하여 변동원가와 고정원가로 분류한다.

> **📝 Key Point**
> 초변동원가계산은 직접재료원가를 제품원가로 처리하고 나머지는 기간비용으로 처리한다. 초변동원가계산의 영업이익은 생산량과 판매량에 의해 영향을 받으며 생산량이 증가할수록 영업이익은 감소한다.

09 (주)국세는 정상개별원가계산제도를 이용하여 제조원가를 계산하고 있다. 기계시간은 2,500시간, 직접노무시간은 3,000시간으로 예상하고 있으며, 회귀분석법을 이용하여 연간 제조간접원가예산을 수립하는 데 필요한 원가함수를 다음과 같이 추정하였다.

> 총제조간접원가 = ₩500,000 + ₩300 × 기계시간(설명력(R^2) = 0.9)

(주)국세의 기초재고자산은 없으며 당기에 세 가지 작업(#1, #2, #3)을 시작하여 작업 #1, #2가 완성되었다. 이 세 가지 작업에 대한 당기 원가자료는 다음과 같다.

구분	#1	#2	#3	합계
직접재료원가	₩150,000	₩150,000	₩200,000	₩500,000
직접노무원가	250,000	150,000	100,000	500,000
기계시간	1,000시간	600시간	400시간	2,000시간
직접노무시간	1,300시간	800시간	400시간	2,500시간

기말에 확인한 결과 당기에 발생한 실제제조간접원가는 ₩1,100,000이며, 당기에 작업 #2만 판매되었다. (주)국세가 제조간접원가 배부차이를 매출원가에서 전액 조정할 경우 재무제표에 인식될 매출원가는 얼마인가?

① ₩650,000   ② ₩700,000   ③ ₩800,000

④ ₩900,000   ⑤ ₩1,080,000

📑 Key Point

회귀식에 의하면 제조간접원가의 조업도는 기계시간이므로 예정조업도는 2,500기계시간이다. 작업 #2의 총제조원가를 계산한 후 배부차이를 모두 반영한다.

10 (주)국세는 표준원가계산제도를 채택하고 있으며, 제품 5,000단위를 기준으로 제조간접원가에 대한 표준을 설정하고 있다. (주)국세의 원가에 관한 자료는 다음과 같다.

• 제조간접원가예산	₩1,800,000 + ₩100 × 기계시간
• 제품 단위당 표준기계시간	5시간
• 실제변동제조간접원가발생액	₩5,000,000
• 실제고정제조간접원가발생액	₩2,000,000
• 실제기계시간	51,000시간
• 실제생산량	10,000단위

(주)국세가 4분법을 이용하여 제조간접원가에 대한 차이분석을 수행할 경우에 유리한 차이가 발생하는 것으로만 나열된 것은?

① 소비차이, 능률차이
② 능률차이, 예산차이
③ 예산차이, 조업도차이
④ 소비차이, 예산차이
⑤ 소비차이, 조업도차이

📝 **Key Point**

회귀식에서 제조간접원가의 조업도는 기계시간이며 단위당 수량표준은 5시간이다. 기준생산량이 5,000단위이므로 기계시간으로 측정한 기준조업도는 25,000기계시간이다.

11 (주)국세의 20×1년도 전부원가계산에 의한 영업이익은 ₩1,000,000이다. (주)국세의 원가자료가 다음과 같을 경우 20×1년도 변동원가계산에 의한 영업이익은 얼마인가? (단, 원가요소 금액은 총액이다)

구분	수량 (단위)	직접 재료원가	직접 노무원가	변동제조 간접원가	고정제조 간접원가
기초재공품	200	₩50,000	₩30,000	₩20,000	₩240,000
기초제품	400	100,000	70,000	40,000	700,000
기말재공품	500	100,000	65,000	25,000	500,000
기말제품	300	75,000	90,000	35,000	600,000
매출원가	1,000	1,000,000	750,000	650,000	2,000,000

① ₩640,000   ② ₩840,000   ③ ₩900,000
④ ₩1,100,000   ⑤ ₩1,160,000

📑 Key Point
전부원가계산과 변동원가계산의 이익차이는 재고자산에 포함되어 있는 고정제조간접원가이다. 이때 재고자산은 제조간접원가가 배부된 제품과 재공품이다.

12 (주)국세는 동일한 원재료를 투입해서 하나의 공정을 거쳐 제품 A, 제품 B, 제품 C를 생산하며, 분리점까지 총 ₩40,000의 원가가 발생한다. (주)국세는 분리점까지 발생한 원가를 분리점에서의 상대적 판매가치를 기준으로 결합제품에 배분한다. 결합제품의 생산량, 분리점에서의 단위당 판매가격, 추가가공원가 및 추가가공 후 단위당 판매가격은 다음과 같다.

제품	생산량 (단위)	분리점에서의 단위당 판매가격	추가가공원가	추가가공 후 단위당 판매가격
A	1,500	₩16	₩6,300	₩20
B	2,000	8	8,000	13
C	400	25	3,600	32

(주)국세가 위 결합제품을 전부 판매할 경우에 예상되는 최대 매출총이익은 얼마인가? (단, 결합공정 및 추가가공과정에서 재공품 및 공손은 없는 것으로 가정한다)

① ₩10,900 ② ₩12,000 ③ ₩20,000
④ ₩50,900 ⑤ ₩60,000

> 📝 **Key Point**
> 분리점에서와 추가가공 후 모두 판매가능하므로 각 제품의 추가가공 여부를 먼저 결정해야 한다.

13 품질원가에 관한 설명으로 옳지 않은 것은?
① 일반적으로 원재료 검사비용은 예방원가로 분류한다.
② 일반적으로 보증기간 내 수리와 교환은 외부실패원가로 분류한다.
③ 품질원가는 제품의 품질에 문제가 발생한 경우 이를 해결하기 위하여 발생하는 원가를 포함한다.
④ 허용품질수준관점(acceptable quality level view)에서는 통제원가와 실패원가 사이에 부(-)의 관계가 있는 것으로 본다.
⑤ 무결점수준관점(zero defects view)에서는 불량률이 0(zero)이 될 때 품질원가가 최소가 되므로, 불량률이 0이 되도록 품질원가를 관리해야 한다고 본다.

> 📝 **Key Point**
> 일반적으로 예방원가는 사전예방, 평가원가는 검사, 내부실패는 회사 내 불량, 외부실패는 불량으로 인한 외부와의 관계로 인한 원가이다. 또한, 통제원가와 실패원가는 서로 상충관계(trade off relationship)에 있다.

14 (주)국세는 분권화된 세 개의 사업부(X, Y, Z)를 운영하고 있다. 이들은 모두 투자중심점으로 설계되어 있으며, (주)국세의 최저필수수익률은 20%이다. 각 사업부와 관련된 정보는 다음과 같다.

구분	X	Y	Z
자산회전율	4회	6회	5회
영업이익	₩400,000	₩200,000	₩210,000
매출액	₩4,000,000	₩2,000,000	₩3,000,000

투자수익률(ROI)이 높은 사업부 순서대로 옳게 배열한 것은?

① X > Y > Z   ② X > Z > Y   ③ Y > X > Z
④ Y > Z > X   ⑤ Z > Y > X

> **📝 Key Point**
>
> 투자수익률은 영업이익을 투자액으로 나누어 계산하거나 자산회전율에 매출액이익률을 곱하여 계산할 수 있다.

15 (주)국세는 활동기준원가계산 방법에 의하여 제품의 가공원가를 계산하고 있다. (주)국세의 각 활동과 활동별 원가배부율은 다음과 같다.

활동	원가동인	단위당 배부율
재료처리	부품수	₩10
기계작업	기계시간	120
조립작업	조립시간	75
검사	검사시간	100

제품 A 1단위를 제조하기 위해서는 부품 200개, 기계작업 10시간, 조립작업 20시간, 검사 5시간이 요구된다. (주)국세는 50단위의 제품 A를 단위당 ₩50,000에 판매하여 ₩1,500,000의 매출총이익을 달성하였다. 이 경우, 제품 A의 단위당 직접재료원가는 얼마인가? (단, 기초재고자산과 기말재고자산은 없다고 가정한다)

① ₩5,200   ② ₩14,800   ③ ₩15,250
④ ₩20,000   ⑤ ₩30,000

> **📝 Key Point**
>
> 판매가격을 이용한 매출액에서 매출총이익을 차감하여 단위당 총제조원가를 추정한 후, 단위당 총제조원가에서 단위당 가공원가를 차감한다.

정답 및 해설 ▶ p.402

제47회 공인회계사 1차 회계학

정답

01 ③　**02** ④　**03** ④　**04** ③　**05** ②　**06** ⑤　**07** ①　**08** ②　**09** ⑤

해설

01 ③ 균형성과표(BSC)는 네 가지 관점의 측정지표들 간의 인과관계를 전제로 한다. 이 중 원인이 되는 지표를 선행지표(leading indicator)라고 하며, 결과가 되는 지표를 후행지표(lagging indicator) 또는 결과지표 (outcome measure)라고 한다. 학습과 성장 관점의 성과지표는 내부프로세스 관점의 성과지표에 대해 선행지표인 것이 일반적이다.

02 ④ 1. 현재

	보조부문		생산부문	
	C	D	A	B
직접원가	–	–	₩5,000,000	₩4,000,000
배분 전 원가	₩3,000,000	₩6,000,000		
고정원가	(3,000,000)	(6,000,000)	5,000,000*	?

* A부문에 배부될 원가

$$₩9,000,000 \times \frac{₩5,000,000}{₩5,000,000 + ₩4,000,000} = ₩5,000,000$$

2. 단계배부법

		보조부문		생산부문	
		C	D	A	B
용역제공비율	C	–	10%	40%	50%
	D		–	30%	60%
배분 전 원가		₩3,000,000	₩6,000,000	–	–
원가 배분	C	(3,000,000)[*1]	300,000	₩1,200,000	₩1,500,000
	D		(6,300,000)[*2]	2,100,000	4,200,000
		–	–	₩3,300,000	₩5,700,000

[*1] D : A : B = 10% : 40% : 50%

[*2] A : B = 30% : 60%

그러므로, 단계배부법을 적용할 경우 생산부문 A에 배부되는 보조부문원가는 ₩1,700,000(= ₩5,000,000 – ₩3,300,000)만큼 감소한다.

03 ④

	실제	표준
기계시간	₩471,500 ÷ ₩23 = 20,500시간	₩400,000 ÷ ₩20 = 20,000시간
수량	20,500시간 ÷ 41시간 = 500단위	20,000시간 ÷ 40시간 = 500단위
단위당 기초원가	₩170,000 ÷ 500단위 = ₩340	₩150,000 ÷ 500단위 = ₩300
단위당 변동제조간접원가	₩23 × 41시간 = ₩943	₩20 × 40시간 = ₩800

① 정상원가계산에 의한 총변동제조원가

기초원가	₩170,000
변동제조간접원가	410,000*
총변동제조원가	₩580,000

* 예정배부율 = ₩20

　예정배부액 = ₩20 × 실제조업도(20,500시간) = ₩410,000

② 예상생산량 600개의 예산 총변동제조원가

단위당 기초원가	₩300
단위당 변동제조간접원가	800
단위당 총변동제조원가	₩1,100

그러므로, 예산 총변동제조원가는 600개 × ₩1,100 = ₩660,000이다.

③, ④ 변동제조간접원가 차이분석

AQ × AP	AQ × SP	SQ × SP
	20,500시간 × ₩20	500단위 × 40시간 × ₩20
= ₩471,500	= ₩410,000	= ₩400,000

소비차이 ₩61,500 U　　능률차이 ₩10,000 U

변동예산차이 ₩71,500 U

⑤ 기본(기초)원가의 변동예산차이

AQ × AP	AQ × SP	SQ × SP
		500단위 × ₩300
= ₩170,000		= ₩150,000

변동예산차이 ₩20,000 U

04 ③   1. 결합원가계산(결합공정에서의 완성품원가)

- 재료원가 환산량 단위당 원가: ₩8,000 ÷ (700톤 + 100톤) = ₩10
- 가공원가 환산량 단위당 원가: ₩2,220 ÷ (700톤 + 100톤 × 40%) = ₩3
⇒ 완성품원가(결합원가): 700톤 × (₩10 + ₩3) = ₩9,100

2. 결합원가 배분

	판매가격	추가원가	순실현가치	배분비율	결합원가 배분
연산품 A	₩30,000	₩18,000	₩12,000	0.375	₩3,412.5
연산품 B	20,000	-	20,000	0.625	5,687.5
			₩32,000	1	₩9,100.0

3. 연산품 A의 예상 톤당 영업이익

매출액	₩30,000.0
결합원가	3,412.5
추가원가	18,000.0
영업이익	₩8,587.5
톤수	÷ 300톤
톤당 영업이익	₩28.625

05 ②   1. 누적평균노무원가

누적매출액	누적평균노무원가		총노무원가
₩1,000,000	₩100,000 ⌉		₩100,000
2,000,000		학습률 90%	
4,000,000	81,000 ⌋		324,000 ⌉ ₩259,200
8,000,000	72,900		583,200 ⌋

2. 매출액 ₩1당 고정제조간접원가(a), 변동원가율(b)

- ₩500,000 = a + b × ₩3,000,000
- ₩200,000 = a + b × ₩1,000,000
⇒ a = ₩50,000, b = 0.15/매출액 ₩1

3. 예상영업이익

매출액	₩4,000,000
직접재료원가	1,600,000(= ₩400,000 × 4)
직접노무원가	259,200
제조간접원가	650,000(= ₩50,000 + ₩4,000,000 × 0.15)
판매관리비	150,000
영업이익	₩1,340,800

06 ⑤　① 신제품 A의 단위당 목표원가: ₩5,000 × (1 - 0.3) = ₩3,500
　② 신제품 A의 목표판매량(Q): (₩5,000 - ₩2,500) × Q - ₩2,000,000 ≥ ₩5,000 × 0.3 × Q
　　⇒ Q ≥ 2,000단위
　③ 신제품 B의 단위당 목표원가: ₩4,000 × (1 - 0.3) = ₩2,800
　④ 신제품 B의 목표판매량(Q): (₩4,000 - ₩1,900) × Q - ₩2,000,000 ≥ ₩4,000 × 0.3 × Q
　　⇒ Q ≥ 2,222단위
　　따라서, 2,500단위를 판매할 경우 목표이익률을 달성할 수 있다.
　⑤ 신제품 A의 예상생산·판매량이 2,000단위 이상인 경우의 이익을 구하면 다음과 같다.
　　신제품 A의 이익(2,000단위): ₩2,500 × 2,000단위 - ₩2,000,000 = ₩3,000,000
　　신제품 B의 이익(2,500단위): ₩2,100 × 2,500단위 - ₩2,000,000 = ₩3,250,000
　　따라서 신제품 B를 생산·판매하는 것이 더 유리하다.

07 ①　예상조업도가 780시간이며 단위당 3시간이므로 고정예산은 260단위이다.

	고정예산(260단위)	변동예산(240단위)
직접재료원가	260단위 × 10kg × ₩50 = ₩130,000	240단위 × 10kg × ₩50 = ₩120,000
직접노무원가	260단위 × 3시간 × ₩250 = 195,000	240단위 × 3시간 × ₩250 = 180,000
변동제조간접원가	260단위 × 3시간 × ₩120 = 93,600	240단위 × 3시간 × ₩120 = 86,400
고정제조간접원가	132,600	132,600
합계	₩551,200	₩519,000

08 ②　1. 제조간접원가

	제품 A	제품 B
감가상각비	₩12,000 × 2/3 = ₩8,000	₩12,000 × 1/3 = ₩4,000
작업준비원가	3,000	6,000
합계	₩11,000	₩10,000

　2. 증분손익

증분수익	직접재료원가 절감		₩15,000
	직접노무원가 절감		13,000
	제조간접원가 절감	₩10,000 - ₩12,000 × 1/3 =	6,000
	판매관리비 절감	₩15,000 × 0.4 =	6,000
	제품 A 공헌이익 증가*		12,300
증분비용	제품 B 매출 감소		50,000
증분이익			₩2,300

* 매출액	₩100,000 × 0.3 =	₩30,000
직접재료원가	₩25,000 × 0.3 =	7,500
직접노무원가	₩20,000 × 0.3 =	6,000
제조간접원가	₩3,000 × 0.2 =	600
판매관리비	₩30,000 × 0.4 × 0.3 =	3,600
공헌이익		₩12,300

09 ⑤　(1) 최소대체가격: 단위당 증분원가(₩10) + 단위당 기회원가(₩25 - ₩10) = ₩25
　(2) 최대대체가격: Min[단위당 지출가능금액(₩80 - ₩30 - ₩5 = ₩45), 외부구입가격] = ₩45
　따라서, 대체가격의 범위는 ₩25 ≤ TP ≤ ₩45이다.

정답

01 ④ 02 ④ 03 ③ 04 ② 05 ③ 06 ③ 07 ② 08 ⑤ 09 ② 10 ⑤
11 ② 12 ② 13 ① 14 ③ 15 ②

해설

01 ④

증분수익		-
증분비용 직접재료원가 절감	₩(1,800,000)	
직접노무원가 절감	(700,000)	
변동제조간접원가 절감	(500,000)	
고정제조간접원가 절감	(P)	
외부구입비용	₩3,300,000(= ₩330 × 10,000단위)	
증분이익	P - ₩300,000 ≥ 0	

따라서, 회피가능한 고정제조간접원가로 추정한 최소금액은 ₩300,000이다.

02 ④

1. 1월 상품매입액

상품

월초	₩104,000 *2	판매	₩208,000 *1
대체	196,000	월말	92,000 *3
	₩300,000		₩300,000

*1 ₩260,000 × (1 - 20%) = ₩208,000
*2 ₩208,000 × 50% = ₩104,000
*3 ₩230,000 × (1 - 20%) × 50% = ₩92,000

2. 2월 말 현금잔액

기초현금		₩28,000
현금유입		
기초매출채권회수	₩78,000	
1월분 매출채권회수	₩260,000 × (55% + 40%) = 247,000	
2월분 매출채권회수	₩230,000 × 55% = 126,500	451,500
현금유출		
기초매입채무지급	₩200,000	
1월분 매입채무지급	196,000	
월 운영비	₩21,700 × 2개월 = 43,400	(439,400)
기말현금		₩40,100

03 ③ 1. 매출원가
- 매출: ₩120,000 ÷ 30% = ₩400,000
- 매출원가: ₩400,000 × (1 - 30%) = ₩280,000

2. 당기제품제조원가
재고 감소가 ₩50,000이므로 기초재고를 ₩50,000, 기말재고를 ₩0으로 하여 분석할 수 있다.

제품

기초	₩50,000	판매	₩280,000
생산	x	기말	-
	₩280,000		₩280,000

그러므로, 20×1년도 당기제품제조원가(x)는 ₩230,000(= ₩280,000 - ₩50,000)이다.

04 ② 1. 단위당 제조원가
- 4월(고점): ₩19,000 = a + b × 150시간
- 2월(저점): ₩17,000 = a + b × 100시간
⇒ a(고정제조간접원가) = ₩13,000, b(변동제조원가) = 시간당 ₩40

2. 단위당 공헌이익
₩500 - ₩40 × 10시간 - ₩30 = ₩70
따라서, 총공헌이익은 30단위 × ₩70 = ₩2,100이다.

05 ③ 1. 단위당 공헌이익과 총고정원가
(1) 단위당 공헌이익

단위당 판매가격	₩100,000 ÷ 100단위 =	₩1,000
단위당 변동원가	₩100,000 ÷ 125단위 =	800
단위당 공헌이익		₩200

(2) 총고정원가
₩100,000

2. 목표판매수량
안전한계율 = 영업이익/공헌이익

$$37.5\% = \frac{₩200 × Q - ₩100,000}{₩200 × Q} 이다.$$

따라서, 목표판매수량(Q)은 800단위이다.

06 ③

	정상주문		특별주문
단위당 판매가격	₩500		P
단위당 변동원가	₩350 + ₩25 = 375	₩350 + ₩20[*] =	370
단위당 공헌이익	₩125		P - ₩370

[*] ₩25 - ₩5 = ₩20

증분수익	특별주문매출	3,000단위 × P
증분비용	변동원가 증가	₩370 × 3,000단위 = 1,110,000
	기존판매 포기	₩125 × 1,200단위 = 150,000
증분이익		3,000P - ₩1,260,000 ≥ 0

P ≥ ₩420이므로 단위당 최저판매가격은 ₩420이다.

07 ② 모든 제조원가는 공정 전반에 걸쳐 균등하게 발생하므로 재공품의 완성도를 A라 하면, 제조원가의 완성품환산량 단위당 원가는 다음과 같다.

$$\text{₩}420 = \frac{\text{₩}100,000 + \text{₩}81,000 + \text{₩}60,500}{500\text{단위} + 500\text{단위} \times A}$$

따라서, 기말재공품의 완성도(A)는 15%이다.

08 ⑤ 변동원가계산에서는 원가를 행태별로 구분하여 변동원가와 고정원가를 분류한다. 반면에 전부원가계산은 원가를 기능에 따라 구분한다.

09 ② 1. 작업별 물량흐름

재공품

기초	-	완성	#1, #2
착수	#1, #2, #3	기말	#3
	#1, #2, #3		#1, #2, #3

제품

기초	-	판매	#2
대체	#1, #2	기말	#1
	#1, #2		#1, #2

2. 예정배부율

(₩500,000 + ₩300 × 2,500기계시간) ÷ 2,500기계시간 = ₩500/기계시간

3. 배부차이 조정 전 매출원가(#2)

₩150,000 + ₩150,000 + ₩500 × 600기계시간 = ₩600,000

4. 배부차이

실제발생액	₩1,100,000
예정배부액	1,000,000(= ₩500 × 2,000기계시간)
	₩100,000과소배부

5. 배부차이 조정 후 매출원가

₩600,000 + ₩100,000 = ₩700,000

10 ⑤   1. 표준원가표 작성

	SQ	SP
변동제조간접원가	5h	₩100
고정제조간접원가	5h	72*

* ₩1,800,000/(5,000단위 × 5h) = ₩72

2. 제조간접원가 원가차이분석

(1) 변동제조간접원가

실제발생액	AQ × SP	SQ × SP
	51,000시간 × ₩100	10,000단위 × 5시간 × ₩100
₩5,000,000	= ₩5,100,000	= ₩5,000,000

        ₩100,000 F | ₩100,000 U

(2) 고정제조간접원가

실제발생액	예산	SQ × SP
		10,000단위 × 5시간 × ₩72
₩2,000,000	₩1,800,000	= ₩3,600,000

        ₩200,000 U | ₩1,800,000 F

11 ②   전부원가계산의 이익 = 변동원가계산의 이익 + 기말재고 고정제조간접원가 − 기초재고 고정제조간접원가
₩1,000,000 = 변동원가계산의 이익 + (₩500,000 + ₩600,000) − (₩240,000 + ₩700,000)
따라서, 20×1년 변동원가계산에 의한 영업이익은 ₩840,000이다.

12 ②   1. 추가가공 여부 판단

	최종판매가치	추가가공원가	분리점 판매가치	증분손익	추가가공 여부
A	₩20 × 1,500단위 = ₩30,000	₩6,300	₩16 × 1,500단위 = ₩24,000	₩(300)	×
B	₩13 × 2,000단위 = ₩26,000	₩8,000	₩8 × 2,000단위 = ₩16,000	₩2,000	○
C	₩32 × 400단위 = ₩12,800	₩3,600	₩25 × 400단위 = ₩10,000	₩(800)	×

2. 손익계산서

	A	B	C	합계
매출액	₩24,000	₩26,000	₩10,000	₩60,000
결합원가	?	?	?	(40,000)
추가원가	−	(8,000)	−	(8,000)
이익				₩12,000

13 ①   원재료 검사비용은 평가원가로 분류한다.

14 ③ 투자수익률(ROI)은 "자산회전율 × 매출액이익률"이므로 각 사업부별 투자수익률은 다음과 같다.

	X	Y	Z
자산회전율	4회	6회	5회
매출액이익률	0.1[*1]	0.1[*2]	0.07[*3]
투자수익률	4회 × 0.1 = 0.4	6회 × 0.1 = 0.6	5회 × 0.07 = 0.35

[*1] ₩400,000 ÷ ₩4,000,000 = 0.1

[*2] ₩200,000 ÷ ₩2,000,000 = 0.1

[*3] ₩210,000 ÷ ₩3,000,000 = 0.07

따라서, 투자수익률(ROI)이 높은 사업부의 순서는 Y > X > Z이다.

15 ② 단위당 직접재료원가를 P라 한 후 정리하면 다음과 같다.

매출액	50단위 × ₩50,000 = ₩2,500,000
제조원가	
직접재료원가	(50단위 × P)
가공원가	
재료처리	₩10 × 200개 × 50단위 = (100,000)
기계작업	₩120 × 10시간 × 50단위 = (60,000)
조립작업	₩75 × 20시간 × 50단위 = (75,000)
검사	₩100 × 5시간 × 50단위 = (25,000)
매출총이익	₩1,500,000

50P + ₩100,000 + ₩60,000 + ₩75,000 + ₩25,000 = ₩2,500,000 - ₩1,500,000

따라서, 제품 A의 단위당 직접재료원가(P)는 ₩14,800이다.

cpa.Hackers.com

부록

엄선 기출문제 (~2011년)

01 우편 및 전화주문 판매를 하는 (주)한국은 활동기준원가계산(Activity-Based Costing)시스템을 통해 주요 고객의 수익성을 파악하고자 한다. 주요 고객의 연간 자료는 다음과 같다.

구분	고객 갑	고객 을	고객 병
총매출	₩8,000	₩10,000	₩20,000
반품 - 수량	4개	0개	2개
반품 - 액수(판매가)	₩2,000	₩0	₩5,000
연간 총전화주문건수	0건	4건	8건
연간 총우편주문건수	4건	0건	2건
총 전화주문처리시간	0시간	0.25시간	0.20시간

배송비용은 고객이 부담하며, 반품에 따른 배송비만 고객이 부담하면 반품은 항상 허용된다. 매출원가는 판매가의 75%이다. 활동 및 활동원가의 동인율(activity cost driver rate)이 다음과 같을 경우, ABC를 통해 계산한 고객 갑으로부터의 연간 이익은?　　　　　　　　　　　　　　　　[회계사 이]

활동	활동원가동인율
우편주문처리	₩50/주문건수
전화주문처리	₩800/시간
반품처리	₩100/반품수
고객유지	₩500/1인

① ₩400　　　　　　　② ₩900　　　　　　　③ ₩1,500

④ ₩4,900　　　　　　⑤ ₩8,000

📑 **Key Point**

매출원가율을 이용하여 매출원가를 반영한다. 반품의 경우 반품에 대한 금액과 더불어 반품처리활동에 대한 활동원가를 모두 반영한다.

02 소형라디오를 주문생산하는 (주)국세는 1993년 4월 중 작업량 3,300개가 제시된 제조명령서 5호의 생산과 관련하여 다음과 같이 단위당 원가가 발생하였다.

직접재료원가	₩3,000
직접노무원가	2,400
제조간접원가 배부액	3,600
합계	₩9,000

한편, 제품의 최종검사과정에서 150개의 불량품과 300개의 공손품이 발견되었다. 불량품은 총원가 ₩150,000을 투입하여 재작업하였으며, 공손품은 모두 ₩450,000을 받고 외부에 매각처분하였다. 제조명령서 5호와 관련하여 발생한 정상제품의 단위당 원가는? [세무사 94]

① ₩8,900　　　　　　② ₩9,000　　　　　　③ ₩9,750

④ ₩9,800　　　　　　⑤ ₩9,950

📝 **Key Point**

불량품의 재작업원가는 총원가에 가산한다. 공손품은 제조명령서 5호와 관련되므로 처분가치를 차감한 순공손원가는 해당 작업원가에 가산한다.

03 (주)국세는 I, II, III의 제조부문 외에 총무부와 경리부를 두고 있는 제조회사이다. 총무부와 경리부에서는 각각 ₩18,000씩의 비용이 집계되었다. 부문 간의 원가 배분비율이 아래 표와 같고 (주)국세가 상호배분법에 의해 보조부문원가를 제조부문에 배부할 때 I제조부문에 배부되는 보조부문원가는 얼마인가? [세무사 89]

사용부문 / 제공부문	I	II	III	총무부	경리부
총무부	30%	30%	30%	-	10%
경리부	20%	30%	40%	10%	-

① ₩6,000　　　　　　② ₩9,000　　　　　　③ ₩10,000

④ ₩12,000　　　　　　⑤ ₩14,000

📝 **Key Point**

상호배분법에 의하여 배분할 원가를 계산한 후 I제조부문의 용역제공비율을 곱하여 계산한다.

04 (주)한국은 평균법에 의한 실제종합원가계산을 이용하여 재고자산평가와 매출원가계산을 한다. 회계연도 초에 비해 연도 말에 재공품 재고자산의 잔액이 증가하였다. 그러나 회계연도 초와 회계연도 말의 재공품의 물량은 동일하다. 이 현상을 설명하는 요소가 아닌 것은? [회계사 96]

① 전년도에 비해 고정제조간접원가가 증가하였다.
② 전년도에 비해 노무임률이 상승하였다.
③ 연초보다 연말 재공품 재고완성도가 증가하였다.
④ 전년도에 비해 판매량이 감소하였다.
⑤ 전년도에 비해 생산량이 감소하였다.

📝 **Key Point**
물량은 동일하나 금액이 증가되는 원인으로는 전년도에 비하여 당기 원가 증가, 당기 완성품환산량 감소, 기말재공품 완성도 증가 등이 있다.

(주)한국의 제품 X 1개당 제조원가는 다음과 같다.

직접재료원가	₩14
직접노무원가	16
제조간접원가	20
합계	₩50

위의 제조간접원가에는 정상공손원가가 포함되어 있지 않다. 1982년 5월 회사는 제품 X를 230개 생산한 다음 품질검사를 한 결과 30개가 공손으로 판명되었으며, 이 공손품을 1개당 ₩20에 전량 매각처분하였다. 기초와 기말재공품은 없었다. 제품 X의 정상공손율은 품질검사합격품의 10%이며 회사는 공손품의 매각대금을 공손품의 제조원가에서 차감하는 회계처리방법을 채택하고 있다.

05 비정상공손은 몇 개나 되는가?

① 7개   ② 10개   ③ 20개

④ 23개   ⑤ 30개

> 📝 **Key Point**
>
> 생산한 다음 검사를 실시하므로 검사시점은 공정 100%이며, 합격품은 검사받은 물량에서 공손품을 제외한 물량이다.

06 제품 X의 기말재고가 10개일 때, 전부원가계산에 의한 재고자산평가액은 얼마인가?

① ₩500   ② ₩530   ③ ₩540

④ ₩550   ⑤ ₩575

> 📝 **Key Point**
>
> 단위당 재료원가는 ₩14이고 단위당 가공원가는 ₩36이다. 공손의 처분가치를 제외한 정상순공손원가를 합격품(완성품)에 배부한 후 완성품 단가를 계산한다.

(주)국세는 모든 재료를 공정 초기에 투입하며, 9월 중에 재공품과 관련된 직접재료원가 자료는 다음과 같다.

> - 기초재공품: 200개(직접재료원가 ₩100)
> - 완성량: 500개
> - 기말재공품: 400개

한편, 검사는 공정 50% 시점에서 실시하는데 정상공손이 100개 발생하였고 비정상공손은 발생하지 않았다. 정상공손의 원가를 배부하기 전 기말재공품의 직접재료원가를 평균법에 의하여 평가하는 경우 선입선출법에 의한 경우보다 ₩460만큼 적었다. 9월 중 투입한 직접재료원가는?

[세무사 98]

① ₩5,000   ② ₩10,000   ③ ₩20,000

④ ₩30,000   ⑤ ₩40,000

📝 Key Point

재료원가에 대한 문제이므로 가공원가의 투입행태와 재공품의 완성도는 필요하지 않다. 완성량, 기말재공품수량 및 공손량의 합계와 기초재공품수량을 이용하여 당기 착수량을 추정할 수 있다.

08 (주)한국은 개별원가계산을 적용하고 있다. 다음은 1997년 3월 (주)한국의 재공품계정에 차기(대기)된 내용이다.

3월	내용	금액
1일	기초재고	₩4,000
30일	직접재료원가	24,000
30일	직접노무원가	16,000
30일	제조간접원가	12,800
30일	제품으로 이체	(48,000)

(주)한국은 제조간접원가 예정배부율을 이용하여 제조간접원가를 배부하고 있으며 예정배부율은 직접노무원가의 80%이다. 1997년 3월 31일 현재 작업 중인 작업번호 #5의 직접노무원가는 ₩2,000으로 기록되어 있다. 작업번호 #5에 기록된 직접재료원가는 얼마인가?   [회계사 97]

① ₩8,800   ② ₩7,200   ③ ₩5,200
④ ₩4,800   ⑤ ₩1,600

> 📋 **Key Point**
> 3월 30일에 차기된 금액의 합은 당기총제조원가이며 대기된 금액은 당기제품제조원가이다. 월말재공품의 제조간접원가는 직접노무원가의 80%만큼 배부한다.

09 (주)한국은 표준원가계산제도를 사용하고 있으며 1999년 1월과 2월의 표준은 동일하다. 1999년 1월에는 2,000단위의 제품을 생산하였으며 고정제조간접원가의 조업도차이는 ₩1,000(불리)이고 소비차이는 ₩800(유리)이었다. 1999년 2월에는 2,500단위의 제품을 생산하였고 고정제조간접원가의 조업도차이는 ₩1,500(유리)이고 소비차이는 ₩600(불리)이면 2월의 고정제조간접원가 실제 발생액은 얼마인가?   [회계사 99]

① ₩8,600   ② ₩9,400   ③ ₩9,800
④ ₩10,600   ⑤ ₩11,600

> 📋 **Key Point**
> 1월과 2월의 표준이 동일하므로 1월과 2월의 고정제조간접원가예산과 표준배부율은 동일하다. 재공품에 대한 자료가 없으므로 1월과 2월 생산량은 실제산출량을 의미한다.

10 (주)한국은 내부관리목적으로 표준원가시스템을 채택하고 있다. 다음은 당기의 예산자료이다. 조업도는 직접노동시간을 사용하고 기준조업도는 50,000직접노동시간이다.

변동제조간접원가	₩250,000,000
고정제조간접원가	400,000,000
계	₩650,000,000

당기의 실제 투입된 노동시간은 40,000시간이다. 변동제조간접원가 능률차이가 ₩10,000,000 (불리)인 경우 고정제조간접원가 조업도차이는 얼마인가? [회계사 97]

① ₩64,000,000 유리
② ₩64,000,000 불리
③ ₩96,000,000 유리
④ ₩96,000,000 불리
⑤ ₩112,000,000 불리

📝 **Key Point**

제조간접원가예산을 기준조업도로 나누어 변동제조간접원가와 고정제조간접원가 표준배부율을 각각 계산할 수 있다. 변동제조간접원가 능률차이로 실제산출량에 허용된 표준시간을 계산한 후 고정제조간접원가 원가차이를 계산한다.

11 (주)한국은 월 10,000단위의 기준조업도에 따라 단위당 ₩2의 예정제조간접원가 배부율을 적용하고 있다. 1월 중에 발생한 자료는 다음과 같다.

• 실제생산량	12,000단위
• 제조간접원가 변동예산차이	₩1,000 유리
• 제조간접원가 조업도차이	₩2,000 유리

2월 중에 8,000단위를 생산하였고 실제 제조간접원가는 1월보다 ₩2,000이 적게 발생하였다. 2월 중 제조간접원가 변동예산차이는? [회계사 89]

① ₩1,000 불리　　　　② 차이 없음　　　　③ ₩1,000 유리

④ ₩2,000 불리　　　　⑤ ₩2,000 유리

📝 **Key Point**
단위당 예정제조간접원가 배부율에서 제조간접원가 조업도차이를 이용하여 고정제조간접원가 배부율을 추정한다. 1월 변동예산차이를 이용하여 실제발생액을 계산한 후 2월 실제발생액을 추정할 수 있다.

12 (주)세무는 표준원가계산제도를 사용하고 있다. (주)세무는 갑제품을 1단위 생산하는 데 필요한 단위당 표준원가를 다음과 같이 책정하였다.

			표준원가
직접노무원가	3시간	₩100	₩300
제조간접원가	직접노무원가의	350%	1,050

(주)세무의 연간 제조간접원가예산은 고정제조간접원가 ₩180,000과 직접노무원가 ₩1당 ₩1.5으로 계산된 변동제조간접원가로 구성되어 있다. 2000년 5월 중 실제로 250단위의 갑제품을 생산하는 과정에서 직접노무원가 ₩77,000과 총제조간접원가 ₩280,000이 발생하였다. 또한, 고정제조간접원가 실제발생액은 예산금액과 동일하였다. 직접노무원가를 제조간접원가 배부기준으로 사용한다고 할 때, 변동제조간접원가 능률차이는 얼마인가? [세무사 01]

① ₩5,000 유리　　　　② ₩7,500 유리　　　　③ ₩3,000 불리

④ ₩12,500 불리　　　　⑤ ₩15,500 불리

📝 **Key Point**
총제조간접원가 중 변동제조간접원가 표준배부율은 직접노무원가의 150%이며, 변동제조간접원가의 실제산출량에 허용된 표준수량은 실제산출량에 대한 표준직접노무원가이다.

13 (주)세무는 다음과 같은 변동예산을 수립하였다.

생산능력	총제조간접원가예산
100%	₩500,000
80%	440,000

고정제조간접원가 배부율을 산정하기 위해서 사용된 기준조업도는 생산능력의 80%이다. 금년에 18,000단위의 제품이 생산·판매되었는데 이것은 생산능력의 90% 수준이다. 또한, 총제조간접원가의 실제발생액은 ₩505,500이다. 고정제조간접원가의 실제발생액은 예산과 동일하며 고정제조간접원가는 실제 생산단위를 기준으로 배부된다. 조업도차이는 얼마인가? [세무사 97]

① ₩25,000 유리 ② ₩25,000 불리 ③ ₩20,000 유리
④ ₩20,000 불리 ⑤ ₩5,000 불리

14 다음 자료에 의하여 전부원가계산과 변동원가계산의 이익차이를 구하시오. (단, 전기와 당기 표준배부율은 동일하고 원가차이는 모두 당기손익처리한다) [세무사 90 수정]

• 기준조업도	10,000단위	• 조업도차이	₩1,500(불리)
• 기초제품수량	9,200단위		
• 판매수량	9,000단위		
• 기말제품수량	9,600단위		

① ₩1,500 ② ₩600 ③ ₩900
④ ₩1,000 ⑤ ₩1,200

15 (주)한국은 기념품을 생산한다. 1억원의 고정원가로 100만개를 생산·판매하는데 판매가격은 단위당 ₩100에서 ₩500 사이로 결정될 것이고, 단위당 변동원가는 ₩100에서 ₩200 사이에서 결정될 것인데 불확실하다. 단위당 판매가격과 변동원가는 균일분포(uniform distribution)를 가지는데 서로 독립적으로 결정된다. 이익이 발생할 확률은 얼마인가? [회계사 00]

① 60%   ② 87.5%   ③ 75%

④ 66.6%   ⑤ 62.5%

16 (주)한국은 최종제품 생산을 위한 부품을 적시생산시스템(JIT)으로 자가생산하고 있다. 내년에 10,000개의 부품이 필요하다. 이를 위한 부품 자가생산원가는 다음과 같이 예상하고 있다.

• 총직접재료원가	₩60,000,000
• 총직접노무원가	10,000,000
• 총변동제조간접원가	20,000,000
• 총고정제조간접원가	70,000,000

변동제조간접원가는 직접재료와 구매주문원가를 포함하고 있고 모든 변동제조간접원가가 부품 생산과 관련되어 있다. 고정제조간접원가 중 회피불가능한 배부된 원가는 ₩50,000,000이다. 그런데 이 기업은 부품의 외부주문을 고려하고 있다. 외부구입가격은 단위당 ₩10,000이다. 추가로, 부품 구매주문을 위해 구매주문 1회당 ₩50,000이 발생하고 단위당 재고유지비용은 외부구입가격의 10%가 발생한다. 연간 주문횟수는 (주)한국이 결정할 수 있다. 자가생산을 중단하면 현재 사용하고 있는 설비를 임대함으로써 연간 ₩10,000,000의 임대료수익을 발생시킬 것이다. 내년에 부품을 자가생산하는 대신 외부주문을 한다면 부품 관련 원가를 최대한 얼마나 절감할 수 있는가? [회계사 00 수정]

① ₩9,000,000   ② ₩10,000,000   ③ ₩15,000,000

④ ₩19,000,000   ⑤ ₩20,000,000

17 (주)한국은 A, B 두 개의 사업부를 갖고 있다. A사업부는 부품을 생산하여 B사업부에 대체하거나 외부에 판매할 수 있다. 완제품을 생산하는 B사업부는 부품을 A사업부에서 매입하거나 외부시장에서 매입할 수 있다. A사업부와 B사업부의 제품 단위당 자료는 다음과 같다.

A사업부		B사업부	
부품의 외부판매가격	₩9,000	최종제품의 외부판매가격	₩20,000
변동원가	6,000	추가변동원가	3,000
고정원가	2,000	고정원가	5,000
		부품의 외부구입가격	9,000

A, B 두 사업부 사이의 대체가격 결정과 관련된 다음의 기술 중 옳은 것은? [세무사 98]

① A사업부는 부품을 외부에 단위당 ₩9,000에 팔 수 있으므로 B사업부에 ₩9,000 이하로 공급해서는 안 된다.

② A사업부에 유휴생산능력이 있을 때에는 ₩6,000 ~ ₩9,000의 범위 내에서 어떤 대체가격을 결정하느냐에 따라 회사 전체의 이익이 영향을 받는다.

③ A사업부에 유휴생산능력이 없으며 B사업부가 외부에서 부품을 단위당 ₩8,500에 매입할 수 있더라도 회사 전체의 이익을 위해서 두 사업부는 거래를 해야 한다.

④ B사업부가 A사업부 이외에서 부품을 구입할 수 없다면 A사업부는 유휴생산능력이 없더라도 외부판매를 줄이고 B사업부에 부품을 공급하는 것이 회사 전체의 이익에 도움이 된다.

⑤ B사업부가 A사업부로부터 부품을 단위당 ₩12,000 이하로 매입하면 이익을 올릴 수 있으므로 대체가격을 ₩12,000 이하로 결정하면 된다.

> 📝 **Key Point**
> 회사 전체 입장에서 대체 여부를 결정하면 대체가격의 변화는 회사 전체 이익에 영향을 미치지 않는다. 단, 세율 등이 상이한 국제대체가격의 경우 대체가격에 따라 회사 전체 이익이 달라질 수 있다.

18 어떤 생산공정의 상태를 단순히 정상적인 상태와 비정상적인 상태로 구분할 수 있다고 가정하자. 공정이 정상적인 상태에 있으면 비정상적인 상태에 있을 경우에 비해서 평균생산원가가 낮아진다. 각 상태에서의 평균생산원가의 확률분포는 다음과 같다.

평균생산원가	평균생산원가의 확률분포	
	정상적인 상태	비정상적인 상태
₩2,000	10%	-%
4,000	20	-
6,000	40	10
8,000	20	20
10,000	10	40
12,000	-	20
14,000	-	10
합계	100%	100%

생산을 착수하기 직전에 예상한 바에 의하면 공정이 정상적인 상태에 있을 사전확률은 80%이었다. 생산과정에서 평균생산원가가 ₩6,000으로 보고되었다면 이때 공정이 정상적인 상태에 있을 사후확률은 얼마이겠는가? [회계사 87 수정]

① 80%   ② 90%   ③ 92%
④ 94%   ⑤ 97%

 Key Point
평균생산원가가 ₩6,000인 정보를 반영하여 사후확률을 계산할 수 있다.

19 (주)한국은 김밥을 판매하고 있으며 단위당 제조원가는 ₩400이며 판매가격은 ₩1,000이다. 팔고 남은 김밥은 폐기처분해야 하며 미리 만들어 간 김밥이 다 팔린 후에는 추가로 김밥을 만들어 팔 수 없다. 회사가 예상한 김밥의 판매량은 다음과 같다.

판매량	2,500개	3,000개	3,500개
확률	0.4	0.3	0.3

김밥의 판매량에 관하여 완전한 예측을 해주는 완전정보시스템이 있다면 그러한 완전정보의 기대가치는 얼마인가?

[회계사 02]

① ₩0   ② ₩90,000   ③ ₩170,000
④ ₩220,000   ⑤ ₩270,000

📝 **Key Point**

미판매분은 폐기처분하므로 단위당 제조원가만큼 손실이 발생한다. 따라서 판매로 인한 이익과 폐기로 인한 손실을 모두 고려한 총이익을 기준으로 성과표를 작성한다.

20 (주)한국은 기념품을 생산하는 회사이다. 기념품의 판매가격은 단위당 ₩100이며 회사의 현재 설비의 최대생산능력은 150,000단위이다. 100,000개를 생산하는 경우 기념품의 단위당 원가구조는 다음과 같다.

• 직접재료원가	₩20
• 직접노무원가	30
• 변동제조간접원가	10
• 고정제조간접원가	15

회사는 위의 원가구조가 미래에도 동일할 것으로 보며 올해의 판매량도 100,000개일 것으로 예측하고 있다. 최근에 미국의 한 기업이 기념품을 개당 ₩70에 구입할 수 있는지를 문의해왔다. 회사의 예측에 따르면 미국회사가 50,000개를 구입할 확률은 20%이고 40,000개를 구입할 확률이 40%이며 30,000개를 구입할 확률은 40%이다. 미국에 대한 수출은 신규판매로서 기존의 국내시장에는 영향이 없을 것으로 기대된다. 만일 회사가 미국회사의 제의를 거절하면 유휴설비를 이용하여 ₩350,000의 이익을 올릴 수 있다. 회사가 미국회사의 제의를 받아들이는 경우 기대이익의 증감은?   [세무사 02]

① ₩30,000 증가   ② ₩50,000 감소   ③ ₩300,000 증가
④ ₩500,000 감소   ⑤ 증감 없음

📝 Key Point

특별주문수락 의사결정으로 기대판매량에 해당하는 이익에서 유휴설비를 이용하여 얻을 수 있는 이익을 차감하여 증분이익을 계산할 수 있다.

21 (주)한국은 단일 기계설비를 이용하여 두 종류의 제품 H와 L을 생산·판매해 오고 있다. (주)한국의 월간생산능력은 H제품만 생산할 경우 400개이다. H제품 1개 생산에 소요되는 시간은 L제품의 2배이다. 설비능력 및 시장수요를 감안한 (주)한국의 3월 계획은 H제품 300개와 L제품 200개를 생산·판매하는(즉, 기계설비를 100% 가동하는) 것이다. 최근 (주)한국은 L제품 100개를 정규가격 이하인 단위당 ₩50에 3월 중 납품해달라는 특별주문을 받았다. 단위당 원가 및 가격자료는 다음과 같다.

구분	H제품	L제품
정규판매가격	₩100	₩60
단위당 원가		
직접재료원가	₩40	₩20
직접노무원가(변동원가)	20	15
변동제조간접원가	10	5
고정제조간접원가	20	10
합계	₩90	₩50

특별주문을 받아들일 경우 (주)한국의 이익은 당초 계획에 비해 어떻게 달라지겠는가? [회계사 03]

① 이익에 변화가 없음

② ₩1,000 이익 감소

③ ₩500 이익 감소

④ ₩2,000 이익 감소

⑤ ₩1,500 이익 감소

📄 **Key Point**

기계설비를 100% 가동하는 상황이므로 특별주문품을 생산하기 위해서 H제품과 L제품의 설비이용에 대한 공헌이익을 계산한 후 공헌이익이 낮은 제품의 생산을 포기한다. L제품에 소요되는 시간을 1시간이라 하면 H제품 소요되는 시간은 2시간이다.

22 (주)국세는 4,000단위를 초과하여 판매할 때마다 추가판매 1단위당 ₩200씩 특별판매수당을 지급한다. 그 결과 3월 중 제품 5,000단위를 판매하였으며 ₩1,920,000의 법인세차감후순이익을 달성하였다. 제품의 판매단가는 ₩2,000이며 월 고정원가는 ₩1,400,000이다. 회사의 특성상 배송차량의 가동능력이 판매물량을 좌우하며 ₩1,400,000의 월 고정원가하에서는 8,000단위가 최대판매수량이다. 법인세율이 법인세차감전이익의 20%인 경우 ₩2,400,000의 법인세차감후순이익을 달성하기 위한 판매수량 기준조업도를 구하시오. (단, 회사의 월초, 월말 재고자산은 없다고 가정한다)   [세무사 03]

① 60%   ② 55%   ③ 65%

④ 85%   ⑤ 75%

📝 **Key Point**
단위당 변동원가를 x라 하면 4,000단위를 초과할 경우 변동원가는 "$x + $₩200"이므로 5,000단위에 대한 세후이익 ₩1,920,000과의 관계를 이용하여 단위당 변동원가를 계산할 수 있다.

23 (주)국세는 월간 30,000개까지의 단일제품을 생산할 수 있는 설비를 가지고 있다. 거래처와의 계약체결 내용에 따라 회사는 다음 달에 25,000개의 제품을 제조하여 판매할 예정이며 이 경우 제품 1개당 총원가는 ₩2,500으로 예상된다. 그런데 다음 달에 5,000개의 제품을 1개당 ₩1,600에 납품해달라는 거래처의 추가 주문이 접수되었다. 이 추가 주문을 접수하여 생산량을 증가시킬 경우 제품 1개당 총원가는 ₩2,300으로 감소할 것으로 예상되며 이 주문을 수락하더라도 기존의 예상판매량을 달성하는 데는 아무런 문제가 없을 것으로 예상된다. 회사가 이 추가 주문을 수락한다면 영업이익에 어떤 영향을 줄 것인가? (단, 재고는 없는 것으로 가정한다)   [세무사 05]

① ₩2,000,000 감소

② ₩4,000,000 증가

③ ₩1,000,000 증가

④ ₩1,000,000 감소

⑤ ₩1,500,000 증가

📝 **Key Point**
특별주문수락 의사결정을 위해서는 변동원가 구분이 필요하다. 변동원가와 고정원가는 30,000개의 총원가와 25,000개의 총원가를 고저점법으로 추정할 수 있다.

24 (주)국세는 재료 A와 B의 배합을 8 : 2로 예상하였으나 실제로는 5 : 5로 이루어졌다. 재료 A의 단위당 원가가 ₩130, B의 단위당 원가가 ₩80이면, 재료배합의 차이로 재료원가가 예상보다 얼마나 변하였는가?

[세무사 05 수정]

① 10.5% 감소　　　　② 11.0% 감소　　　　③ 11.5% 감소
④ 12.0% 감소　　　　⑤ 12.5% 감소

> 📑 **Key Point**
> 배합차이는 실제수량의 실제배합과 예산배합과의 차이를 말한다.

25 (주)한국의 신제품 PS에 대한 자료는 다음과 같으며 이 회사는 변동원가계산(variable costing)을 적용하고 있다.

• 단위당 직접재료원가	₩150
• 단위당 직접노무원가	100
• 단위당 변동제조간접원가	50
• 총고정제조간접원가	1,000,000

PS를 생산·판매하는 경우 적절한 수준의 재고자산을 유지해야 하기 때문에 추가적인 연간 고정재고유지원가가 발생한다. 연간 고정재고유지원가는 평균재고자산의 20%로 추정된다. PS의 직접재료, 재공품, 제품의 평균재고수준은 1개월분의 생산량이며 재공품의 평가에 적용되는 완성도는 직접재료원가 100%, 직접노무원가와 변동제조간접원가는 50%로 추정한다. PS가 생산·판매되면 공헌이익률이 20%인 기존제품의 매출액은 ₩3,000,000 감소할 것이다. (주)한국이 12,000단위의 PS를 단위당 ₩500에 판매하는 경우의 영업손익은 얼마인가?

[회계사 06]

① 영업손실 ₩135,000　　② 영업이익 ₩665,000　　③ 영업이익 ₩1,665,000
④ 영업이익 ₩440,000　　⑤ 영업이익 ₩800,000

> 📑 **Key Point**
> 추가되는 재고유지원가는 평균재고자산의 20%이며 평균재고자산은 1개월분의 생산량이므로 1개월분의 직접재료, 재공품, 제품의 재고자산금액을 계산한 후 20%를 곱하여 재고유지원가를 계산한다. 또한, 매출 감소로 인한 기회비용은 매출액에 공헌이익률을 곱한 공헌이익을 반영해야 한다.

26 (주)국세는 도시락을 단위당 판매가격 ₩1,000에 판매하려 한다. 단위당 변동원가는 ₩500이며 월간 고정원가는 ₩750,000이다. 도시락의 수요량은 불확실하지만 정규분포를 이룰 것으로 보이며 월간 기대판매량은 2,100개, 표준편차는 400개로 예상한다. 도시락 판매로 인해 이익이 발생할 확률은? (단, 아래의 표준정규분포표를 이용하여 계산하시오) [세무사 06]

Z	P(Z <)	Z	P(Z <)	Z	P(Z <)
0.5	0.69	1.0	0.84	1.5	0.93
2.0	0.98	2.5	0.994	3.0	0.999

① 7% ② 69% ③ 84%
④ 93% ⑤ 98%

📝 **Key Point**
손익분기점 판매량을 구한 후 기대판매량과 표준편차를 이용한 Z값으로 확률을 계산할 수 있다.

27 (주)국세는 A공정과 B공정을 거쳐 가정용 공구를 생산·판매한다. 다음은 두 공정의 생산에 관한 자료이다.

구분	A공정	B공정
월 생산능력	10,000개	15,000개
착수량 단위당 변동원가	₩500	₩100
총고정원가	₩100,000	₩200,000

A공정에서 작업이 완료된 중간제품은 불량품을 제외하고 전량 B공정으로 대체된다. A공정이 완료된 시점에서 검사한 중간제품 중 10%가 불량품이 되며 동 불량품은 B공정으로 대체되지 않고 전량 폐기된다.

B공정이 완료된 시점에서 검사한 완제품 중 5%는 불량품이 되며 동 불량품은 전량 폐기된다. B공정을 거친 완제품은 단위당 ₩1,500에 판매되며 수요는 무한하다. 만약 A공정의 불량률을 7%로 낮출 수 있는 새로운 작업방법을 실행하기 위해서 월 ₩150,000의 추가비용이 필요하다면 새로운 작업방법을 수행하는 것이 회사의 월간 이익을 얼마나 증가 또는 감소시키는가? [세무사 06]

① ₩150,000 감소　　　② ₩427,500 증가　　　③ ₩247,500 증가
④ ₩150,000 증가　　　⑤ ₩30,000 증가

📝 **Key Point**

A공정이 제약공정으로 10,000개 투입 시 불량으로 인하여 9,000개가 B공정에 투입되고 B공정 불량으로 인하여 9,000개 × 95% = 8,550개가 완성된다. 만약, A의 불량률을 7%로 낮추면 300개가 B공정에 추가 투입되지만 B공정의 불량률로 인하여 300개 × 95% = 285개만 완성된다. 그러나 B공정의 변동원가는 투입량인 300개를 기준으로 발생한다.

28 (주)국세는 이사전문업체로서 이사서비스의 품질을 (1) 이사짐운송시간, (2) 정시운송(약속한 시간까지 이사완료), (3) 분실 또는 파손된 이사짐 수로 측정한다. 회사는 연간 ₩160,000,000이 소요되는 통합물류시스템을 도입하여 성과를 개선하려고 한다. 새로운 시스템의 도입으로 이사서비스품질이 향상된다면 이에 비례하여 매출수익도 증가된 것으로 예상된다. 회사의 공헌이익률이 40%라면 최소한 얼마 이상의 매출수익 증가가 실현되어야 새로운 통합물류시스템의 도입을 정당화할 수 있는가?

[세무사 06]

연간 성과의 비교	현재의 성과	새로운 시스템 도입 시 예상성과
정시운송성과	85%	95%
분실 또는 파손 이사짐* 수	3,000개	1,000개

* 분실 또는 파손된 이사짐 1개당 실패원가(배상해주어야 할 비용)는 ₩60,000이다.

① ₩80,000,000　　② ₩95,000,000　　③ ₩10,000,000

④ ₩85,000,000　　⑤ ₩100,000,000

📑 **Key Point**

새로운 시스템을 도입하면 매출에 대한 공헌이익이 증가하고 분실되는 이사짐 수의 실패원가가 줄어든다.

29 대한호텔은 총 200개의 객실을 보유하고 있으며 매출배합(sales mix)과 조업도는 매출액기준으로 계산한다. 따라서 매출액이 ₩100,000,000이라고 한다면 ₩30,000,000은 비즈니스룸, ₩50,000,000은 더블룸, 나머지 ₩20,000,000은 스위트룸의 판매로부터 발생한 것으로 가정하며, 조업도는 일정기간 동안의 매출액을 그 기간 동안 객실이 모두 판매되었을 경우 달성될 매출액으로 나누어 계산한다. 매출액의 10%를 세금으로 부담해야 한다면 세차감 후 월간 ₩42,000,000의 이익을 달성하기 위한 조업도를 아래 자료를 활용하여 계산하면 얼마인가? (단, 1개월은 30일로 가정한다) [세무사 06]

객실종류	객실수	1일 객실당 요금	객실당 변동원가	매출배합	조업도에 따른 월간 고정원가
비즈니스	75실	₩160,000	₩64,000	30%	
더블	100실	200,000	68,000	50%	조업도 40% 이하: ₩396,000,000
스위트	25실	320,000	80,000	20%	조업도 41% 이상: ₩462,000,000
합계	200실	-	-	-	

① 65%   ② 70%   ③ 75%
④ 80%   ⑤ 85%

📝 **Key Point**

과세소득은 이익이 아닌 매출이고 고정원가가 비선형인 목표이익분석이다. 조업도가 매출이므로 객실 종류별 공헌이익률을 이용하여 가중평균공헌이익률과 목표매출을 계산한 후 총매출액과 비교하여 조업도를 계산할 수 있다.

30 대한자동차는 뱃치(batch) 제조공정에 의하여 옵션품목이 장착되지 않은 기본형과 기본형에 옵션 품목이 장착된 고급형 및 고객의 특별주문에 의해 고급형에 특수컬러를 도색한 주문형의 3가지 유형의 승용차를 생산하고 있으며 작업별 원가계산을 하고 있다. 다음 원가계산자료를 활용하여 주문형의 1대당 제조원가를 계산하면 얼마인가? [세무사 06]

(1) 재료원가

유형	생산된 단위	재료원가 총액		
		기본형	옵션품목장착	특수컬러도장
기본형	100대	₩408,000,000	-	-
고급형	80		₩96,000,000	-
주문형	20			₩8,000,000

(2) 가공원가

유형	생산된 단위	가공원가 총액		
		기본형	옵션품목장착	특수컬러도장
기본형	100대	₩840,000,000	-	-
고급형	80		₩72,000,000	-
주문형	20			₩4,000,000

① ₩8,640,000 ② ₩8,940,000 ③ ₩8,620,000

④ ₩8,540,000 ⑤ ₩8,520,000

Key Point

기본형, 기본형에 옵션장착한 고급형, 고급형에 특수컬러를 도장한 주문형 총 3가지 유형의 승용차의 총 원가를 제품별 수량을 기준으로 배분한다.

31 다음 중에서 역류원가계산(backflush costing)에 대한 설명으로 가장 타당한 내용은?   [회계사 07]

① 역류원가계산방법을 사용하는 기업은 표준원가를 사용하지 않고 항상 실제원가를 사용한다.

② 역류원가계산방법은 생산공정의 리드타임(lead time)이 긴 기업에서 주로 사용된다.

③ 역류원가계산방법의 장점 중의 하나는 순차적 계산방법에 비하여 거래의 흔적을 더 잘 추적할 수 있다는 것이다.

④ 역류원가계산방법에서는 재고자산의 수준이 낮아져 주문이 필요한 시점에서만 분개가 이루어진다.

⑤ 역류원가계산방법에서는 재료구입부터 제품판매까지의 분개 기록 중 일부가 생략될 수 있다.

📑 **Key Point**

JIT시스템은 재공품계정을 별도로 사용하지 않고 제조원가를 제품에 직접 할당하는 역류원가계산(backflush costing)을 사용한다. 이 방법은 전통적 표준원가계산에 비하여 일부 재고계정을 사용하지 않는 보다 단순한 표준원가계산방법이라 할 수 있다.

32 (주)한국은 전문경영인을 채용하기 위해 전문경영인의 보수 w를 결정하고자 한다. 전문경영인의 노력 e와 외부 경영환경 s에 따른 회사의 이익(전문경영인의 보수 차감 전) x는 다음과 같다.

구분		외부 경영환경		
		s_1	s_2	s_3
전문경영인의 노력	e = 6	x = ₩60,000	x = ₩60,000	x = ₩30,000
	e = 4	x = ₩30,000	x = ₩60,000	x = ₩30,000

외부 경영환경(s_1, s_2, s_3) 각각의 발생확률은 $\frac{1}{3}$로 모두 동일하다. 회사 이익 x는 객관적으로 관찰 가능하지만 전문경영인의 노력 e는 관찰 불가능하다. (주)한국의 주주집단의 효용함수 B는 다음과 같이 이익 x와 전문경영인의 보수 w로 이루어진다.

$$B(x, w) = x - w$$

전문경영인의 효용함수 U는 다음과 같다.

$$U(x, e) = \sqrt{w} - e^2$$

전문경영인은 자신의 효용이 114 이상일 경우에만 고용계약을 수락할 것이다. 단, 모든 세금효과는 무시한다.

이상의 내용과 관련하여 다음 설명 중 적절하지 않은 것은?　　　　　　　　　　　　[회계사 07]

① 전문경영인의 보수를 고정급으로 지급할 때 회사의 이익이 극대화된다.
② 만약 전문경영인의 노력이 관찰 가능하다면 회사 이익보다 전문경영인의 노력을 기초로 성과급을 지급하는 것이 주주집단의 효용을 더 높인다.
③ 만약 전문경영인이 노력 e = 6을 기울인다면 회사의 기대이익은 ₩50,000이 된다.
④ 주어진 전문경영인의 효용함수에 의하면 전문경영인은 보수 w에 대해 위험회피적이다.
⑤ 만약 전문경영인이 노력 e = 6을 기울이고 보수 w = ₩22,500을 받는다면 전문경영인의 효용(U)은 114가 된다.

📝 **Key Point**

전문경영인의 보수를 고정급으로 지급하는 경우 도덕적 해이가 발생할 수 있으므로 회사의 이익은 극대화되지 않는다.

33 (주)한국은 두 개의 지원부서, 즉 엔지니어링부서와 전산부서를 운영하고 있다. 개별 지원부서 가동시간 중 70%는 제품 생산부서를 위해 사용되고 나머지 30%는 타 지원부서를 위해 사용된다. 엔지니어링부서와 전산부서의 변동원가는 가동시간당 각각 ₩10과 ₩15이고, 고정비용은 연간 ₩2,000과 ₩3,000이 각각 소요된다. 제품 생산부서는 연간 1,000개의 제품을 생산하고, 이를 위해 두 지원부서로부터 각각 700시간의 지원을 받는다. 따라서 두 지원부서는 연간 1,000시간을 각각 가동한다. 그런데 (주)한국은 엔지니어링 지원업무를 외부 용역업체에 맡기는 방안을 검토하고 있다. 만약 외부 용역업체에 맡긴다면, 기존 엔지니어링부서의 운영에 소요되는 연간 고정원가 ₩2,000을 절감할 수 있고 전산부서는 엔지니어링부서에 지원하던 서비스를 제공하지 않아도 된다. 한 외부 용역업체가 시간당 ₩12에 엔지니어링 용역을 제공하겠다고 제의하였다. (주)한국이 이 제의를 받아들일 경우 증분손익은 얼마인가?　　　　　　　　　　　　[회계사 07]

① 증분손실 ₩2,000　　　② 증분이익 ₩0　　　③ 증분이익 ₩4,500
④ 증분이익 ₩2,000　　　⑤ 증분이익 ₩5,580

📝 **Key Point**

지원부서의 가동시간은 각각 1,000시간이고 70%인 700시간은 생산부서에 제공하고 나머지 30%인 300시간은 타 지원부서에 제공한다. 지원부서의 시간당 변동원가에 각각 1,000시간을 곱하여 총변동원가를 계산한다. 보조부문 폐쇄 의사결정으로 잔존보조부문의 일부 변동원가 절감과 외부로부터 구입하는 용역량 감소를 반영하여 의사결정한다.

34 한국회사와 대한회사는 동일한 제품을 생산·판매하고 있다. 전년도의 한국회사와 대한회사의 원가 구조와 영업이익을 분석한 결과 한국회사의 총변동원가는 ₩900, 총고정원가는 ₩200, 그리고 영업레버리지도는 5인 반면, 대한회사의 총변동원가는 ₩800, 총고정원가는 ₩280, 그리고 영업 레버리지도는 8로 파악되었다. 금년 호경기로 인하여 한국회사와 대한회사의 매출수량 및 매출액 이 각각 30% 늘어날 것으로 예상된다. 두 회사의 전년도 원가구조가 금년에도 적용된다는 가정 하에 다음의 내용 중 옳지 않은 것은?   [세무사 07]

① 한국회사의 금년의 영업이익은 대한회사보다 높게 나타날 것으로 예상된다.

② 한국회사는 고정설비 등에 대한 투자가 대한회사에 비해 낮은 실정이다.

③ 대한회사의 경우 금년의 매출 증가에 따른 영업이익 증가율이 한국회사보다 높을 것으로 예상된다.

④ 제품에 대한 시장수요가 증가한 금년의 상황에서 대한회사는 고정설비투자에 따른 효과를 한국회사에 비해 더 높게 향유할 것으로 예상된다.

⑤ 앞으로 제품에 대한 시장수요가 계속 증가할 것으로 예상되면 한국회사도 고정설비투자를 늘리고 변동원가의 비중을 줄이는 것이 유리할 것이다.

📑 **Key Point**

영업레버리지도를 이용하여 각 회사의 매출액을 계산한 후 금년 매출액 증가로 인한 영업이익을 계산하여 비교한다.

(주)한국의 분권화된 사업부 A와 사업부 B는 이익중심점으로 설정되어 있다. 사업부 A는 중간제품 P를 생산하고 있다. 사업부 B는 (주)한국의 전략적 고려에 따라 지역적으로 접근이 어려운 고립지에서 중간제품 P를 이용하여 완제품 Q를 생산하며, 생산한 모든 완제품 Q를 고립지의 도매상에 납품하고 있다. 사업부 A와 사업부 B의 생산 관련 자료는 다음과 같다.

구분	사업부 A	사업부 B
단위당 변동제조원가	₩20	₩70
총고정제조원가	₩36,000	₩50,000
연간 시장판매량	12,000개	2,000개
연간 생산 가능량	12,000개	3,000개

사업부 A가 생산·판매하는 중간제품 P의 시장가격은 ₩30이다. 그러나 사업부 B는 지역적으로 고립된 곳에 위치하여 중간제품 P를 지역 내 생산업자로부터 1개당 ₩50에 구매하고 있으며, 이 구매가격은 사업부 B의 단위당 변동제조원가 ₩70에 포함되어 있다. 완제품 Q를 1개 생산하기 위하여 중간제품 P는 1개가 사용되며, 두 사업부의 연간 시장판매량은 항상 달성 가능한 것으로 가정한다.

35 최근 (주)한국은 사업부 B가 위치한 고립지로의 교통이 개선됨에 따라서 중간제품 P의 사내대체를 검토하기 시작하였다. 사업부 A가 사내대체를 위하여 사업부 B로 중간제품 P를 배송할 경우, 중간제품 1개당 ₩8의 변동배송원가를 사업부 A가 추가로 부담하게 된다. 사업부 B가 생산에 필요한 2,000개의 중간제품 P 전량을 사업부 A에서 구매한다고 할 때, 사내대체와 관련된 사업부 A의 기회원가와 사업부 A가 사내대체를 수락할 수 있는 최소대체가격은 얼마인가?

	기회원가	최소대체가격
①	₩0	₩28
②	₩4,000	₩28
③	₩4,000	₩38
④	₩20,000	₩30
⑤	₩20,000	₩38

📝 **Key Point**
두 사업부의 연간 시장판매량은 항상 달성 가능한 것으로 가정하므로 여유생산능력은 없다. 대체물량에 대해서는 변동배송원가를 추가로 반영해야 한다.

36 사업부 B는 사업부 간의 협의 끝에 개당 ₩39의 가격으로 최대 3,000개까지 중간제품 P를 사업부 A에서 공급받게 되었다. 이에 따라 지역 내 생산업자로부터의 구매는 중단되었다. 사업부 B가 생산하여 판매하는 완제품 Q의 시장가격은 현재 ₩120이다. 최근 사업부 B는 인근지역의 지방정부로부터 완제품 Q를 ₩100의 가격에 1,000개 구매하고 싶다는 제안을 받았다. 이 특별주문을 수락할 경우, 사업부 B의 영업이익에 미치는 영향과 사업부 B의 기회원가는 각각 얼마인가?

	영업이익의 증감	기회원가
①	₩20,000 감소	₩61,000
②	₩41,000 감소	₩61,000
③	₩20,000 감소	₩41,000
④	₩30,000 증가	₩0
⑤	₩41,000 증가	₩0

> 📝 **Key Point**
> 현재 여유설비는 1,000개이므로 기회원가는 없고 특별주문에 대한 관련 원가는 사업부 A로부터의 구입가격과 추가변동원가이다. 또한, 사업부 B의 추가원가 ₩70은 부품의 외부구입가격이 포함되어 있으므로 부품가격을 제외한 추가가공원가는 ₩20이다.

정답 및 해설

정답

01	①	02	④	03	③	04	④	05	②	06	②	07	①	08	③	09	⑤	10	④
11	①	12	③	13	①	14	④	15	⑤	16	④	17	④	18	④	19	③	20	①
21	③	22	⑤	23	⑤	24	⑤	25	②	26	④	27	③	28	⑤	29	③	30	⑤
31	⑤	32	①	33	⑤	34	①	35	⑤	36	⑤								

해설

01 ① 1. 활동원가(판매관리비)

우편주문처리	₩50 × 4건 =	₩200
전화주문처리	₩800 × 0시간 =	-
반품처리	₩100 × 4개 =	400
고객유지	₩500 × 1인 =	500
		₩1,100

2. 이익

매출액		₩8,000
반품		(2,000)
순매출액		₩6,000
매출원가	₩6,000 × 75% =	(4,500)
매출총이익		₩1,500
판매관리비		(1,100)
		₩400

02 ④ 1. 총완성수량
3,300개 - 300개(공손품) = 3,000개

2. 순공손원가
300개 × ₩9,000 - ₩450,000 = ₩2,250,000

3. 총원가
3,000개 × ₩9,000 + ₩150,000 + ₩2,250,000 = ₩29,400,000
또한, 다음과 같이 계산할 수도 있다.
3,300개 × ₩9,000 + ₩150,000 - ₩450,000 = ₩29,400,000

4. 정상제품의 단위당 원가
₩29,400,000 ÷ 3,000개 = ₩9,800

03 ③ 1. 총무부와 경리부에 배분할 원가
총무부와 경리부의 배분 전 원가는 각각 ₩18,000이고 배분할 원가를 각각 A, B라 한 후 식을 정리하면
다음과 같다.
• A = ₩18,000 + 0.1B
• B = ₩18,000 + 0.1A
⇒ A, B = ₩20,000

2. I제조부문에 배부되는 보조부문원가
₩20,000 × 30% + ₩20,000 × 20% = ₩10,000

04 ④ ① 당기 원가 증가
② 당기 원가 증가
③ 기말재공품 완성도 증가
⑤ 당기 완성품환산량 감소

05 ② 1. 합격품
230개 - 30개 = 200개

2. 비정상공손물량
• 정상공손물량: 200개 × 10% = 20개
• 비정상공손물량: 30개 - 20개 = 10개

06 ② 1. 정상공손원가 배분 전 원가
- 완성품: 200개 × ₩14 + 200개 × ₩36 = ₩10,000
- 정상공손: 20개 × ₩14 + 20개 × ₩36 = ₩1,000
- 비정상공손: 10개 × ₩14 + 10개 × ₩36 = ₩500

2. 정상공손원가 배분

	배분 전 원가	공손품 순실현가치	순공손원가	정상공손원가 배분	배분 후 원가
합격(완성)품	₩10,000	-	-	₩600	₩10,600
정상공손	1,000	₩(400)[*1]	₩600	(600)	-
비정상공손	500	(200)[*2]	300	-	300
공손품		600	-	-	600
	₩11,500				₩11,500

[*1] ₩20 × 20개 = ₩400
[*2] ₩20 × 10개 = ₩200

3. 기말재고금액
(1) 단위당 원가
₩10,600 ÷ 200개 = ₩53
(2) 기말재고(재고자산평가액)
₩53 × 10개 = ₩530

07 ① 1. 선입선출법과 평균법의 재료원가 완성품환산량

		재공품		선입선출법	평균법
기초	200 (?)	완성	200 (?)	-	500
			300	300	
		공손	100 (50%)	100	100
착수	800	기말	400 (?)	400	400
	1,000		1,000	800	1,000

(재료원가 완성품환산량)

2. 9월 중 투입한 직접재료원가(x)
기말재공품의 직접재료원가는 평균법이 선입선출법보다 ₩460만큼 적으므로
"선입선출법 = 평균법 + ₩460"이다.

$$\frac{x}{800개} \times 400개 = \frac{x + ₩100}{800개 + 200개} \times 400개 + ₩460$$

∴ 9월 중 투입한 직접재료원가(x) = ₩5,000

08 ③ 1. 재공품계정

재공품			
월초	₩4,000	완성	₩48,000
직접재료원가	24,000		
직접노무원가	16,000		
제조간접원가	12,800	월말	8,800
	₩56,800		₩56,800

2. 월말재공품 구성요소

직접재료원가	₩x
직접노무원가	2,000
제조간접원가	1,600(= ₩2,000 × 80%)
합계	₩8,800

직접재료원가(x) = ₩8,800 - ₩2,000 - ₩1,600 = ₩5,200

09 ⑤ 고정제조간접원가를 A, 고정제조간접원가 단위당 배부율을 B라 한 후 정리하면 다음과 같다.

1. 1월

2. 2월

• A - 2,000단위 × B = ₩1,000
• A - 2,500단위 × B = ₩(1,500)
⇒ A = ₩11,000, B = ₩5

따라서 2월 고정제조간접원가 실제발생액은 ₩11,000 + ₩600 = ₩11,600이다.

10 ④ 1. 표준배부율
• 변동제조간접원가 표준배부율: ₩250,000,000 ÷ 50,000시간 = ₩5,000
• 고정제조간접원가 표준배부율: ₩400,000,000 ÷ 50,000시간 = ₩8,000

2. 실제산출량에 허용된 표준시간(SQ)

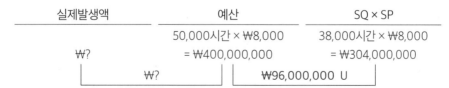

(40,000시간 - SQ) × ₩5,000 = ₩10,000,000
⇒ SQ = 38,000시간

3. 고정제조간접원가 조업도차이

실제발생액	예산	SQ × SP
	50,000시간 × ₩8,000	38,000시간 × ₩8,000
₩?	= ₩400,000,000	= ₩304,000,000
	₩?	₩96,000,000 U

11 ① 1. 고정제조간접원가 배부율

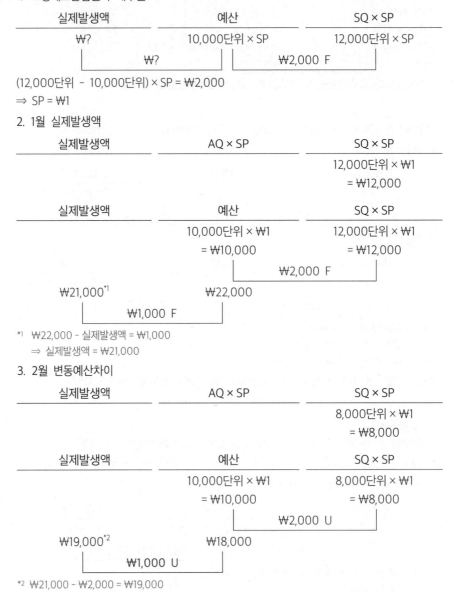

실제발생액	예산	SQ × SP
₩?	10,000단위 × SP	12,000단위 × SP
	₩?	₩2,000 F

(12,000단위 - 10,000단위) × SP = ₩2,000
⇒ SP = ₩1

2. 1월 실제발생액

실제발생액	AQ × SP	SQ × SP
		12,000단위 × ₩1 = ₩12,000

실제발생액	예산	SQ × SP
	10,000단위 × ₩1 = ₩10,000	12,000단위 × ₩1 = ₩12,000
		₩2,000 F
₩21,000[*1]	₩22,000	
	₩1,000 F	

[*1] ₩22,000 - 실제발생액 = ₩1,000
  ⇒ 실제발생액 = ₩21,000

3. 2월 변동예산차이

실제발생액	AQ × SP	SQ × SP
		8,000단위 × ₩1 = ₩8,000

실제발생액	예산	SQ × SP
	10,000단위 × ₩1 = ₩10,000	8,000단위 × ₩1 = ₩8,000
		₩2,000 U
₩19,000[*2]	₩18,000	
	₩1,000 U	

[*2] ₩21,000 - ₩2,000 = ₩19,000

12 ③   1. 표준원가표

			표준원가
직접노무원가	3시간	₩100	₩300
변동제조간접원가	직접노무원가의	150%	450
고정제조간접원가	직접노무원가의	200%	600

2. 실제발생 변동제조간접원가

₩280,000 - ₩180,000 = ₩100,000

3. 변동제조간접원가 SQ

250단위 × 3시간 × ₩100 = ₩75,000

4. 변동제조간접원가 원가차이

실제발생액	AQ × SP	SQ × SP
	₩77,000 × 150%	₩75,000 × 150%
₩100,000	= ₩115,500	= ₩112,500
	₩15,500 F	₩3,000 U

13 ①   1. 생산능력

18,000단위 ÷ 90% = 20,000단위

2. 고정제조간접원가예산(A)과 단위당 변동제조간접원가 배부율(B)

- ₩500,000 = A + 20,000단위 × B
- ₩440,000 = A + 16,000단위* × B

* 20,000단위 × 80% = 16,000단위

⇒ A = ₩200,000, B = ₩15

3. 단위당 고정제조간접원가 배부율

₩200,000 ÷ 16,000단위 = ₩12.5

4. 고정제조간접원가 원가차이

실제발생액	예산	SQ × SP
	16,000단위 × ₩12.5	18,000단위 × ₩12.5
₩200,000	= ₩200,000	= ₩225,000
	-	₩25,000 F

14 ④   1. 제품계정

<table>
<tr><td colspan="4" align="center">제품</td></tr>
<tr><td>기초</td><td align="right">9,200</td><td>판매</td><td align="right">9,000</td></tr>
<tr><td>생산</td><td align="right">x</td><td>기말</td><td align="right">9,600</td></tr>
<tr><td></td><td align="right">18,600</td><td></td><td align="right">18,600</td></tr>
</table>

그러므로, 당기 생산량(x)은 9,400단위(= 9,000단위 + 9,600단위 - 9,200단위)이다.

2. 고정제조간접원가(SP)

실제발생액	예산	SQ × SP
₩?	10,000단위 × SP	9,400단위 × SP

|　　　　　-　　　　　|　　₩1,500 U　　|

(10,000단위 - 9,400단위) × SP = ₩1,500

⇒ 고정제조간접원가(SP) = ₩2.5

3. 전부원가계산과 변동원가계산의 이익차이

(기말재고 - 기초재고) × ₩2.5

= (9,600단위 - 9,200단위) × ₩2.5 = ₩1,000

15 ⑤   1. 손익분기점 공헌이익

$$\frac{총고정원가}{총판매량} = \frac{₩100,000,000}{1,000,000개} = ₩100$$

2. 판매가격과 변동원가의 확률분포

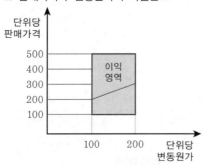

그러므로, 이익이 발생할 확률은 다음과 같다.

$$\frac{₩100 × ₩200 + ₩100 × ₩100 × 0.5}{₩100 × ₩400} × 100 = 62.5\%$$

16 ④

1. EOQ(경제적 1회 주문량)

$$\sqrt{\frac{2 \times \text{연간수요량} \times 1회\ 주문비용}{\text{재고유지비용}}} = \sqrt{\frac{2 \times 10{,}000개 \times ₩50{,}000}{₩10{,}000 \times 10\%}} = 1{,}000개$$

2. 재고관리비용
- 주문비용: (10,000개 ÷ 1,000개) × ₩50,000 = ₩500,000
- 유지비용: (1,000개 ÷ 2) × ₩1,000[*1] = ₩500,000

[*1] ₩10,000 × 10% = ₩1,000

3. 의사결정

증분수익	임대료수익	₩10,000,000
증분비용	직접재료원가 절감	(60,000,000)
	직접노무원가 절감	(10,000,000)
	변동제조간접원가 절감	(20,000,000)
	고정제조간접원가 절감	(20,000,000)[*2]
	외부구입비용 ₩10,000 × 10,000개 =	100,000,000
	재고관리비용	1,000,000
증분이익		₩19,000,000

[*2] ₩70,000,000 − ₩50,000,000 = ₩20,000,000

17 ④

	공급사업부		→	구매사업부
	외부판매	사내대체		
단위당 판매가격	₩9,000	TP		₩20,000
단위당 변동원가	6,000	₩6,000		TP + ₩3,000
단위당 공헌이익	₩3,000			

외부구입가격 ₩9,000

1. 최소대체가격
- 유휴설비 ○: ₩6,000 + ₩0 = ₩6,000
- 유휴설비 ×: ₩6,000 + ₩3,000 = ₩9,000

2. 최대대체가격: Min[최대지불가격, 외부구입가격]
- 최대지불가격: ₩20,000 − ₩3,000 = ₩17,000
- 외부구입가격: ₩9,000

① 유휴설비가 있는 경우 A사업부의 최소대체가격은 ₩6,000이다.
② 대체가격은 회사 전체의 이익에 영향을 미치지 않는다.
③ 최소대체가격은 ₩9,000이고 최대대체가격은 ₩8,500이므로 대체로 인하여 회사 전체 이익은 감소한다.
④ B사업부가 A사업부 이외에서 부품을 구입할 수 없다면 B사업부의 최대대체가격은 최대지불가격인 ₩17,000이다. 따라서 A사업부는 유휴생산능력이 없더라도 외부판매를 줄이고 B사업부에 부품을 공급하는 것이 회사 전체의 이익에 도움이 된다.
⑤ 대체가격은 회사 전체의 이익에 영향을 미치지 않는다.

18 ④

	정상	비정상	계
사전확률	80%	20%	100%
정보	×40%	×10%	–
사후확률	32%	2%	34%

그러므로, 공정이 정상상태에 있을 사후확률은 $\dfrac{32\%}{34\%}$ ≒ **94%**이다.

19 ③

1. 성과표 작성

상황 ＼ 대안	2,500개 (0.4)	3,000개 (0.3)	3,500개 (0.3)
A1: 2,500개 생산	₩1,500,000[*1]	₩1,500,000	₩1,500,000
A2: 3,000개 생산	1,300,000[*2]	1,800,000	1,800,000
A3: 3,500개 생산	1,100,000[*3]	1,600,000	2,100,000

[*1] ₩600 × 2,500개 = ₩1,500,000
[*2] ₩600 × 2,500개 – ₩400 × 500개 = ₩1,300,000
[*3] ₩600 × 2,500개 – ₩400 × 1,000개 = ₩1,100,000

2. 각 대안별 기대가치
- A1: ₩1,500,000 × 0.4 + ₩1,500,000 × 0.3 + ₩1,500,000 × 0.3 = ₩1,500,000
- A2: ₩1,300,000 × 0.4 + ₩1,800,000 × 0.3 + ₩1,800,000 × 0.3 = ₩1,600,000(*)
- A3: ₩1,100,000 × 0.4 + ₩1,600,000 × 0.3 + ₩2,100,000 × 0.3 = ₩1,550,000

그러므로, 3,000개를 생산한다.

3. 완전정보의 기대가치
(1) 완전정보하의 기대가치
  Σ(각 상황별 가장 높은 성과 × 해당 상황별 확률)
  = ₩1,500,000 × 0.4 + ₩1,800,000 × 0.3 + ₩2,100,000 × 0.3 = ₩1,770,000
(2) 완전정보의 기대가치
  완전정보하의 기대가치 - 기존정보하의 기대가치
  = ₩1,770,000 - ₩1,600,000 = **₩170,000**

20 ① 1. 기대판매량

50,000개 × 20% + 40,000개 × 40% + 30,000개 × 40% = 38,000개

2. 의사결정

증분수익	매출	38,000개 × (₩70 - ₩60) =	₩380,000
증분비용	기회비용		350,000
증분이익			₩30,000

[별해]

다음과 같이 성과표를 작성하여 의사결정할 수 있다.

1. 성과표 작성

상황 \ 대안	50,000개 (0.2)	40,000개 (0.4)	30,000개 (0.4)
수락	₩500,000[*1]	₩400,000[*2]	₩300,000[*3]
거절	350,000	350,000	350,000

[*1] 50,000개 × (₩70 - ₩60) = ₩500,000

[*2] 40,000개 × (₩70 - ₩60) = ₩400,000

[*3] 30,000개 × (₩70 - ₩60) = ₩300,000

2. 각 대안별 기대가치

- 수락: ₩500,000 × 0.2 + ₩400,000 × 0.4 + ₩300,000 × 0.4 = ₩380,000(*)
- 거절: ₩350,000 × 0.2 + ₩350,000 × 0.4 + ₩350,000 × 0.4 = ₩350,000

그러므로, 수락의 기대이익이 거절의 기대이익보다 ₩30,000만큼 크다.

21 ③ 1. 설비이용에 대한 공헌이익

	H제품	L제품
판매가격	₩100	₩60
변동원가	70	40
공헌이익	₩30	₩20
기계시간	÷ 2시간	÷ 1시간
기계시간당 공헌이익	₩15	₩20
우선순위	2순위	1순위

2. 특별주문품을 생산하기 위한 포기물량

H제품 1개 생산에 소요되는 시간은 L제품의 2배이므로 L제품 100개를 생산하기 위해서 H제품 50개를 포기해야 한다.

3. 의사결정

증분수익	매출	100개 × ₩50 =	₩5,000
증분비용	변동원가	100개 × ₩40 =	4,000
	H제품 포기	50개 × ₩30 =	1,500
증분손실			₩(500)

22 ⑤　1. 단위당 변동원가

단위당 변동원가를 x라 한 후 식을 정리하면 다음과 같다.

$[(₩2,000 - x) × 4,000단위 + (₩2,000 - x - ₩200) × 1,000단위 - ₩1,400,000] × (1 - 20\%)$
$= ₩1,920,000$
⇒ 단위당 변동원가$(x) = ₩1,200$

2. 세후목표이익분석

목표판매량을 Q라 한 후 식을 정리하면 다음과 같다.

$[(₩2,000 - ₩1,200) × 4,000단위 + (₩2,000 - ₩1,200 - ₩200) × (Q - 4,000단위) - ₩1,400,000]$
$× (1 - 20\%) = ₩2,400,000$
⇒ 목표판매량(Q) = 6,000단위

그러므로, 판매수량 기준조업도는 $\dfrac{6,000단위}{8,000단위} × 100 = 75\%$이다.

23 ⑤　1. 변동원가 추정

고정원가와 개당 변동원가를 각각 A, B라 한 후 식을 정리하면 다음과 같다.

• 30,000개 × ₩2,300 = A + B × 30,000개
• 25,000개 × ₩2,500 = A + B × 25,000개
⇒ A = ₩30,000,000, B = ₩1,300

2. 특별주문수락 의사결정

증분수익	매출	5,000개 × ₩1,600 =	₩8,000,000
증분비용	변동원가	5,000개 × ₩1,300 =	6,500,000
증분이익			₩1,500,000

24 ⑤　재료 A와 재료 B의 실제수량을 모두 5단위씩이라고 한 후 정리하면 다음과 같다.

	AQ × SP	Total AQ × BM × SP
A	5단위 × ₩130 = ₩650	10단위 × 0.8 × ₩130 = ₩1,040
B	5단위 × ₩80 = ₩400	10단위 × 0.2 × ₩80 = ₩160
	₩1,050	₩1,200
	₩150 F	

그러므로, 재료배합의 차이로 인한 재료원가의 변화는 $\dfrac{₩150}{₩1,200} × 100 = 12.5\%$이다.

25 ② 1. 평균재고자산

직접재료	1,000단위[*] × ₩150 =	₩150,000
재공품	1,000단위[*] × (₩150 + ₩150 × 50%) =	225,000
제품	1,000단위[*] × (₩150 + ₩150) =	300,000
		₩675,000

* 12,000단위 ÷ 12개월 = 1,000단위

그러므로, 재고유지원가는 ₩675,000 × 20% = ₩135,000이다.

2. 영업이익

12,000단위 × (₩500 - ₩300) - ₩1,000,000 - ₩135,000 - 3,000,000 × 20% = ₩665,000

26 ④ 1. 손익분기점 판매량

$$\frac{₩750,000}{₩1,000 - ₩500} = 1,500개$$

2. Z값

$$\frac{1,500개 - 2,100개}{400개} = -1.5$$

그러므로, 도시락 판매로 이익이 발생할 확률은 93%이다.

27 ③

증분수익	매출	300개[*] × 95% × ₩1,500 =	₩427,500
증분비용	B공정 변동원가	300개[*] × ₩100 =	30,000
	추가비용		150,000
증분이익			₩247,500

* 10,000개 × (10% - 7%) = 300개

28 ⑤ 매출액을 S라 한 후 식을 정리하면 다음과 같다.

증분수익	공헌이익 증가		₩0.4S
증분비용	실패비용 감소	2,000개 × ₩60,000 =	(120,000,000)
	시스템 도입비용		160,000,000
증분이익			₩0.4S - ₩40,000,000 ≥ 0

그러므로, 매출액(S)은 ₩100,000,000이다.

29 ③ 1. 총매출액

비즈니스	75실 × 30일 × ₩160,000 =	₩360,000,000
더블	100실 × 30일 × ₩200,000 =	600,000,000
스위트	25실 × 30일 × ₩320,000 =	240,000,000
		₩1,200,000,000

2. 객실 종류별 공헌이익률
- 비즈니스: (₩160,000 - ₩64,000) ÷ ₩160,000 = 60%
- 더블: (₩200,000 - ₩68,000) ÷ ₩200,000 = 66%
- 스위트: (₩320,000 - ₩80,000) ÷ ₩320,000 = 75%

3. 가중평균공헌이익률
60% × 30% + 66% × 50% + 75% × 20% = 66%

4. 40% 조업도
₩1,200,000,000 × 40% = ₩480,000,000

5. 목표이익분석
목표매출액을 S라 한 후 정리하면 다음과 같다.

조업도구간	분석	결괏값
₩0 ~ ₩480,000,000	0.66S - ₩396,000,000 - 0.1S = ₩42,000,000	₩782,142,857(×)
₩480,000,000 ~	0.66S - ₩462,000,000 - 0.1S = ₩42,000,000	₩900,000,000(○)

6. 조업도

$$\frac{₩900,000,000}{₩1,200,000,000} × 100 = 75\%$$

30 ⑤ 1. 단위당 재료원가
- 기본형: ₩408,000,000 ÷ (100대 + 80대 + 20대) = ₩2,040,000
- 옵션장착: ₩96,000,000 ÷ (80대 + 20대) = ₩960,000
- 특수컬러: ₩8,000,000 ÷ 20대 = ₩400,000

2. 단위당 가공원가
- 기본형: ₩840,000,000 ÷ (100대 + 80대 + 20대) = ₩4,200,000
- 옵션장착: ₩72,000,000 ÷ (80대 + 20대) = ₩720,000
- 특수컬러: ₩4,000,000 ÷ 20대 = ₩200,000

3. 주문형 1대당 제조원가
주문형은 모든 재료와 전공정을 걸쳐 생산하므로, 주문형 1대당 제조원가는
₩2,040,000 + ₩960,000 + ₩400,000 + ₩4,200,000 + ₩720,000 + ₩200,000
= ₩8,520,000이다.

31 ⑤ ① 역류원가계산방법은 일부 계정을 사용하지 않고 역순으로 분개하므로 표준원가계산을 사용한다.
② 역류원가계산방법은 생산공정의 리드타임(lead time)이 짧은 기업에서 주로 사용된다.
③ 역류원가계산방법은 일부 계정을 사용하지 않고 단순화하여 일부 거래가 생략된다.
④ 역류원가계산방법은 주문이 필요한 시점뿐만 아니라 여러 유형별로 다양한 시점에서 분개가 이루어진다.

32 ① ① 전문경영인의 보수를 고정급으로 지급하는 경우 도덕적 해이가 발생할 수 있으므로 회사의 이익은 극대화되지 않는다.

② 전문경영인의 노력이 관찰 가능하다면 전문경영인의 노력에 따른 성과를 지급하여 회사 이익을 증가시켜 결과적으로 주주의 부를 증가시킬 수 있다.

③ $\text{₩}60,000 \times \dfrac{1}{3} + \text{₩}60,000 \times \dfrac{1}{3} + \text{₩}30,000 \times \dfrac{1}{3} = \text{₩}50,000$

④ 효용이 보수에 대하여 체감 증가하므로 위험회피적이다.

⑤ $U = \sqrt{22,500} - 6^2 = 150 - 36 = 114$

33 ⑤ 1. 보조부문 용역제공현황

구분	배부기준	지원부서		생산부서
		엔지니어링	전산	
엔지니어링	가동시간	-	300시간	700시간
전산	가동시간	300시간	-	700시간
배분 전 원가				
변동원가		₩10,000*1	₩15,000*2	
고정원가		2,000	3,000	

*1 1,000시간 × ₩10 = ₩10,000
*2 1,000시간 × ₩15 = ₩15,000

2. 외부구입 가동시간

1,000시간 - 1,000시간 × 30% × 30% = 910시간

3. 의사결정

증분수익			-
증분비용	엔지니어링 변동원가 감소		₩(10,000)
	엔지니어링 고정원가 감소		(2,000)
	전산 변동원가 감소	₩15,000 × 30% =	(4,500)
	외부구입비용	₩12 × 910시간 =	10,920
증분이익			₩5,580

34 ① 1. 현재 매출액

매출액을 S라 한 후 정리하면 다음과 같다.

- 한국회사: $\dfrac{S - \text{₩}900}{S - \text{₩}900 - \text{₩}200} = 5, \Rightarrow S = \text{₩}1,150$

- 대한회사: $\dfrac{S - \text{₩}800}{S - \text{₩}800 - \text{₩}280} = 8, \Rightarrow S = \text{₩}1,120$

2. 금년 영업이익

- 한국회사: (₩1,150 - ₩900) × 1.3 - ₩200 = ₩125
- 대한회사: (₩1,120 - ₩800) × 1.3 - ₩280 = ₩136

그러므로, 대한회사의 금년의 영업이익이 한국회사보다 높게 나타날 것으로 예상된다.

35 ⑤ 1. 손익구조

	A 외부	A 대체	→	B
p	₩30	TP		-
vc	20	₩20 + ₩8		TP ← ₩50 + ₩20
cm	₩10			

2. 기회원가

기존판매분 감소량 × 단위당 공헌이익

= 2,000개 × ₩10 = ₩20,000

3. 최소대체가격

단위당 증분원가 + 단위당 기회비용

= ₩28 + ₩10(= ₩20,000 ÷ 2,000개) = ₩38

36 ⑤ 1. 손익구조

	A 외부	A 대체	→	B
p	₩30	₩39		₩100
vc	20	20 + 8		39 + 20
cm	₩10			₩41

2. 기회원가

여유생산능력이 있으므로 기회원가는 없다.

3. 영업이익

특별주문수량 × 단위당 공헌이익

= 1,000개 × ₩41 = ₩41,000